出版の冒険者たち。

活字を愛した者たちのドラマ

週刊読書人
植田康夫

水曜社

まえがき

水曜社から二〇〇九年三月に『本は世につれ。ベストセラーはこうして生まれた』という本が刊行され、同じ年の十一月に『雑誌は見ていた。戦後ジャーナリズムの興亡』という本が刊行された。どちらも、著者名は植田康夫となっているが、両書とも東京新聞夕刊の文化面に連載された物を加筆修正して刊行した。

両書が水曜社から刊行されたのは、『本は世につれ。』の連載が新聞で始まったとき、水曜社の仙道弘生社長から「連載が終わったら本にさせてほしい」というお手紙をいただいたのがきっかけとなっている。題名は連載時とは異なっているが、前者は戦後のベストセラー史で、後者は戦後の雑誌の興亡を書いたものである。どちらも、資料を用いて、読み物風にまとめており、出版史の専門家でない人にも楽しんで読んでいただける本をめざした。

これら二冊の本の帯には、「現代出版界を読み解く3冊」という文字が印刷され、『本は世につれ。』『雑誌は見ていた。』という書名以外に「続刊」として『出版の冒険者たち。活字を愛した者たちのドラマ』という書名が記載されている。今度刊行された『出版の冒険者たち。』は、この本のことである。二〇〇九年という年は、本書に収めた「活字シアター」が「週刊読書人」に連載され始めて八年目に当たったが、この連載は二〇一四年に完結した。そして、このほど単行本となり、「現代出版界を読み解く」七編をセレクトした内容で、『本は世につれ。』『雑誌は見ていた。』とあわせて、三冊が揃うことになった。ご愛読を乞う。

植田　康夫

出版の冒険者たち。　目次

第1章 ポプラ社

書店まわりを実践し児童書出版の域を超える

年中無休で毎朝五時四十五分出社

児童図書の出版社として知られるポプラ社の社屋は、以前は東京新宿区の須賀町にあった。ＪＲ四ツ谷駅から新宿方向に向かって進み、新宿通りから途中左折して少し奥まった所に位置していたが、同社の名誉会長だった田中治男《はるお》は、その社屋に毎朝五時四十五分に出社した。田中は大正十（一九二一）年の生まれなので、八十歳を越していたが、彼の出社時間はずっと変わらなかった。

しかも、田中は土曜日も日曜日も同じ時間に出社するので、年中無休であった。月曜日から金曜日まではハイヤーを使うが、土曜・日曜は愛車を運転して会社にやって来た。自動車を運転するのが好きで、誰かが自社を訪ねると言うと、「じゃあ、私がお迎えに上がりますから」と、気さくにクルマを運転して最寄り駅まで出迎えた。そして、客が帰る時もクルマで送ろうとするが、さすがに帰りは社員が運転する。社長の坂井宏先《ひろゆき》が、「もう歳ですから、クルマは出来るだけ運転しないで下さい」と頼んでいたからだ。

その坂井は、会長の早朝出社を「修行僧のようだ」と評したが、坂井自身も営業本部長と共に七時には出社したし、社員たちも八時台には顔を揃えた。田中は朝早く出て来ても、早退することもなく、夕方の六時頃までは社で仕事をした。

これは、田中が、「何かをやれば見えてくるものがある」という信念をもっていたからだが、社長の坂井は「うちの会長は会社の机の前でぱたっと死ぬことが理想だ」と話した。田中は「坂井社長はいいことを言う」と笑って聞いていたが、そんな会長を見ているため、社員も月曜日の朝には七時半に出て来て、会社の自動車を洗った。別に社命ではなく、社員の自発的な意思によるものだった。

こんな社風のポプラ社は、昭和二十二（一九四七）年の創業で、六十年以上の歴史を持っている。その間には、苦境に見舞われたこともあり、それを一つひとつ克服してきたが、実は、田中が出版という仕事に入ることになったのは、小学校時代の恩師との出会いがきっかけだった。埼玉県の八和田村（和紙で有名な現・小川町）という山村の農家に生まれた田中は、昭和七年の秋、久保田忠夫という教師に教わることになった。久保田は、村の青年を集めて論語について講義をしたり、詩吟の練習に打ち込んだりして、若者に人気があったが、田中はこの教師に魅かれた。

上級学校へ行きたいと思っていたのに、家庭の事情で進学の出来ない田中に対して、久保田は「東京で苦学をしたらよい」と言った。

その言葉で、田中は昭和十二（一九三七）年に上京する。そして、ある日、久保田から電話があり、上野公園まで来るようにと言われた。田中が喜んでかけつけると、久保田は日本橋にある偕成社という出版社に入ることになったと告げた。その偕成社で、昭和十七年から田中もアルバイトで働くことになり、それが、田中と出版界とを結びつけることになる。

田中治男

独立して出版をやることに

田中治男は、アルバイトで偕成社の仕事をするようになったが、アルバイトでも、『次郎物語』の作者である下村湖人や、SF的な作品を書いていた海野《うんの》十三《じゅうざ》らのうちに出入りしたので、いっぱしの編集者気分にひたっていた。

しかし、昭和十九年二月、学徒出陣で東部六部隊に召集され、満州の新京（現・長春）に派遣された。七月には南方出陣の命令が出て、サイパン島に向

海野十三と『地中魔』

かったが、それより早く、サイパン島は玉砕したので、沖縄にまわされた。終戦のときには沖縄本島から三百五十キロ離れた南大東島の守備をしていたので、無事生き残り、昭和二十一年一月一日、埼玉の実家に帰って来た。

ところが、長男だった兄が戦死したので、家業の農業を継ぐように言われた。田中は四男なので、家にはいられないと思い、住みなれた東京に出た。上京すると、久保田忠夫の口ききで海野十三の紹介状をもらい、世田谷にある小さな出版社に勤めた。しかし、家業的な出版社で、私的な時間がなく、半年ほど勤めたが辞めてしまった。

仕方なく、本郷の友人の家に居候して、これからのことを考えた。そして、冬の寒い日、偕成社にいた久保田を訪ね、国電の市ケ谷駅近くの土手に腰をおろして、こう言った。

「独立して、出版をやろうじゃないですか」

田中の言葉に、久保田は、「ウン、やろう」と応じた。久保田も偕成社での編集者生活に飽き足りない気持ちがあったのである。

昭和二十二年、二人は世田谷の身寄りの家の四畳半を借り、ポプラ社を創立した。久保田が編集を担当し、田中が販売を担当した。昭和二十二年八月、海野十三の『地中魔《ちちゅうま》』を出版、続いて十月に加藤武雄の『海に立つ虹』、暮れに高垣眸《たかがきひとみ》の『怪傑黒頭巾《かいけつくろずきん》』を出版した。『地中魔』は薄っぺらの本なのに、一万部刷ったのが、あっという間に売り切れた。『海に立つ虹』も蕗谷虹児《ふきやこうじ》の美しい装幀で、印刷の仕上がりはよくなかったものの、完売した。

『怪傑黒頭巾』は、時代物なので、当時、仇討ちものや脇差しものの出版を禁じていたGHQが、許可しないのではないかと心配したが、検閲にもかからず、昭和二十二年の暮れに出版した。そこで、取次会社の日配（日本出版配給株式会社）へ見本を持って行くと、仕入係から「これは赤本だから外神田か御徒町の赤本屋へ持って行け」と言われた。仕方なく、田中は神田にあった小取次をまわり、東京図書三千部、神田図書二千部という具合に、一万部の本を全部さばいて田舎に帰った。東京では食えないからだが、翌年の一月二日の朝には上京して、神田の取次店をまわった。すると、東京図書の社長から、「『怪傑黒頭巾』は全部売れたので、もし残っていたら、すぐ入れてほしい」と言われた。こんな具合に出版を始めたポプラ社の創業当時のエピソードは、まだある。

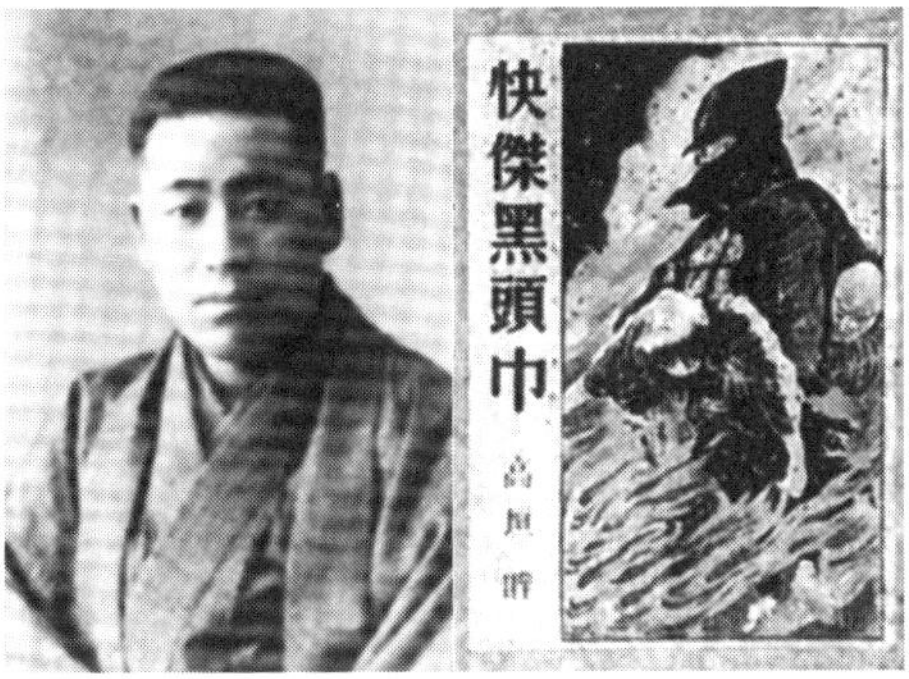

高垣眸と『怪傑黒頭巾』

吉川英治の作品を刊行する

ポプラ社の創業一年目は、海野十三『地中魔』、加藤武雄『海に立つ虹』、高垣眸『快傑黒頭布』などがすべて売り切れとなり、順調に船出した。『快傑黒頭布』だけは、取次会社の日配が赤本扱いしたので、神田の小取次店で扱ってもらったが、一週間で代金を回収し、続けて吉屋信子の『七本椿《ななもとつばき》』、高垣眸の『まぼろし城』を刊行し、これらの本もよく売れた。

しかし、本の売行きは好調でも、田中と久保田は無給で働いた。久保田が田舎から運んできたサツマイモや餅、それにわずかの配給米で飢えをしのぎ、入ってきた金で、闇紙を買い入れて本を造った。

創業二年目の昭和二十三年春には、社員が四名になっていたが、その頃、田中は吉川英治の作品を出そうと思って青梅の吉川邸を訪ねた。ところが、最初に訪ねた日、吉川は菊池寛らと競馬に出かけており、留守だった。仕方なく、翌日、再び訪ねると、吉川は初対面の田中を座敷に招じ、正座をして話を聞いてくれた。その時、田中は戦争から帰って、田舎で百姓をしている老母に吉川の『新書太閤記』を炉辺で読んであげたという話をした。そして、「もし先生のご著書の出版が許されたら、私はおふくろに誇ることができます」と言った。

それを聞いた吉川は、昔、「絵物語文庫」に書いた『戦国お千代舟』という作品の出版を許可してくれた。田中は踊るような足取りで社へ帰り、「絵物語文庫」を出した新井弘城の勤務先である「わかもと」を訪ねたが、その雑誌は八号で廃刊となり、古本屋にも図書館にもなかった。田中はガッカリした。だが、これがきっかけとなって、吉川は『龍虎《りょうこ》八天狗《はってんぐ》』『やまどり文庫《ぶんこ》』『胡蝶陣《こちょうじん》』『風神門《ふうじんもん》』とたてつづけに出版を許可してくれた。そのうえ、東光出版社が出版権を持っている『神州天馬侠《しんしゅうてんまきょう》』（ポプラ社版では『新州天馬侠』）『月笛日笛《つきぶえひぶえ》』『ひよどり草紙《ぞうし》』『天兵童子《てんぺいどうじ》』などまで許可してくれたので、田中は東光出版社の社長と交渉し、出版権を譲り受けた。吉川は田中に対していつも寛大だったが、その吉川に初対面の時、母の話をしたことについては忸怩《じくじ》たる思いがあったと、田中は吉川の想い出の記に書いている。

結局、吉川の作品は十五点がポプラ社で刊行され、敗戦直後の少年少女の読書欲を満たすことになったのである。ポプラ社は、創業二年目には新宿区の須賀町に二百坪の土地を購入して、十五坪の木造社屋を建てるほどまでになった。

ところが、好調は長くは続かなかった。戦争中、三百社ほどに企業統合をさせられた出版社の数が昭和二十三年には四千五百八十一社に増え、出版物が市場にあふれて返品が急増したからだ。そのため倒産する出版社も多く、二十六年は千八百八十一社にまで減った。

この激動は、ポプラ社の経営にも影響を与えた。新築の社屋が返本で一杯になり、社員の居場所もなくなるほどだった。田中は取次会社に何とか返品を減らしてもらえないかと交渉した。だが、取次の返事は「書店に頼みなさい」というものだった。その言葉で、田中は決意した。「よし、自分で書店をまわろう」と。

『龍虎八天狗』

『新州天馬侠』

『やまどり文庫』

『ひよどり草紙』

書店まわりを決意する

創業二年目で社屋を建てるまでになったポプラ社だったが、出版社の乱立で返品が徐々に増えてきたので、取次会社に相談に行った田中は、「書店に頼みなさい」と言われ、自分で書店まわりを決意する。

昭和二十六年、まず静岡県の書店へ田中は出かけた。戦後、静岡の書店は躍進がめざましく、出版社の販売リストの上位を占めるようになっていた。沼津市のマルサン書店、富士市の岳陽堂、清水市の戸田書店、静岡市の吉見書店と谷島屋《やじまや》書店、さらに浜松市の谷島屋、三省堂という具合に強豪の書店が揃っており、これらの書店は一店で二百冊から三百冊くらい仕入れてくれる。出版社にとっては、ありがたい書店であった。

あまりに手応えが良いので、ポプラ社では全国を三地区に分けて書店まわりをすることにした。田中は長野、静岡と九州全域、それに沖縄まで担当し、九州は二週間くらいかけて歩いた。出張費用は三万五千円くらいしか使わなかった。というのは、どこでも書店が泊めてくれた上、夕食や弁当まで用意してくれたからである。書店では、田中から東京の様子を聞こうと思ったのである。これを契機に、田中は全国の書店をつぶさに訪ねるようになり、やがて各地の「書店人国記」を書くまでになった。その書店まわりで得た成果について、田中は煥乎堂の小林二郎が書店新風会の会長時代に行った田中へのインタビュー（『出版トップからの伝言（メッセージ）』小学館）で、次のように語っている。

「おかげさまで、書店に早くから伺っていた関係で、正確な情報を座っている人よりは早く手に入れることができたことと、書店業界の指導的地位におられる方々に友人になっていただけたということです。これが私の持つ無形の財産ですね」。この談話の前節で、田中はこんなことも語っている。「……私は編集の諸君に書店で学べと言い続けているんです。読者の嗜好《しこう》、時代の変化は、書店の店頭に現れます。書店のみなさんは、いつも読者とストレートに顔を突き合わせているので、話が率直で、わかりやすいんですね」。

そして、小林に「あいつは運がよいとよく言いますが、運は氷山の一角で、下の方は経験とか、努力が一杯詰まっているんです。身に覚えがあるでしょう」と聞かれ、田中はこう答えている。「もし身に覚えがあるとすれば、ポプラ社は早くから書店に伺い、書店で見たこと、聞いたことが即刻編集に伝えられ、読者の動きに合わせた出版ができた、ということぐらいじゃないでしょうか」。

この姿勢は、その後も受け継がれ、田中の次に社長になった坂井宏先も精力的に書店まわりをした。そのことについては、章を改めて記すが、その前に、ポプラ社が児童図書出版社としての路線を確立するきっかけとなった、昭和二十七年の出版活動を紹介する。

経営危機を脱す

書店まわりをすることによって、ポプラ社は返品増に対処し、経営の危機を脱した。しかし、試練はまだあった。昭和二十五年二月に全国学校図書館協議会が結成され、学校の図書館が設置されるようになり、これまでポプラ社が刊行してきたB６判の少年少女小説は学校図書館にふさわしくないという声が教師たちからわき起こってきたことである。

久保田忠夫（左）と田中治男

図書館は、製本のしっかりした教育価値の高い本を、というのが現場の意見だった。その頃、ポプラ社は久保田忠夫が社長で、田中治男は専務であった。ちなみに、田中が社長になったのは昭和五十九年で、会長になったのは平成十年だが、社長、専務などの役職が出来たのは、ポプラ社が株式会社となった昭和二十三年のことである。

学校図書館が出来るということについては、田中も昭和二十五年頃から動きを察知しており、その年の九月に取次会社の日教販が神田の本社に造った学校図書館モデル図書室や九州の書店が作った図書室なども見ていた。それらの図書室で、田中は現場の教師たちのナマの声を聞き、これまでのB６判の少年少女小説だけでは駄目だと思い始めた。

しかし、そうは思っても、学校図書館に入り得るような本は簡単には出来ない。また、これまでの本と異なるものを造って失敗したら……という不安もあった。だが、学校図書館法が制定される前年の昭和二十七年秋、ポプラ社は、中西悟堂の『少年博物館』全十二巻を刊行した。ハードカバーで判型はA５判、定価は各三百円であったが、この本は、製本のしっかりした教育価値の高い本という、学校図書館への納入条件を満たしていた。

この本を刊行して以後、田中は学校図書館向の本の刊行に力を入れるようになるが、ただ刊行するだけでなく、販売にも力を注いだ。そのため、昭和三十二年には書店と提携しながら、自動車を仕立てて、学校巡回販売を始めた。これについては、出版社がやることではないと批判する者もいたが、田中はポプラ社だけでなく、他の児童図書出版社にも呼び掛けて共同で巡回販売を進めていった。

そして、昭和三十三年には南洋一郎訳『怪盗ルパン全集』全三十巻、三十四年には小学生のための『子供の伝記物語』全五十巻、『新日本文学全集』全四十巻という具合に巻数の多い全集を刊行し、着実に売っていった。

その結果は昭和三十六年に鉄筋建て四階の社屋建築となって実ったが、新築披露ではうれしいことがあった。それは、創業の翌年、田中の要請に応えて、数々の作品を出版させてくれた吉川英治がテープカットをしてくれたことだ。

昭和三十六年に鉄筋四階建の新社屋を建てたポプラ社は、三十九年に『少年探偵 江戸川乱歩全集』全十五巻を刊行して、子供たちの間に〝乱歩ブーム〟を巻き起した。しかし、四十年代になると、民話や児童文学などの刊行に力を入れる。四十二年に『むかしむかし絵本』全三十巻、四十三年にあまんきみこ『車のいろは空のいろ』、四十四年に神沢利子『くまの子ウーフ』などを刊行し、あまんの作品も神沢の作品も、共に百刷を超えるベストセラーになった。

　これは、作品の力もさることながら、ポプラ社が自動車を仕立てて、学校図書館への巡回販売を行ったことも寄与している。巡回販売は、最初はポプラ社の本だけだったが、あるとき、田中は図書館担当の教師から「なんだ、ポプラ社の本だけか」と言われて、他の児童図書出版社と一緒に巡回販売をするようになった。そして、四十一年に練馬営業所、四十九年には中野営業所を開設し、後には札幌、仙台、名古屋、大阪、岡山、広島、福岡にも営業所が開設された。

「植物界のふしぎ」

『少年博物館』（一部）

　練馬営業所は、六十二年に新社屋を建設したが、三代目社長の坂井宏先は、入社してから一年半、旧練馬営業所に勤務した。彼は昭和四十七年の入社で、平成十年に社長になったが、最初は商品出荷の仕事から出発した。そして、編集の仕事に移ってからは、児童文学のジャンルで戦後最大のベストセラーで二千万部を突破した「ズッコケ三人組」シリーズを手がけるが、彼は新卒でポプラ社に入ったわけではない。

　昭和二十一年、愛知県の新城市で生まれた坂井は、四十年に早稲田大学教育学部の国語国文学科に入学し、四十四年に卒業したが、国語国文学科専攻科に進学、高校の国語教師の免許を取った。そして、東京女子美術大学の付属高校の教師となった。しかし、教師には向いていないと思い、全国学校図書館協議会にアルバイトとして移った。四十六年のことだったが、ここにいると、出版社の人も出入りするので、どこかの社に世話してもらえそうだった。

そのうち、学研に入れることになったが、そこでお世話になった方にポプラ社をすすめられた。「今は小さい会社だが、大手の出版社に行くよりも、将来面白いよ」と言われて、坂井はその言葉に従うことにした。四十七年の一月、当時、まだ専務だった田中を坂井が訪ねると、田中は「明日から来なさい」と言った。

最初の配属先は練馬営業所だった。練馬営業所に一年半いた坂井は、やっと編集部に配属された。そして砂田弘の『二死満塁』など、創作文学の編集を手がけるが、昭和五十三年、坂井はまさに二死満塁のホームランともいうべき大ヒット作を発掘する。戦後の児童文学における超大ベストセラーと言われる「ズッコケ三人組」シリーズを、この年刊行しはじめたのだが、この本をめぐっても、ドラマがある。

「ズッコケ三人組」ヒット

平成十四年十二月、四十六巻目の『ズッコケ三人組の地底王国』が刊行された「ズッコケ三人組」シリーズは、総部数が二千万部を突破し、戦後の児童文学では最も売れた作品だと言われるようになった。作者の那須正幹《まさもと》は山口県在住で、作品は毎年夏と冬に刊行され、平成十六年に全五十巻が完結することになった。

この作品は、巌谷小波文学賞や野間児童文芸賞を受賞し、NHKテレビでもドラマ化され、登場人物であるハチベエ、モーちゃん、ハカセの三人の男の子は、子供たちの間で、すっかり人気者になった。そのシリーズの第一巻『それいけズッコケ三人組』が刊行されたのは、昭和五十三年二月のことだった。「こども文学館」というシリーズの一冊として刊行されたのだが、きっかけとなったのは、坂井宏先が、創作児童文学の担当者として、昭和五十一年十二月に那須を訪ねたことであった。

当時、那須は広島に住んでいたが、坂井は那須に執筆を依頼しながら、こんな質問をした。

「今の児童文学をおもしろいと思いますか?」

そう聞きながら、坂井は日頃、児童文学について考えていることを那須に話した。その考えとは、現代の児童文学はテーマが先行し、大人の論理を子供におしつける傾向がつよく、もっと内容のおもしろい児童文学が書かれるべきであるというものだった。

坂井の意見を聞いていた那須は、その意見に同意した。実は、那須も、子供が立派に成長してゆく過程を描くことに力点を置き〝成長の文学〟とも言われる児童文学の考え方に疑問を持っていたからだ。そこで那須は、自分が今、学研発行の『六年の学習』という雑誌に連載している「ずっこけ三銃士」という作品を坂井に読んでもらい、自分も坂井と同じ考えであることを知ってもらおうと思った。

当時、児童文学ではエンターテインメント的な作品は評価されず、その上、前川かずおの漫画のさし絵であったから、既成の編集者ではとうてい単行本化は考えられなかったのだ。そこで那須は、この新米編集者なら、ひょっとして本にしてくれるのではないかと期待した。

坂井は帰京すると、那須から託された『ずっこけ三銃士』をさっそく読みはじめた。物語は、ハチベエ、モーちゃん、ハカセというニックネームの三人の男の子が主人公として登場するが、彼らは題名のとおり、〝ずっこけ〟ぶりを発揮し、ストーリーも面白く、ぐいぐいと

『それいけズッコケ三人組』

ひきこまれ、ポプラ社で単行本にさせてほしいと那須に言った。

題名は『ずっこけ三銃士』は古い感じがしたので、テレビ番組の「それいけスマート」と「お笑い三人組」を参考にして、『それいけズッコケ三人組』に変えた。雑誌連載時に挿絵を担当した漫画家の前川かずおには単行本でも挿絵を描いてもらい、装幀も担当してもらった。小学館漫画賞を受賞し、絵本や挿絵でも活躍している前川が描いた表紙画は、児童文学の本でありながら、漫画本のような印象を与えた。

当時の状況から創作文学に漫画風の挿絵は異色だった。当然周りからは「これはいきすぎだ」と反対論がおこった。しかし、その時坂井は、これはいけるかもしれないと確信する。そして当時専務の田中も社長の久保田の反対を押し切ってくれた。

「坂井くん、これからの時代はこうでなくちゃな」

坂井は田中の言葉にさらに確信した。

『それいけズッコケ三人組』は、昭和五十三年二月に刊行され、初版は六千部だった。しかし、登場人物が優等生でなく、現実の子供たちと等身大の三人組が展開する物語が親近感を与え、初版はたちまち売り切れて、増刷が続いた。そのため、五十四年の四月に第二巻目の『ぼくらはズッコケ探偵団』が刊行されて以後はシリーズ化され、五十五年から年二回の刊行となり、一冊目が七月、二冊目が十二月に刊行されることになった。

ちなみに、第一巻目の『それいけズッコケ三人組』は、初版刊行から二十年経った平成十年には七十五刷を重ね、百万部を突破した。だから新しい巻の初版は八万部となったが、二カ月に一回は増刷し、既刊四十六巻の総部数は二千万部を突破した。

しかし、すべてが順調という訳では決してなかった。このシリーズでの最大の危機は画家の前川かずおが病気で入院し、平成四年夏の二十五巻目『ズッコケ三人組の未来報告』を最後に描けない状態になったことである。同年十二月刊行予定の『ズッコケ三人組対怪盗X』は出版そのものが危ぶまれる事態となった。「ズッコケ三人組」シリーズは、前川の漫画風の装幀と挿絵も魅力の一つとなっていたので、第一巻以来、ずっと前川が担当し、読者である子供たちに、すっかり印象が定着していた。誰かが代理で描くわけにはゆかないのだ。

坂井は困った。しかし、前川の病状は悪化の一途をたどるばかりだった。このままでは子供たちと約束している七月と十二月の年二回の刊行が守れなくなる。さりとて画家をかえるわけにもいかない。なんとかしなければと思っていたとき、田中の厳しい言葉が坂井を動かした。

「坂井くん、子供たちが待っているんだよ。それも全国の子供たちが」

確かにそうだった。初版八万部の刊行を待ちわびて、二～三日刊行が遅れると、書店のレジで泣く子供が出たというのだ。

坂井宏先

坂井は田中の言葉に背中を押される思いでアニメを描いていた画家を代理にたて、前川の挿絵に似た絵を描いてもらうことにした。その画家が、二十六巻目の『ズッコケ三人組対怪盗X』以後、毎巻、装幀と挿絵を担当することになった高橋信也である。

『ズッコケ三人組対怪盗X』は予定通り平成四年十二月に刊行、前川は翌平成五年一月、五十五歳の若さで帰らぬ人となった。

高橋の絵は、前川の画風をよくとらえていた。そのため、子供たちは異和感なく、「ズッコケ三人組」シリーズを求めた。こうして、その後も年二回のペースで刊行された。そして、高橋の挿絵になっても、前川の名前は表紙から消えなかった。表紙カバーには、次のように三人の名前が並んだのである。

作・那須正幹／原画・前川かずお／作画・高橋信也

「ズッコケ三人組」シリーズは、二十六巻目から画家が前川かずおから高橋信也にかわったが、ポプラ社のシリーズものには、途中から一部のキャラクターだけがうけつがれ、新たな作者で新たなシリーズがうまれたという例もある。昭和五十九年に『へんし～んほうれんそうマン』によって出発した「ほうれんそうマン」シリーズと「かいけつゾロリ」シリーズである。この二つのシリーズも、「ズッコケ三人組」シリーズと同じく、毎年七月と十二月に新作が刊行され、平成元年十二月にあわせて三十九巻目が刊行されている。「ほうれんそうマン」シリーズは七巻あり、みづしま志穂・作、原ゆたか・絵というコンビで刊行された。続いて「かいけつゾロリ」シリーズとなり、『かいけつゾロリのドラゴンたいじ』からは、原ゆたか作・絵となった。

高橋信也作画の『ズッコケ情報公開㊙ファイル』（右）
原ゆたか作・絵の『かいけつゾロリのドラゴンたいじ』（左）

「ほうれんそうマン」シリーズでは、ほうれんそうを食べると力持ちになる、ほうれんそうマンが主人公であったのが、「かいけつゾロリ」シリーズでは「ほうれんそうマン」シリーズでそれまで脇役だった、きつねのゾロリが主人公の物語になった。これは、画家の原ゆたかと作者のみづしま志穂との意見が合わなくなったからだ。坂井が、シリーズを続けるための調停案として、ゾロリを原に譲ってほしいと、みづしまに頼んだことによってうまれたものだ。

このシリーズも、『それいけズッコケ三人組』と同じく、漫画風の装幀と挿絵で、毎巻、八万部の初版で出発するが、平成元年七月刊行の『かいけつゾロリのてんごくとじごく』では、初刷二十万部限定で定価九百円据置のままゾロリのフィギュアを函入りでつけた。

シリーズものに、フィギュアの付録をつけたのは、ポプラ社が紙を素材とした出版物以外に「音のでる絵本」という絵と音を組みあわせた目と耳で楽しめる大型絵本のシリーズを刊行する経験があったからだ。

このシリーズは、平成四年十月に『ウルトラマン音のでる大怪獣えほん』を刊行して以後、始められたが、平成七年十一月には『たのしい童謡カラオケえほん』、翌年七月には『たのしいカラオケえほん日本の童話』、同年十二月には『テレビ&アニメカラオケえほん』、九年五月には『ステレオサウンドピアノカラオケえほん』、十年五月には『正しい音程でひけるマイクつきピアノえほん』という具合に内容も高度化していった。

これらのシリーズは、三千円近い定価という高額の本であったため、平成七年頃から児童書の売行きが悪くなるという状況の中で、ポプラ社の経営に寄与してくれた。

『たのしい童謡カラオケえほん』

百科事典の刊行に挑戦

ポプラ社は、平成元年には出版の王道ともいうべきジャンルにも挑戦。ポプラ社が挑戦した出版の王道とは、百科事典の刊行である。社名にちなんで『総合百科事典ポプラディア』と命名されたこの事典は、秋山仁、かこさとし、永原慶二、西本鶏介が監修にあたり、全十二巻、発売記念特価八万八千円で平成元年三月に刊行された。

この事典が企画されたのは、平成十四年度から新しい学習指導要領のもと、「総合的な学習の時間」がスタートすることになったからである。「総合的な学習の時間」は、暗記による詰め込み教育への反省からうまれたもので、こどもたちが自らテーマを考え、自ら調べ、自らまとめ、自ら発表するという学習である。そのため、あらゆることを調べられる百科事典が必要と考えられたのである。

『総合百科事典ポプラディア』

「総合的な学習の時間」が始まることが明らかになったとき、坂井は学校の先生、図書館関係者にいろいろ話を聞いてまわった。児童書の出版社としてなにができるかを探るためである。当時、坂井はまだ専務であった。

そうした中、児童生徒用の百科事典がない、という話が出てきた。坂井はすぐ編集部に「百科事典をつくろう」と提案した。ところが、編集部からは大反対を受けた。第一に、編集部に百科事典の経験がないこと。第二に、想像できないほどの費用と時間がかかるであろうと、容易に予測できた為である。

そこで坂井は、二十人ほどの教師に集まってもらい、意見を聞いた。やはり百科事典は必要だ、だがいまは無い、という意見が圧倒的であった。そのとき、坂井は全員が刊行にも賛成してくれたと思っていたが、後になって確かめてみると、実は八割位が刊行には反対だった。百科事典は必要だが刊行は困難だろうと、多くの教師たちも考えていたからだ。

坂井は、編集部に命じ、計画を立て、予算を策定した。それをもって田中を説得し、『総合百科事典ポプラディア』はスタートした。人類の叡智を結集し、小中学生が理解できるようにコンパクトにまとめる、という作業は、編集部の予測通り、大変困難なものであった。編集作業終盤には、「遺跡捏造事件」や「9・11アメリカ同時多発テロ」など、大幅な加筆修正を余儀なくされるような事件、事態も起こったが、優秀な著者、外部スタッフにも恵まれ、なんとか、計画通りに刊行することができた。

まだ編集作業が続く中、発売の九カ月前から販売は宣伝活動をスタートさせた。噂を聞きつけた業界他社からは、いまどき高額な紙の百科事典が売れるわけが無いと、大変冷ややかな声が聞こえてきていた。販売部はこんな下馬評に負けるものかと、前代未聞の販売作戦を敢行したのである。

坂井も先頭に立って、全国の書店を訪問した。これは、田中が身をもって拓いたポプラ社の伝統の実践である。坂井は書店を訪れると、「田中は八十一歳になりました。おそらく田中の最後の企画になります。よろしくお願いします」と、まず枕詞のように語り、販売に力を入れてもらうように要請した。田中は、全国の書店をまわっているので、田中を知る書店人が多いからだ。

そのとき、坂井と田中は「この事典の儲けは書店さんに戻す」と誓い合った。そのため、書店の人たちも、最近は外商が弱くなっているが、この事典の販売に成功すれば、他の出版社も大型企画を増やしてくれるだろうと期待するようになった。

やはり百科事典は必要とされていた。小学校も中学校も、公共図書館も、『総合百科事典ポプラディア』の刊行を大歓迎し、平成十四年末までに『ポプラディア』の販売部数は二万五千セットを突破した。坂井は平成十五年三月までに三万セットを達成したいと思っていた。全国に学校図書館は、三万五千館あるからだ。この事典は、全国学校図書館協議会と日本学校図書館振興会共催の第四回学校図書館出版大賞を平成十四年に受賞した。百科事典の販売が厳しいと言われる時代に、あえて困難に挑戦できたのは、この出版社が、「書店さんは必ず良いものは売ってくれる」という信念を強くもっていたからだ。

『総合百科事典ポプラディア』は、「総合的な学習の時間」にとどまらず、すべての教材の調べ学習や、子供たちの興味関心に応えるものとして学校図書館、公共図書館でなくてはならないものとなった。その後、「月刊ポプラディア」「ポプラディア情報館」シリーズ、「ポプラディアネット」などに続き、平成二十三年、新訂版が刊行されている。

奥村傳

この間の、平成十年に坂井が社長となり、田中が会長になっていたが、坂井が社長になって以後、ポプラ社は、一般書の分野にも積極的に進出し、児童書出版社の域を超え、平成二十年に大人向けの『ポプラ文庫』、平成二十五年に『ポプラ新書』などを創刊した。

そして社屋も新宿区須賀町から大京町に移転した。しかし、会長の田中治男も社長の坂井宏先も今は亡く、代表取締役社長は奥村傳《でん》にかわった。

第2章　二玄社

「故宮」に魅せられた出版人

故宮で見た古画

　東京・神楽坂にある日本出版クラブ会館では、出版界の先達をゲストに迎えて、いろいろな話を聞く「出版今昔会」を催している。平成十六（二〇〇四）年一月二十七日には、日本書籍出版協会の前理事長で二玄社会長の渡邊隆男が「台湾と日本と中国」と題して話した。その話の再録が「出版クラブだより」四六九号に掲載されているが、こんなことを語っている。

「私は、北朝鮮は一回行きました。韓国は十何回。中国は三十回ぐらい。台湾には百二十数回行きました。行くと大体一週間から十日です。台北の『故宮』に通ったのです。昭和四十五年頃で、三十四、五年前のことです。中国の古書画を見に出かけたのです」

　渡邊は、「故宮」で見た一枚の絵が目に焼きつき、「これが中国絵画というものか？」と思いながらも、一週間、この絵を見るために「故宮」に通ったと語っている。それが何という絵であるかは次節で明かすが、その前に「故宮」という言葉について注釈をしておく必要がある。というのは、渡邊のいう「故宮」とは、正確には「故宮博物院」のことで、平凡社の『大百科事典』では「故宮」と「故宮博物院」は別項目として扱われ、それぞれ次のように書き出されているからだ。

「こきゅう　故宮北京の旧市内のほぼ中央を占める紫禁城のことで、明・清時代の宮城だから故宮といわれる。（後略）」

「こきゅうはくぶついん　故宮博物院　北京にある博物館。１９１１年の辛亥革命によって清朝が倒れたのち、故宮の内廷は廃帝溥儀《ふぎ》の居所となり、外朝には１４年に古物陳列所が置かれた。（後略）」

「故宮博物院」の書き出しが「北京にある博物院」となっていることについては注釈を要する。なぜなら、小学館から刊行された『日本大百科全書』における「故宮博物院」という項目は、次のように書き出されているからである。

「故宮博物院　こきゅうはくぶついん　中国の代表的美術館。今日、同名のものが北京と台北にあるが、もとは一つで、一九二五年一〇月一〇日、北京の故宮、紫禁城《しきんじょう》の後半部に設けられたのに始まる。清《しん》の皇帝や皇后の住居であったところで故宮はこれによる（後略）」

渡邊が、一枚の絵にしびれて通い詰めた「故宮」とは、台北にある「故宮博物院」のことである。

「谿山行旅図」

この美術館は現在では北京と台北の二カ所にあるが、もとは一つで、北京の故宮、紫禁城の後半部に大正十四（一九二五）年に設けられた。『日本大百科全書』によれば「故宮博物院」には、「絵画、書籍、陶磁器、玉器《ぎょくき》、金銀器、漆器、染織、服飾、文房具、家具、祭器など数十万点があった」が、それらは主として明・清代に集められ、「青銅器や玉器などのように古いものは殷《いん》周《しゅう》の昔までさかのぼる」という。そして、「瀋陽《しんよう》の故宮、熱河の行宮《こうきゅう》に所蔵されていた宝物は、紫禁城前半部にある文華殿、武英殿に移され、これに中央の大和殿、中和殿、保和殿の三大殿を加えて、古物陳列所として一般に公開した」のである。

　ところが、「故宮博物院」は、戦争のために、数奇な運命をたどることになる。その経緯を『日本大百科全書』（執筆・吉村怜）は、次

渡邊隆男

のように述べている。

「一九三一年満州事変が起こり、戦火が北京に波及することを察した国民政府は、これらの重要美術品や書籍を約二万個に分けて梱包し、まず上海に発送、ついで南京に移したが、三七年に戦争が南に広がったため、これをさらに四川省、貴州省など中国の奥地に疎開した。四五年八月、戦争の終結によって、これらの文物はふたたび南京に戻されたが、やがて国共内戦の激化につれて、四九年に数万点の宝物が台湾に運ばれ、六五年十一月、台北京に故宮博物院が成立し、所蔵品の一部を展示することになった。所蔵品の圧巻は多数の名画であって、范寛《はんかん》の『谿山行旅図《けいさんこうりょず》』、趙孟頫《ちょうもうふ》の『鵲華秋色図巻《しゃくかしゅうしょくずかん》』、黄公望《こうこうぼう》の『富春山居図巻』、沈周《しんしゅう》の『夜宴図』などがある」

『日本大百科全書』では、右のように記述されているが、実は、渡邊が「何とも不思議な絵」と思い、一週間その絵を見るために通うことになったのは、この記述に登場する范寛《はんかん》の『谿山行旅図《けいさん》』である。この絵は、今から千年ほど前の北宋時代に描かれたものであるが、この絵が掛かっているのを見た時のことを、渡邊は「出版今昔会」で、こう語っている。

「大体絵というのは、何が描いてあるのかというところからはいるわけですが、それは、ただドーンとした山がある。じっと見ていると、深山幽谷の霊気が迫ってくるようです」

絵に打ちのめされる

台北にある「故宮博物院」で、范寛の描いた「谿山行旅図」を見て、「故宮」の魅力にとりつかれたのは渡邊隆男だけではない。渡邊の友人で日本画家の常岡幹彦は、渡邊に連れられて、この絵を見に行き、絵の前で棒立ちとなり、顔面蒼白のまま座り込んでしまった。そして、両脇に酒を抱えて宿に帰り一晩中、一人で飲み明かしたというが、渡邊によれば常岡は、今も「范寛になぐられた」と語っているそうだ。それほど、強い影響力をもつ「故宮博物院」収蔵の美術作品と、渡邊は深く関わることになる。彼は、それらの美術作品を複製するということを考えたのである。しかし、その試みは即座に実現出来たわけではない。ねばり強く交渉して、やっと実現にこぎつけ、複製は見事に成功する。

経緯の端緒として、まず紹介したいのは、渡邊が美術出版の理想として挙げる「原寸主義」という信条である。「原寸主義」とは、書画を複製する際に、元の書画と同じ大きさで行うことである。渡邊は自分の経営する出版社で刊行した『書跡名品叢刊』という中国の名筆を紹介するシリーズをはじめ、書についての本は、元の文字を原寸で掲載することにした。原寸で複製すると、元の文字が持っている筆力や筆意が見えてくるからだ。印刷技術の発展によって、原寸複製が容易になった一九七〇年代に、渡邊は書画複製の原寸複製を手がけるようになった。

そして、昭和四十七（一九七二）年に明清時代の中国文化の書画や日本の宗達、白隠、良寛などの書を加えて三十点ほどの『東洋の名筆』シリーズを刊行したが、この年、渡邊は台北の「故宮博物院」を訪ねることにした。日本出版クラブ会館の「出版今昔会」では、昭和四十五年頃、最初に「故宮博物院」を訪ねたと語っているが、正確には昭和四十七年である。

渡邊は、台北の「故宮博物院」に中国歴代の美術品が大量に渡っていることを西川寧という書家から聞いた。

「谿山行旅図」

その時、出会ったのが范寛の「谿山《けいさん》行旅図」であった。その絵に打ちのめされた渡邊は、以後、足繁く「故宮博物院」を訪ねることになるが、二度目の訪問は昭和五十年のことだった。その時、渡邊は中国・吉林出身で日本大学を卒業した郭健という監察院の秘書を務めていた人物に紹介される。この人物を通して、「故宮博物院」との関係を深め、やがて同院所蔵の美術作品の複製に乗り出すこととなる。

偶然で書に関する本を刊行

渡邊隆男の出版人生は、最初から中国と深く関わっていた。渡邊が自分で出版業を営むために独立したのは昭和二十七（一九五二）年のことである。そして二十九年の二月十五日に、処女出版として刊行したのは、『今日の書道』という本であった。そして、これに続いて刊行したのは、『書道講座』全七巻である。とはいっても、渡邊が書に関する本を最初に刊行したのは偶然であった。

彼は独立をする時、先輩から、出版を始める場合は世間で一番多く出版されているジャンルの本か、さもなければ、どこからも刊行されていないジャンルの本を刊行するように、というアドバイスを受けていた。渡邊が調べてみると、昭和二十七年当時、一番出ていたのは英語の参考書で、一番出ていないのが書道に関する本であった。そこで、一番刊行されていない書道に関する本を刊行することにしたのである。

渡邊自身は、いずれ書道は消えてゆくものと思っていたし、独立する以前に勤めていた白水社では、京都の国文学者である吉澤義則による『日本古筆名葉集』という「平安かな」の図録を復刻するという話が持ち上がった時は、戦後の新しい時代に筆の字などは消滅するので売れない、という理由で復刻に反対したほどである。

ところが、この本は刊行されると、あっという間に初版の千部が売り切れ、二カ月後には五百部を増刷した。結構高価な本だったので、なぜ売れたのか調べてみると、上野の美術館などでは書の展覧会が年中開かれており、書を職業にする書家が全国で二〜三千人はいるということがわかった。『日本古筆名葉集』は、そういう人たちが買ったのである。

この本は、戦時中に原版が焼けて校正刷りだけが残っていたのを、ゲラから版を起こし、著者に対する義理で刊行したものだった。その『日本古筆名葉集』が売れたということを知っていたので、渡邊は、とりあえず書道に関する本を刊行することにしたのである。そこで、書に詳しい栗田直躬という、かつての恩師を訪ねることにした。渡邊が栗田に教わったのは、東海科学専門学校の学生だった頃であるが、その学校の寮で、夜、栗田から老子道徳経についての講義を受けた。その栗田に企画の相談をしようと思ったのだが、その前に出版社名をつけなければならない。いろいろと考えたが、どうにも良い名前を思いつかないので、まず栗田に、社名について、相談に乗ってもらうことにした。

その時、渡邊は、「玄之又玄。衆妙之門」という、老子道徳経にある一行について、講義の中で何回も聞いたことを思い出した。そして、「玄」とは中国で宇宙の色である「蒼黒」を意味する言葉であることに思い至ったが、このことが、社名を考えるヒントになった。

中国では「蒼黒」を意味する「玄」という字が、なぜ渡邊隆男にとって、社名を考えるヒントになったのか？　その疑問を解く鍵は、渡邊が二玄社を創業する前に勤めていた出版社名にある。彼が独立する前に勤めていたのは、フランス文学の出版で知られる白水社である。

そのため「白」という字を社名に使うのは、暖簾分けのような感じを与えるので、渡邊はいやだった。そのうえ、最初の出版物として考えたのが、書に関する本なので、「白」と対照的な「黒」とか、「黒っぽ

社名の書体とイメージ・マーク

い」名前が良いのではないか、と思った。そこで、渡邊が連想したのは、栗田直躬に教わった老子道徳経の一節だった。

　渡邊は、「玄之又玄」の「玄」は「黒」を意味していることを覚えていたので、そのことを栗田に確かめ、「これを社名に使えないでしょうか」と聞いてみた。すると、栗田は、「その通り、玄は黒ですよ。まあ、考えておきましょう」と答えた。

　それから、しばらくして、栗田から葉書が来た。そこには、「玄玄社ではおかしいから『二玄社』ではどうでしょうか」と書かれていた。渡邊はさっそく栗田の自宅を訪ね、「二玄社というのは語呂も悪くないし、ちょっと不思議な響きをもっていていいですね」と述べた。

　その席で、渡邊は改めて「玄之又玄」についての講釈を聴くことになった。

「玄というのは、中国では黒のことで、白は素です。玄には何でもあるが、素には何もない。玄は宇宙の色、深い夜空の蒼で、蒼黒と言ってもよい。さまざまな色が全部まざると黒になるでしょう。あれですね。玄は万物の根拠、際限なく深遠な意味を持つ。だから、『玄之又玄』というのは、玄のそのまた玄、道の究極、とにかくそこには何でも在る。大変欲張った意味を含んでいて、これ以上のものはないでしょう」

　栗田の講釈を聴いて、渡邊は、創業する出版社の名前は「二玄社」とすることにした。そして、会社のイメージ・マークは漢時代の軒瓦の装飾として使われた縁起のよい紋様である瓦當から採り、鹿の紋様を二玄社のイメージ・マークにすることにした。「二玄社」という社名の文字には、隷書体を用いたが、この文字は漢時代の名筆・礼器碑から集字した。

出版には金が要ることを痛感

こうして、社名、イメージ・マーク、社名の字体などが決まると、渡邊は、本格的に出版活動を始めた。書に関する本を刊行することは決めていたが、単なる書道の本ではなく、東洋の深遠な芸術としての書を、出版物を通して追及できないだろうか、と考えた。中国では古くから文人の条件として詩・書・画・舞踊・弾琴などを揚げているが、その中で上位にある書が持つ芸術性を、中国の書・日本の書で掘り下げられないかと思い、栗田にそのことを語ると、栗田も賛成した。そして、栗田は一人の人物を紹介してくれた。早稲田大学で東洋美術を教えていた安藤更生である。安藤は、会津八一の弟子で、平凡社の大百科事典の編集に長年たずさわっており、書についても詳しかった。

渡邊が安藤を訪ね、企画について話すと、「それは大変結構な話だ」と、即座に賛成してくれた。しかし、続けてこう言った。

「ところで出版するとなれば、金《ゼニ》はあるのかね」

その言葉に、渡邊はひるんだ。実は、渡邊にはあまり金がなかった。しかし、「ハイ、もちろん何とかいたします」と、しどろもどろで答えた。それを聞いた安藤は、念を押すように、「俺、書いてやるけど、ちゃんと原稿料払えるんだろうな」と言った。

その時、渡邊はまだ二十四歳の若さだったので、安藤が心配するのも無理はない。出版を始めるには金が要るということを、渡邊は痛感せざるを得なかった。

そこで、渡邊は以前、郷里にいる伯父が、独立する時には、はなむけに二十万円をやると言ってくれたのを思い出し、郷里に帰ることにした。しかし、帰ってみると、伯父はもう亡くなっていた。渡邊はガッカリしたが、父親が「まあ、何とかなるだろう」と言ったので、また東京に帰って来た。その言葉を頼りに、渡邊は、原稿の依頼を始めることにした。間もなく、父親は二十万円の金を工面して東京まで持参してくれた。仕事は、滞りなく進行した。

ここで、渡邊が伯父を頼って、なぜ郷里に帰ったかを説明しておかねばならない。そして、渡邊の郷里についても。これらのことを明らかにすると、渡邊がなぜ出版の世界に入ることになったのかという事情もわかってくる。そこで、時間を一挙に渡邊が生まれた年にまでさかのぼることにする。

渡邊は昭和三（一九二八）年九月六日、兵庫県氷上郡沼賀村に生まれた。六男一女、七人兄弟の第三子であった。渡邊の父・基市は、播州西脇市の藤井家からの養子で、和菓子を造って卸す傍ら、農業も営んでいたが、渡邊の幼少時代は、昭和大恐慌の余波による不景気のため、生活は楽ではなかった。

そんな暮らしの中で迎えた小学三年生の秋、「修身」という道徳を教える時間に乃木大将の話を聞いた。乃木大将は、寒い冬の日にも毎朝、井戸端へ出て井戸水をつるべで三杯かぶったというのである。偉くなる人は違うということを教えるその話に感銘した渡邊は、十月一日から、朝六時に井戸端で裸になり、つるべで水を頭から三杯かぶった。かぶっている時は、さほどでもないが、かぶった後が猛烈に寒い。それでもひるまず冬のあいだも続け、以後休まず三年間続けた。

渡邊は、水をあびた後は、大急ぎで着物を着て、山裾の神社まで一キロほど駆けあがって氏神様にお参りをした。その時、渡邊は大きくなったら東京に行けますように、と祈った。長兄が東京におり、東京はいいところだと聞かされていたからである。

その東京をさらに強く意識するようになったのは、中学に進学してからだが、小学生の渡邊は、読書や大人の話を聞くことで、ませた子供になっていった。そして、昭和十七（一九四二）年の春、柏原中学の朝礼で校長から聞いた話で、出版という世界の素晴らしさを知る。校長はこう言った。

「丹波出身の下中彌三郎という人が、東京で平凡社という出版社を興し、そこで発行された本を沢山わが校に寄贈していただいたので、講堂に陳列しておくから読みなさい」

渡邊はさっそく講堂に行き、二百冊位あったピカピカの新刊本を手にとってページを開いた。ぱりぱりとした感触と、新鮮なインクの香りに、すっかりしびれてしまった。教科書以外は、古本しか知らない渡邊にとって、それは衝撃的な体験だった。

奥付を見ると、下中彌三郎という名前が記載してある。この人がこの本を企画し、印刷して作ったのかと思うと、出版という仕事が夢のような文化的な事業だと思えてきた。この時の体験が、のちに渡邊を出版の世界へ誘うきっかけになったと言ってよいだろう。

「筆勢がない！」と言われる

中学時代の渡邊はのちの人生につながる体験と、さらに出会う。その一つは、山本求という教師と出会って、彼から絵画と書道を教わり、山本の教えで書というものへ関心を深めたことである。それは、渡邊が山本に書について注意されるという出来事があったことが要因となっている。

山本求という先生に絵画と書道を教わり始めた渡邊は、ある日、書道の時間に、教科書を手本通りに書いてくるようにという宿題が出たので、早速その日から練習にかかった。ところが何度書いても、うまく書けない。

そこで、一計を案じ、拡大器を使って半紙に手本の輪郭を写しとり、濃墨で丹念に塗って輪郭を埋めた。この方法だと、全く手本そっくりの書が出来る。出来の良いものは教室に貼り出されるので、渡邊は手本そっくりに仕上がった自分の書が、当然、教室で貼り出されると思った。しかし、自信作なのに、貼り出されない。渡邊は返された半紙を見せて、山本に対し、

「先生、これはどこが悪いんですか」

と、問いただした。山本は即座にこう言った。

「筆勢がない！」

渡邊は愕然とした。そして、筆勢とは何だろうと考えた。速く書けば形が崩れるからスピードのことではないだろう。第一、楷書は速く書けない。では、筆勢が作り出す形とはいったい何なのか。書くたびに形の変わる書というものへの疑問と関心がにわかに深まってきた。この時の体験が、後に書道に関する図書の出版に立ち向かう要因となったのである。

そして、中学時代には、さらに生涯の趣味となるものと出会う。自動車である。

中学二年になった時、学校にグライダーが二機寄贈されて滑空部が出来たので、入部して四年まで訓練を重ねた。学徒動員のため西宮の軍需工場に駆り出され、倉庫係としてトラック運転手の助手になり、そこで、自動車と出会ったのである。

そんなある日、突然、運転手が召集されたため、渡邊が運転をすることになった。他に誰も運転できる者がいなかったのである。それまで自動車の運転はしたことがなかったが、毎日、エンジンのクランクを回していたので、何とかなると思った。

運転を命じられた夜、とにかく、自動車を運転したくて堪らなかったので、一生懸命に練習した。ローとバックギアだけで運転したので、何度やってもエンストしたが、何とか運転が出来るようになった。まだ十六歳だったので、むろん無免許である。運転が楽しくてたまらなくなった。

渡邊の自動車好きは、この時に始まり、戦後に入った出版社で自動車を買ってもらったが、独立して二年後には自分の車を手に入れた。そして、二玄社は書に関する出版以外に自動車に関する雑誌も手がけることになる。

予科練受験が不可能

その一方、中学時代の渡邊は、飛行機の操縦にも興味を抱き、学徒動員で行った軍需工場で、三年生から四年生にかけて、グライダーの練習を続けた結果、「三級滑空士」の免許も取れたので、飛行機にも乗りたいと思うようになった。飛行機に乗るには、海軍の甲種飛行予科練習生になることだ。滑空部で一緒にグライダーをやっていた先輩や仲間が次々に予科練に入るのを見て、渡邊はそう思った。「三級滑空士」の免許があれば、予科練はフリーパスだった。

渡邊は密かに願書を出して、休暇をとり、神戸まで試験を受けに行くことにした。試験の当日、朝五時に起きて支度をしていると、母が起きだしてきた。

「こんなに早く、どこへ行くの?」

母からそう聞かれて、渡邊は予科練を受験することを打ち明けた。

すると、母は渡邊の袖をつかんで、

「それだけは絶対にやめておくれ」と、泣きながら頼んだ。

その力が強く、渡邊は母を振り払うことが出来なかった。そのため、汽車の時刻に遅れて、試験を受けることが不可能になった。

だが、そのことで、渡邊は一命をとりとめたと言ってよい。なぜなら、予科練に入っていたら「神風特攻隊」に駆り出され、敵陣に突っこみ、散華するという運命が待っていたからだ。母の涙は、予科練への道を閉ざしたが、渡邊の命を救うことになった。

しかし、予科練に行けなくなると、中学を終えた後、どこに進学するかを決める必要がある。昭和二十年三月、渡邊はまだ四年生なのに、卒業しなければならなくなった。本来なら、旧制中学は五年生まで行けるのに、この年は四年生と五年生が同時に卒業することになったのである。

一年短縮の繰上げ卒業の上に、渡邊たちは、学徒動員のため、ろくに勉強をしていない。たまたま電波科学専門学校と航空科学専門学校の二校が募集しているのを知った渡邊は、電波科学専門学校に進むことにした。飛行機の操縦にあこがれていたので、本当は航空科学専門学校に進みたかったのだが、この学校は静岡県の清水にあり、電波科学専門学校は東京の中野にあった。二つは同系列の兄弟校で、後に東海大学となるが、渡邊は東京にあこがれていたし、予科練の未練を断つため、電波科学専門学校を選んだのである。

入試は岡山で行われたが、試験問題が全然わからない。そこで、答案用紙の欄外に「私は勉強する時間がなかったので書けません。やれば出来るはずです。何としても電波科学専門学校へ入りたい。入れていただけたら一生懸命勉強します」と、綿々と書き連ねた。これが効を奏したのか、パスした。昭和二十年四月、渡邊は東京の地を踏んだ。しかし、あこがれの東京は空襲のため、一面瓦礫の原となっていた。

食うや食わずで終戦の日を迎える

中野にあった電波科学専門学校には寮の設備もなかった。仕方なく、父が困った時のためにくれたメモを頼りに、蒲田区（現在の大田区）糀谷の知人宅を訪ねた。

だが、その住居というのは、いわゆる防空壕で、その壕内に一人分のスペースを空けてもらい、半年間、そこから学校に通った。連日連夜の空襲で食うや食わずの生活を続け、終戦の日を迎えた。

ところで、電波科学専門学校と航空科学専門学校は、東京理科大学の前身である東京物理学校の教授の中で同校の教育方針に批判的な教授たちが、松前重義を中心にして設立した学校で、初代の校長には理化学研究所の仁科芳雄が就任した。電波科学専門学校では、戦時中も英語やドイツ語を教え、電気、物理、化学などの専門科目以外に哲学や科学史など、一般教養の分野でも優秀な教授陣を各大学から抜擢して集めていた。終戦と共に、この電波科学専門学校は、東海科学専門学校と改名、清水の航空科学専門学校も同名になり、中野の校舎は府中に移転した。そして、この二校は後に合体して東海大学となる。

府中に移った東海科学専門学校には、十棟ほどの寮があり、ほとんどの学生は寮生活をすることになった。住宅難の時代なので、教授たちも家族ぐるみで寮に暮らしていたが、渡邊も、くじ引きで七寮に入った。その寮は、教授たちの家族が多く住み、学生は五、六人しかいなかった。渡邊はこの寮での生活で、将来を考えるための大きな影響を受けた。

七寮には、科学史の森島恒雄、平田寛、物理の竹内柾、数学の黒田孝郎、島田拓爾や時々単身で住む哲学の栗田直躬らの教授がおり、隣の八寮には物理学の富山小太郎がいた。渡邊は、勉学の方はついて行けなかったが、畑仕事の体験がある学生たちと共同して、畑や校庭を耕してサツマ芋や大根を作った。その収穫が食べ盛りの寮生に分配された。

これを口実に、渡邊は農作業に精を出し、授業の方は欠席が続いた。しかし、夜になると、教授たちの部屋を訪ねては、実験室にあったエチル・アルコールを分けてもらい、それを薄めて、酒盛りをした。教授たちの部屋では、学問について、夜の白むまで議論した。

そのため、教授たちとは家族ぐるみで親しくなったが、友達が卒業していっても、渡邊はなかなか卒業出来なかった。ある時、富山小太郎教授から「渡邊君、君はどうするかね」と聞かれ、「三鷹の天文台はどうでしょう」と答えたら、「試験があるぞ」と言われ、入るのをあきらめた。勉強をしていないからである。富山教授は、「君は学校はほとんど勉強しなかったから落第坊主だが、毎晩よく僕らの寮へ通ったので、夜学の方は優等生ということにしてやろう」と言ってくれたが、それで進路が開けるわけではない。

渡邊は、東海科学専門学校の教授たちが出版社に関係が深いことを知っていたので、そのつてで、どこかの出版社に入れないものかと考えるようになった。富山教授は岩波書店の『科学』という雑誌の編集や『理化学辞典』、『科学の事典』などの編纂にたずさわっていたし、平田寛教授は創元社の編集顧問として科学史選書の仕事をしていた。栗田直躬教授も岩波書店と関係が深く、森島恒雄教授は岩波書店や自文堂と関係があった。そこで、渡邊は平田教授に「出版社に勤めたいのですが、どうでしょうか。走り使いしか出来ませんが」と、申し出た。すると、平田教授は、その願いには応えず、にこやかな表情で、ささやくようにこう言った。

「渡邊君、今、出版社というのは、本を作りさえすれば、すぐに売れるんだよ、右から左に。ただ、紙がないんだ。紙さえあれば、本の書き手は一杯いるし、簡単なんだがね」

それを聞いた渡邊は、自分が出版業を始めるかのように考えて、「本当ですか。じゃ、紙を何とかします」と答えた。

渡邊の伯父が渡辺紙工業（株）という紙袋のメーカーを経営していて、日本全国に七カ所も工場を持ち、戦前は台湾、朝鮮、上海にも工場を持っていたことを思い出したからである。伯父に頼めば何とかなるのではないか、と考えた渡邊は、翌日、さっそく郷里の丹波へ向かった。

泰造という名前の伯父は、渡邊の話を聞くと、どれほどの量の紙を使うかを確かめ、「本に使う量なら大したことはない。いつでも回してやろう」と言った。渡邊は東京へとって返すと、平田教授に伯父の言葉を伝えた。すると、平田教授は、ちょっと当惑ぎみの表情で、こう言った。

「もう話してきたのかね。ただ、金も要るんだよね。二十万円くらいは要るんだよ」

渡邊は、数日後、また郷里に帰った。父親を説得し、別の伯父の種三郎が鐘紡の子会社に勤めていて、羽振りがよかったので、この伯父に二十万円を貸して欲しいと頼んだ。自分が出版を行い、本が売れたらすぐ返すからといって頼むと、伯父は即座に「よし、わかった。それほどの金なら、その若さで会社をおこすということは嬉しいことだから、はなむけにくれてやる」と言った。渡邊は飛び上がるほど喜んだ。

しかし、次の瞬間、「一つ条件がある」と伯父は注文をつけた。

白水社を紹介される

伯父がつけた条件は、次のようなものだった。

「わたしもいろいろな会社を見てきたが、企業というものはズブの素人にいきなりつくれるものではないから、どこかの出版社へ丁稚に行って修業しなさい。そこでイロハから覚えることだ。どこまで修業するかは自分で考えるんだな。それが終わってよし始めようとなったら、いつでも金は出してやる」

それを聞いて、渡邊はがっかりした。これでは当分お預けか。そう思いながら平田寛教授に伯父の言葉を伝えた。すると、平田教授は「いや、それはよかった。実はわたしも自信がなくなっていたんだ。そのおじさんはさすがだよ。とにかく、おじさんのいう通りにしなさい。わたしは編集面はわかるけど、製作とか販売のことはよくわからない。少しどこかで勉強するんだね。それを考えようよ」と言った。

平田教授にそう言われて、渡邊は森島恒雄教授の知り合いの自文堂の社主に紹介してもらった。神田須田町の喫茶店で会い、「出版をやりたいので教えてほしい」と言うと、自文堂の社主は、こう言った。

「それは大歓迎だが、出来ればその紙づるも資金も自文堂に廻してほしいね。なんなら自文堂を君と共同経営にしてもいいよ」

この申し出に対しては、後日、丁重に断った。渡邊は自分ひとりで出版社をやりたいと思っていたからである。そこで、しばらくして、平田教授に創元社を紹介してもらい、小林茂社長に会い、さらに営業部長の秋山修道と会った。昭和二十三年四月、桜が満開の日の朝だった。

秋山は、「君は今日から創元社の社員だから、何でもやってもらいますよ」と言って、さらに続けた。

「ところで、君は白水社という出版社を知っているかね」。

その言葉に、渡邊は「知っております」と答えた。渡邊は、白水社から刊行されたフランスの小説を何冊か読んでいたので、そう答えたのだが、秋山は重ねて言った。「白水社からも一人、君のような若手を頼まれているんだが、君さえよければどっちでもいいんだよ」。

これには、渡邊はびっくりした。創元社に入りたいと思って来たのに、白水社の話が出たのは意外であった。ところが、渡邊は即座に「白水社の白い装幀が大好きです」と答えてしまった。渡邊は「しまった」と思ったが、一方で平田教授が創元社に無理に頼んでくれたのだという気がねもあった。そこで、秋山から「そうか。善は急げだ。これから白水社に行こう」と促されると、日本橋小船町にあった創元社を後にして、神田駿河台下の白水社に向かった。創元社には、三十分だけ勤めたことになる。訪ねた白水社では営業部長に会い、渡邊は寺村専務の面接を受けることになった。

本の造り方を学ぶ

白水社の寺村専務は渡邊に「君はどうして出版社を志したのかね？」とまず聞いた。そこで渡邊は、自分は出版をやりたいと思っているが、何も知らないので教えていただきたいと答えると、寺村は天井を見上げて大きな声で笑い、矢継早に質問をあびせた。

自転車に乗れるか、算盤は出来るかなどと聞き、渡邊がどちらも大丈夫であると答えると、寺村は「それでは何でもやってもらうが、うちは小さな出版社で、十分給料は払えないけど、いいかね？」と念を押した。渡邊は、「出版を教えていただくわけですから、給料は要りません。月謝が払えない代わり、一生懸命働きます」と答えた。それを聞いて、寺村はまた笑い、近くにいた社員も一緒に笑った。

こうして、渡邊は白水社に入社した。当初は、三カ月か半年で出版の仕事を覚えることが出来ると思ったが、実際の仕事は走り使いとか、本の運搬や整理などで、本の造り方などとは程遠い仕事であった。仕方がないので、会社にいる時は、編集室を覗いて、本の出来る過程を知ろうとしたが、簡単にはわからない。そこで、編集部員に頼みこんで校正刷を届けたり、もらってくる仕事をさせてもらうことにした。出勤の途次、電車の中で校正刷を読み、著者の推敲ぶりを見ることで、本の造り方を学んだ。

さらに、白水社で出版される本のゲラを全て借りて読み、それらの本がどのくらい売れるか、他の社員と賭けをした。書名や目次だけで予想する社員と違って、渡邊は内容を読んでいるので、よく当たった。そのため、渡邊は企画会議に出席することを許され、念願の編集の仕事に近づけたのだが、残念ながら出版界の情勢が変わり、編集よりも販売の方に力を入れざるを得ない事態が生じることになる。

昭和二十四、五年頃までは、どんな本でも造るだけで売れたが、二十六年頃からは用紙が潤沢になり、出版点数が増え、それに伴って返品が増えてきた。ちょうどその頃、渡邊は河出書房の清水勝と知り合いになり、返品が増えて困るという話をした。すると、清水は「常備委託」を知っているか、と言った。在庫品を改装してセットにし、書店の棚に置かせてもらい、一週間に一度見て廻って売れた分を補充するという販売方法なのだが、清水によると、これがとてもよく売れるという。渡邊は白水社でもやるべきだと思って提案したが、寺村は反対だった。書店は自力で買って売るべきで、出版社が置かせてもらうというのは間違いだというのが理由であった。

しかし、返品は増え続けた。在庫を断裁するのはもったいないので、寺村には内緒で、営業部長に黙認してもらい、営業部員が全員で深夜までセットを作り、手分けして、帰り道の沿線にある書店に運んだ。その結果、半年もたたないうちに、売上げが百万円を突破し、渡邊は会社でダットサンのバンの新車を二十五万円で買ってもらい、「常備委託」を東北、中部、関西などへも広げた。その後、他の出版社でも、これを真似るようになり、今でも「常備寄託」という名前ですっかり定着している。

この方式によって在庫品を売ることに成功した渡邊だが、白水社に入って一年経ち、二年経ち、さらに三年目に入っても、出版という仕事のむずかしさがつのるばかりであった。このままでは、いつまで経っても独立は出来ない。渡邊は、当時、吉祥寺に住んでいたので、帰宅の途中、阿佐ケ谷駅で降りて、南口近くの「モーツアルト」という喫茶店に寄り、クラシック音楽を聴きながら、どんな本を出そうかと、毎晩考える日々を送った。

しかし、企画の糸口はいくら考えてもつかめなかった。雑誌の発行も考えた。戦争時代の反動でヒューマニズムが叫ばれていたので、「ユマニテ」という誌名を考えたが、誰に何を頼むかがわからず、雑誌発行の構想も、単なる夢想に終わってしまった。

そんな時、白水社の友人から、君の一族は事業家なのだから、出版のようにむずかしくて儲からない仕事をしないほうがよい、という忠告を受けた。これに対して、渡邊は、出版はちゃんとやれば儲かるはずだし、一人の知恵が徒手空拳で大衆に広がるこんなに手応えのある仕事は他にない、と答えた。友人は、「君にはつける薬がないよ」と言ったが、渡邊は白水社に入って四年が過ぎた時点で、会社を辞めさせてほしいと、営業部長に申し出た。

そして、昭和二十七年六月、社員旅行会を終えて渡邊は退社した。退社に至るまでには、営業部長から「自分が辞めるまで待て」と言われたり、社長からは送別会の席で「出版は甘くない、渡邊君は必ず失敗するから、その時は帰って来たまえ」と言われたりした。しかし、営業部長は退社せず、社長の言葉については、荒岡庄太郎という社員が、「渡邊君に限って絶対に戻って来ません。渡邊君は必ず成功するから、白水社の敷居は断じて二度と踏みません」と言ってくれた。

渡邊は、この言葉をその後、何度も思い起こすことになる。退職金を三万円もらって退社し、同時に、兄夫婦と一緒に住んでいた吉祥寺から湯島の六畳一部屋に引っ越した。そして、独立のための行動を開始した。まず、社名を二玄社に決めた。

二玄社を創立して出版を開始

二玄社創立後最初に出版したのは、書に関する本であった。父から二十万円の金を工面してもらい、編集活動を開始した。その頃、渡邊はいずれ書道は消えて行くのではないかと考えていたので、過去の書道ではなく、これから書道はどうなるかという問題を考える内容にしたいと思った。書名は『これからの書道』にすることにした。しかし、「これから」というのは軽い感じがしたので、『今日の書道』にした。

二玄社という社名を考えてくれた栗田直躬に紹介された早稲田大学教授の安藤更生と、東京国立博物館の堀江知彦の共編ということで、編集が進行したが、出来上がった原稿は「これからの書道」ではなく、過去の書道史となり、書道史概論といった趣の内容になった。

この点が渡邊は不満であったが、書名の文字は会津八一に依頼した。しかし、会津は『今日の書道』という本は、いずれ自分が出そうと思っているので、「現代の書道」という題名なら書くという返事だった。仕方がないので、書名は金子鷗亭が設計した新活字を用いた。原稿が続々と組み上がり始めたので、内容見本を作って宣伝を始めた。書道家の名簿を集め、三千人を対象にＤＭ（ダイレクト・メール）を打った。

父親から借りた二十万円は、内容見本の制作費とＤＭの郵便切手代でほとんど使ってしまったが、内容見本を発送したとたんに、注文が次々と舞いこみ始めた。本の方はようやく校正の段階となり、まだ一部入っていない原稿もあったが、定価の千五百円と送料五十円が続々と送られてきた。その入金で用紙代はもとより、印刷・製本代、原稿料など即座に支払うことができた。

昭和二十八年の秋に神田須田町のしもたやの二階に八畳の部屋を借りて編集を進めた。その頃、東海科学専門学校時代に寮で同室だった田中嘉次という友人が結核の病み上がりであったが、編集室に住み込んで、いろいろな意見を述べてくれた。

暮れにようやく校正も終わって、正月早々に印刷に入り、年が明けた二月に本が出来上がった。奥付には「一九五四年二月十五日」と印刷されているが、この日が二玄社創業の記念日となった。

初版は、千五百部であったが、すぐに売りきれてしまい、重版を五百部作ったものの、これも半年ほどで売れてしまった。

西川夫人に救われる

二玄社の処女出版は、上々の滑り出しだった。もっとも『今日の書道』が出る前に、東海科学専門学校時代の恩師・森島恒雄の友人である熊代荘歩の『花と貝殻』という詩集を刊行したが、これは渡邉が原価で奉仕した私家版である。

『今日の書道』

『今日の書道』が順調な成績を収めたので、次はもっと読者層の広い『書道講座』を刊行することにした。『今日の書道』に続いて、『書道講座』を企画した渡邊は、安藤更生から「あとは、西川くんに聞け」と言われ、安藤の紹介状を持って書家の西川寧を訪ねた。ところが、西川には何度訪ねても玄関払いをくらった。
西川は慶応義塾大学の教授で、安藤は早稲田大学の教授なので、これは早慶戦だなと、渡邊は思った。その渡邊を救ってくれたのは、玄関でいつも応対してくれた西川夫人である。何度目かの訪問の時、渡邊が白水社から独立して書

『書道講座』

の出版を始めたというと、西川夫人は「除村吉太郎をご存じですか？」と聞いた。渡邊が「はい、白水社が大変お世話になっています。わたしも何度か車でお送りしたことがあります」と答えると、西川夫人は、「あら、除村は私の兄でございますの」と言った。

除村はロシア文学の泰斗として白水社に出入りし、西川は慶応でフランス文学を志したので、白水社のことはよく知っていた。そんなことがあって、渡邊はやっと西川と話すことが出来るようになり、いろいろなことを聞かれ、西川が日展に出品した書についての感想も求められた。渡邊は「小学校の校長先生に叱られているような感じです」と答え、『書道講座』についてお知恵を拝借したいと言った。

西川は、即答はしなかったが、二カ月ほど経って電話があり、渡邊が訪ねると、西川はA3判の半紙にびっしりと書いた『書道講座』全七巻の企画書を示した。当時の書壇の大家を緻密に人選して網羅し、ページ割まで出来ていた。そこで、渡邊が「ぜひこの通りに実行したいと思います」と言うと、西川はその紙をスッとしまって「いや、簡単にはいきませんよ」と言った。

渡邊は取材編集、原稿料などの条件が決まらないと駄目なのだな、と思ったが、それには触れず、とにかくその企画をいただきたい、と二〜三カ月、西川邸に通い詰めた。訪ねるたびに、西川は書をめぐる古今東西の話をしてくれた。話は延々六時間から八時間に及び、夜の白むこともしばしばだった。渡邊はこうして西川の晩年まで三十年間、書の話を聞くことになるが、これは勉強になった。

『書道講座』の巻頭には、各巻に武者小路実篤、吉川英治、高村光太郎、川端康成、井上靖、棟方志功、中川一政らの書道随想を入れることを渡邊は考え、その企画を西川に話すと、西川は編集の仕事に力を入れ始めた。

そして企画書に名前が記載されていなかった執筆者として、西川の弟子である青山杉雨のことを渡邊が指摘すると、西川は渡邊の言葉に従う形で青山を加えた。二玄社はその後、ずっと青山の協力を得ることになる。

『書道講座』初版が売り切れ

毎巻十数人の執筆者の原稿を集めるのには苦労したが、『書道講座』は大好評だった。最後の巻は、初版一万部が読者直販ですぐに売り切れ、重版した。

渡邊が設立した二玄社は、『今日の書道』と『書道講座』によって業績を上げ、スムーズなスタートを切ることが出来た。そして書に関する本は、今でも二玄社の出版物の中核となっている。

その間には、いろいろな波瀾もあった。たとえば、中国三千年の歴史上で不朽の名作と言われる書の遺産である名筆を原寸で出版した『書跡名品叢刊』は、最初の二十冊ぐらいはよく売れたが、巻を追うにしたがって売れなくなり、社内でも止めようという声が上がったほどだった。しかし、我慢をして二百八冊までこぎつけて、ふたたび売れるようになり、二玄社の在庫商品の大黒柱となった。

また、渡邊の車好きによって昭和三十七年に創刊した『CAR GRAPHIC』という雑誌は、最初、返品が多く、広告も入らなかったため、書道の本で貯めていた資金が底をつき、下請けへの制作費が払えなくなり、社員の給料も遅配続きとなったこともある。金策に明け暮れた渡邊は、十年来ポケットマネーで買い集めていた日本や韓国の古陶磁を売って食いつないだ。

そのころ、渡邊は白水社の寺村五一専務に相談に行き、貸借対照表を見せ、「この程度で音をあげるようなら、すぐ出版を止めなさい」と言われた。寺村は、渡邊にこの程度では何てことないとアドバイスしてくれたのだが、この言葉に渡邊は励まされた。また、借金を頼もうと思った郷里の伯父からは、自分も困った時代があり、死のうと思ったことがあるという話を聞かされ、逃げてはいけないと悟った。

こうした苦労があったものの、昭和四十一年頃から『ＣＡＲ ＧＲＡＰＨＩＣ』の部数が伸び始め、昭和五十九年には、車をとりまく文化に切り込む雑誌として月刊の『ＮＡＶＩ』を創刊するまでになった。

また、書に関する出版では『書道講座』の技法編である『書道技法講座』や六体書体大字典の『書源』などを刊行し、いずれも成功させたが、昭和四十七年に、台湾を訪れた渡邊は、故宮博物院で中国時代の美術品に出会い、新たな仕事に取り組むことになる。

故宮の名品を複製

彼が范寛の絵にしびれたという話は、既に紹介したが、渡邊が二度目に台湾を訪れたのは、昭和五十（一九七五）年のことだった。その時、渡邊は永年台湾の監察院の秘書長を勤めていた郭健という人物を紹介された。

監察院とは、役人を取り締まる役所のことだが、渡邊は郭夫婦とは家族ぐるみの交流をするようになった。渡邊が故宮博物院に所蔵されている書画に熱い想いを寄せていることを郭が知ったからである。渡邊は美術出版は原寸で行うべきであるという考えを持っており、前に紹介した『書跡名品叢刊』以外に昭和四十七年には明清時代の中国文人の書画や日本の書画など三十点を原寸で複製した『東洋の名筆』シリーズを刊行した。

そこで、郭から紹介された林柏壽や王世杰が所蔵していた名筆を原寸で複製出版したが、この二人は故宮博物院管理委員会の重鎮だった。

そのため、渡邊は林のはからいで、故宮博物院院長の蔣復璁に紹介してもらい、故宮博物院所蔵の名品を世界の美術愛好家のために、ぜひ出版させてほしいと懇請した。ところが、蔣には、「残念だが、それは出来ない。これは国の管理下にあるので、民間の営利事業に加担することは出来ない」と断られた。

しかし、渡邊は言った。「故宮の美術品は、もちろん中国のかけがえのない宝でありましょうが、同時に世界人類への遺産というべきものでありましょう。世界中の人々にもっと広く見せるべきですし、後世にも永久に伝えるべきです。そのための出版ならば、私どもは営利など眼中にありません」。

すると、蔣はこう言った。「故宮の書画は展示するたびに今も損傷が進んでいる。我々は、もっと広く大勢に見てもらいたいのだが、この遺産を後世に大切に保存して伝える義務もある。大切に保存することと、多くの人々に見てもらうことの狭間でいろいろ腐心しているのだ」。

そこで、渡邊はすかさず、「世界への普及と永久保存とを同時に可能にする方法があります」と言った。それに対し、蔣は、「そんな方法はない」と、強く否定した。しかし渡邊はねばった。「いいえ、あります。それは真跡と瓜二つの原色原寸の複製を作ることです。孫悟空が自分の毛を抜いて一吹きすると同じ悟空が次々と生まれる。まさにあれです。あれを実現したいのです」。

問答は続いたが、蔣がついに折れた。「よろしい、それでは試しに三点だけ作って見せてもらおうじゃないか」。渡邊はすかさず、「三十点！」と言った。「よきにはからえ！」。この蔣の一言で故宮博物院と二玄社の合作による複製の事業が始まることになった。

困難を極めた作業

故宮博物院の蒋院長に書画の名品三十点の複製を取り付けた渡邊隆男は、東京書館の技術陣を総上げして、まず、長さ五メートル、縦横二メートル、重さ三トンの巨大なカメラを作り、船で輸送して故宮博物院へ持ち込んだ。その時、渡邊は「二玄社が故宮に大砲を持ちこんだ」と冷やかされたが、このカメラの性能は素晴らしいものだった。

なにしろ、人物を撮ると、産毛まで写る。原跡への悪影響を避けるため、光源はストロボで断熱、断紫外線などにも配慮し、完璧を期した。フィルムはアメリカのコダック社に特注した特大判のカラー・フィルム（十一×十四インチ）計八千枚を揃え、一年近くテストを重ねて撮影にかかった。

製版から印刷、超耐光インクなどさまざまな吟味を加え、紙や絹など現物と同じような材質で、十二色の印刷の際に起る極めて微細な伸縮に耐える素材を開発した。用紙は二層抄きにして、印刷したものを薄くはがしてソフトな表装の仕上がりまで計算に入れて抄いた。用紙の研究開発と抄紙には特殊製紙や北越製紙各社が協力したが、開発は大仕事であった。

このように入念な準備をして、撮影に入ったが、作業は困難をきわめた。故宮の書画は縦二メートル、横一メートルを超えるものもあり、古色蒼然たる画面を二十数枚に分割して撮影するのだが、画面とレンズとフィルムを完全に平行させないと、数ミクロンの誤差が出ても二十数枚がうまく整合しない。

また巻物は、幅が七、八十センチ、長さ十数メートルのものがあり、これも分割して撮影し、まっすぐにつながなければならない。印刷にあたった東京印書館の技術者がチームを組織して、これらの難題を一つずつクリアしていった。

七～八名のチームが約一カ月ずつ、二度にわたって撮影し、製版・印刷には何度も試行錯誤を繰り返し、色校正には台北・東京を何十回となく往復しながら、平成の初めには三百数十点の書画の複製を完成した。

この仕事は、想像以上の難事業で、費用も時間も湯水のように費やさねばならなかった。社の内外で何度も「止めたらどうだ、作っても売れないぞ」という声が高まった。しかし、大海に乗り出した船で、後へ引けずに、ついに最後までやり遂げた。

その間には、数知れない労苦があり、完成間際には、故宮関係者との真剣なやりとりもあった。この仕事では、台北の故宮だけでなく、上海博物館、遼寧省博物館、アメリカのネルソンギャラリーや個人蔵の名品も加えて、四百十件の複製を完成することが出来たのである。

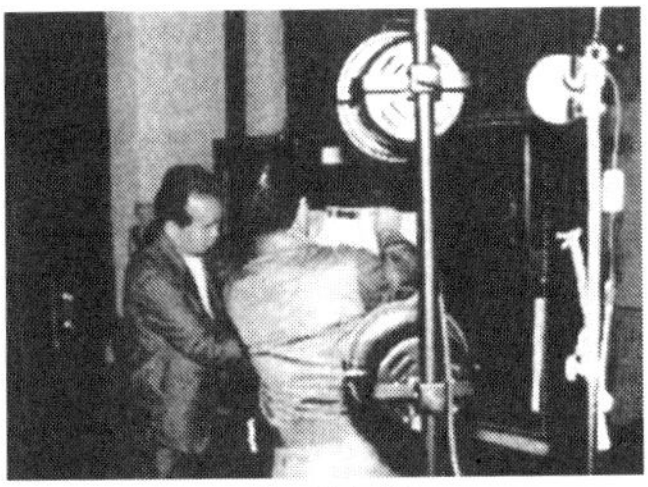
故宮での校正（左が渡邊）

迫真の復元

台湾の故宮博物院や上海博物館、遼寧省博物館の書画を複製した渡邊は、それらの複製を紹介したカタログに、「故宮書画の複製にあたって」と題する文章を書き、こう述べている。

「私が初めて台北の故宮博物院を訪ねてから二十年近い歳月が流れましたが、今もってその展覧の強烈な印象を忘れることができません。名品中の名品、古来神品といわれる書画は、いずれも人を陶酔させるような魔力を秘めるもののようです。私は足繁く故宮を訪ねて数々の名蹟に接する一方、機会あるたびにその出版を希望しました。書画出版の理想は、原寸で原蹟そのままに複製してその神気を再現することにあります。そういった私の夢は『故宮博物院・二玄社合作、複製出版契約』によってかなえられることになりました」

そしてさらにこの文章は次のように続く。

「当社では永い間、東京印書館のスタッフと共に書画の複製技術について研究を続けてまいりましたが、故宮書画ともなれば、その年代を経た色調や質感にも独特の厚みがあり、尋常の技術では及びません。そこで当社では、現代最も機能的に優れたオフセット印刷の諸新鋭機をベースとし、専門家によるプロジェクトチームを組み、その研究開発にあたりました」

その研究開発がどのようにして行われたかは、前節で紹介したが、一般的なカラー印刷は四色で行われるのに、故宮書画の印刷は、八色ないし十二色に分解して各色調に応じた印刷版を作るため、テスト刷りを何回も繰り返さねばならなかった。また、用紙、絹布、合繊など、印刷素材の開発も困難を極めた。渡邊は前出の文章の中で、「ある種の洋紙をベースに、アフリカから特殊な原料を空輸して混合したり特殊な素材を加えたりして柔軟な感触を出す一方、印刷時の伸縮安定性を高め、さらには表装のための剥離層をつくるなど、これまた度重なるテスト抄きを経て原蹟に肉薄する素材の開発に成功しました」と書いている。そして、表装も表具そのものを誇示する日本的趣味を極力排し、中国式の文人仕立による表装を行い、「原蹟に勝るとも劣らない迫真の復元を完成した」と自負している。こうして完成した王羲之《おうぎし》の「快《かい》雪時晴帖《せつじせいじょう》」を見本として蔣院長のところへ持っていくと、蔣院長は虫眼鏡で複製を点検し、こう言った。

「俺を馬鹿にするんじゃない！　倉から実物を出してきて、複製だとは何事だ！　私が見たいのは、二玄社が作った複製の方だ」。そこで、倉から実物を持ってくると、蔣は「あとは好きなだけやれ！」と言って部屋を出て行った。

好きなだけ複製を許す

「快雪時晴帖」の複製を見せられた蔣院長がだまされたと思い怒ったほど、二玄社の複製は、実物と全く変わらぬすばらしい出来ばえであった。実物はたしかに倉に保存されており、目の前にあるのは複製であることがわかった蔣院長は、渡邊に他の書画も好きなだけ複製することを許してくれたので、それ以後、渡邊は自由に複製を行うことが出来るようになった。これほどの高品質の複製を可能にしたのは、二玄社の高島義彦編集長と東京印書館の鬼澤朝男技師のコンビが、意気投合して仕事に当たったからで、その結晶が見事に実を結んだことになる。

こうして完成した複製品は、二玄社の営業部員がチームを編成し、日本全国の都市で展示即売会を実施して販売にあたった。大きな都市部では二度三度と繰り返し行った。展示会は三百回を越え、日本国内だけでなく、香港、シンガポール、マレーシア、アメリカなど、海外でも行い、さらに中国大陸でも行った。昭和六十（一九八五）年七月に北京の故宮博物院絵画館で五十点を陳列し、平成十一（一九九九）年四月から五月までの約一カ月間は、四百余件の全複製品を陳列した。その時の展示会は「故宮書画名宝の里帰り」と銘打って大陸全土の主要都市を巡回した。

販売だけではなく、台北の故宮博物院には同院の書画の複製品三百八十余件を各々三十余本贈呈し、版権料として総卸価格の十パーセントを納めた。そして、北京の故宮博物院には、複製品の全件を、永久保存を条件として寄贈し、さらに北京印刷博物館と黄冑美術館にも乞われて常設陳列を条件に一セット寄贈した。二玄社が作った複製品は、中国歴代書画の粋を蒐めたものとして、内外の識者や専門家たちから高く評価され、北京師範大学教授の啓功は、次のような感想を寄せ、その文章が二玄社のカタログに掲載されている。

「この展覧をみて、私はまず最初に各分野の偉大な科学技術の発達に感謝しなければなりません。現代の撮影・印刷等の進んだ技術なしにはこれら〝真蹟を下ること一等〟の、迫真の生けるがごとき複製品は生まれなかったでしょう。中国の昔の書画を印刷したもので、これほど傑出した複製品を見たことがありません。巻冊の表装の設計から書画の印刷効果にいたるまで実にみごとで、まさしく〝かゆいところに手のとどく〟ものといえましょう。先に〝真蹟を下ること一等〟という語でこれらの複製品を評価しましたが、私はいま一歩を進めて、この言葉をもう一度いいあらためなければなりません。その価値からみれば複製品はむろん原蹟ではありません。しかしその芸術的効用から言えば〝真蹟と平等〟というべきでしょう。優秀な印刷技術は現存の文物が宿している効果をさらに高めることさえできるのです（以下略）」

二玄社が完成した台北の故宮博物院や上海博物館、遼寧省博物館の書画の複製は、北京師範大学教授の啓功にも高く評価され、彼は〝真蹟と平等〟という言葉を使ったが、さらに、こんな評価も行っている。

「これらの複製品によって〝晴窓一日百回鑑賞〟し、〝心胸豁然〟たらしめることが、けっしてむずかしいことではなくなりました。従ってその利用価値から見れば、その便利な点は〝真蹟を上まわること一等、あるいは数等〟と称するに足りましょう」

複製で何を果たしたか

故宮博物院の書画に魅せられた渡邊が、その書画の複製によって、何を果たしたのか。これについては、二玄社の書に関する出版で、渡邊の相談に乗ってきた書家で文化勲章受章者の西川寧が、孫過庭《そんかてい》の「書《しょ》譜《ふ》」について書いた「原色の『書譜』に驚く」という文章が、複製の意義をよく伝えている。

この文章は、平成十五年十二月五日号の「出版ダイジェスト」に掲載されているが、この号は、二玄社創業五十周年記念として実施された「完全複製台北故宮博物院の名蹟付：上海博物館遼寧省博物館」の特別限定セールについての案内を特集しており、その中に「書譜」についての解説と西川の文章が掲載されている。その解説と西川の文章によると、「書譜」は、唐の時代に孫過庭がみずからの書論を書いたものである。孫過庭は、中国で「書聖」と呼ばれた王羲之の書法をもっとも忠実に継承した書家で、「書譜」は、歴代草書中に冠たる名蹟であると同時に、書芸術論の古典的名著として故宮博物院の蔵品の中でも屈指の至宝であり、宋代以降の草書最高の典範として評価されている。

この「書譜」は西川によると、現在は一巻になっているが、元は上下二巻になっていた。これが唐初からの原型で、この形が明末に一巻につなぎ合わされた。それまで、「書譜」は上下二巻がそれぞれ別の家に伝わり、下巻は文徴明の手に入ったが、上巻はしばらく所在が不明であった。そのため上巻のほうがいたみが少なく、下巻はひどくいたんでいた。しかし、字が立派なので、モノクロの写真で見ると、紙のいたみはあまり感じられなかった。ところが、原色の複製を見て、西川は驚いた。「色のおかげで本紙のいたみがモノクロームと違って、ひどく鮮やかに目にうつる」からだ。

西川は複製を見た感想をこう述べている。

「本紙のいたみは、上巻には極めて少なく、下巻に入ると、紙の上辺も下辺もひどくいたみ、時々やぶれは紙の中心の方まで及びます。モノクロームでも同じに写ってはいるのですが、気にならない。これが原色のためにその印象は実にあざやかなのです」

そして、さらに西川は書いている。

「そもそも一体九メートルに余る、この大名物の長巻を、そっくり原色で手元におくことが出来ようなどと誰が考えたでしょうか。それに、じっと見ていると墨の乾いた味、潤った肌は、その蒼然たる古色にもかかわらず、今書いたばかりのようです。たった今、私自身、孫過庭の手からうけとって来たばかりのように思えてきます。これは又別にゾッとすることです」

渡邊が行った故宮書画の複製には、このような意義があったのである。

渡邊は、書画の出版を通して、彼自身も中国の書画について、多くのことを学んだという。そのことを、日本出版クラブで催された出版今昔会で「台湾と日本と中国」と題して話したのだが、再録された『出版クラブだより』四六九号から引用加筆すると、その中で渡邊はこんなことを語っている。

「王羲之という、中国で言う『書聖』がいました。書の神様です。これは伝説的な人ですが、どうも実在の人物のようです。この王羲之が、あるとき街を散歩しておりますと、建築中の家があった。ちょうど昼飯で大工が留守だ。見ると、そこに奇麗にかんなで削った木があった。王羲之はもうたまらなくて、矢立てを出してその削った木肌に字を書いて立ち去った。大工が帰ってきて『何ちゅうことをするか』と怒った。ぶつぶつ言いながらそれを削りに削ったが消えない。その深さ三分に及んだ。大工がそれを話したら、村人が『おい、お前は大変なものを削っちまったな。消えない字は王羲之先生が書いたに違いない。この書を売れば家のもう一軒や二軒建ったんだ』と。中国ではよく知られる寓話です」。

渡邊は、王羲之について、このように語り、さらに話を続けている。

「これを『入木道《じゅぼくどう》』と言います。中国では入木道というのが書道のことなのです。日本の書道という言葉は中国にはないのです。書法とも言いますが入木道でみんなに通じます。ここに日本と中国の、書画の基本的な違いがあるのです。日本の書画は平面デザイン、平面構成。日本の作家は、この紙面にどんな書で、あるいは絵を、何字、どう詰めて、この空きをどう響かせてと一生懸命考えるのです。だから余白にやかましいのです。

一方、中国人は紙面構成をあまり気にしない。いきなりどんどん書き進み、『ちょっと詰まったか、まあいいや』と成り行き任せで一向お構いなしです」

渡邊によると、中国には書道という言葉はなく、書法あるいは入木道というが、さらに書画に関して、日本と中国の考え方が違うというのである。このことをふまえて、渡邊はこう述べる。

「そこで、『直筆、逆筆』という筆使いがあります。よく筆が立つといって、文章が書けることにも使いますが、元はやはり筆が本当に立つことをいうのです。筆をぞうきん棒のように押していく、ぐいぐいと擦っていくような筆法です。直筆、逆筆の反対を『順筆』と言いますが、これは引きずるのです。こどもはよく筆を引きずります。だからミミズのような力のない字になってしまう」

渡邊は「ここが基本的に違う」と指摘しながら、中国の筆法は上下運動で、平面的ではないと言う。

「削ると言いますか、えぐると言いますか、筆力紙背に徹するとよく言いますが、紙面に食い込むような筆圧を、つまり筆意の気力を重視するわけです」と、中国の筆法について渡邊は述べ、さらに、中国で「心理的筆意」が重視される理由をこう語る。

「なぜかと言いますと、書には感情、性格がはっきりと出ますが平面的な筆使いでは出ないのです。書は上手下手よりも前に、性格が出る鏡なのです。これはごまかせないので、みんな一生懸命習う。習うと上手にはなっても、いい字にはならない。いい字を書こうと思うと、人間を磨き、人格を陶冶しなければならないのです」

そう語る渡邊は、ふたたび『書聖』王羲之についてふれ、彼の書にほれ込んだ唐の太宗が、あらゆる王羲之の書を集めて、死ぬ前に「おれの墓へ埋めろ」と言って、その通りにさせたというエピソードを紹介する。「だから王羲之の書は皆昭陵に埋められて一枚も残っていないのです。手紙や『蘭亭敍』など、すべて敷き写しをさせて残し、本物を埋めたのです」。

この敷き写しをしたものの一つが『喪乱帖』という手紙で、これがとてもよくできた写しで、日本の宮内庁へ来ていると渡邊は言う。そして、もう一つの敷き写しが『快雪時晴帖』という三行の手紙文で、「今日は雪が降って、晴れ上がって云々」と言う文面の手紙の写しに乾隆帝が心酔して枕元におき、一生離さなかったという。その手紙をラスト・エンペラー宣統帝が故宮から出る時に、懐へ入れて持ち出そうとしたが、見つかって取り上げられ、今は台湾の「故宮」にあると、『快雪時晴帖』にまつわる後日談も渡邊は明かしている。

書に対する考えを形成

そして、渡邊は元時代の有名な書家である趙子昂が「王羲之に負けるものか」と一生かかって王羲之を追い越そうと精進したが、ついに追い越せなかったという一文を最晩年に残しているという話にふれ、趙子昂の字は第三者に言わせると、王羲之の字よりも上手だと評されながら、趙子昂本人が王羲之にどうしても及ばなかったと感じた理由について、渡邊はこう指摘している。

「人間が追いつかない。王羲之は千何百年も前の人で、会った人はいないのです。しかし、書というものはその人が如実に見えるのです。習いこんでその人格を感じ、『やっぱり王羲之はすごい』と思い知るのです」

渡邊は、このように王羲之の字のすごさを語っているが、彼は西川寧からも王羲之の字について、話を聞いたことがある。西川は王羲之の字について、「すこしわかってきた」と述べ、拓本を開きながら渡邊に語った。

「たとえば、この字をしっかり見たまえ。偏とつくりの間を、じーっと見ると、心持広くないか。これは倣ってみるとよくわかるけれど、ちょっと、一ミリの何分の一か、そのくらい広いというか、ゆとりがある」

つまり、西川によれば、王羲之の書は懐と呼ばれる造形の内側が一ミリの何分の一か広いと言うのである。西川は、さらに自分の考えを語った。

「これは真似て書けるもんじゃない。自然に滲み出る人間の感覚、ほのぼのとしたこれがどうにも書けない。王羲之についに及ばなかったと趙子昂がいったのは、これだったんじゃないか」

渡邊は出版今昔会で、この西川の言葉を紹介し、日本の書と中国の書の違いについて述べている。

「禅僧の書く書を『禅林墨跡』と呼んでいますが、これは気合で一気呵成に書くのです。『えい、やあ』と。僕は評論するつもりはないのですが、あれは

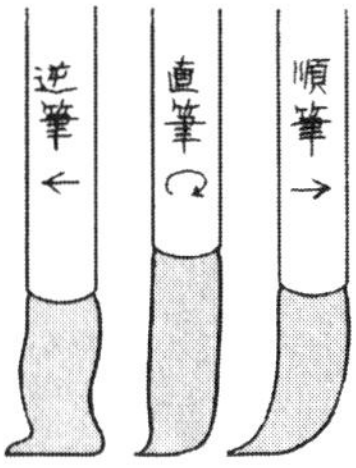

逆筆・直筆・順筆（渡邊隆男画）

どうもごまかしが多い。第一、我流の崩しを平気でやるので読めないのです。あの勢いに圧倒されるのですが、こんな書は歴史には残りませんね。残った偉いお坊さんの書は入木道《じゅぼくどう》でじっくり書いてます。日本式というのはどうしてこうなるのでしょうか」

渡邊は、書についてこう語り、日本の俳句や和歌と中国の漢詩の違いについても語っている。渡邊によれば、俳句は五、七、五でまとめてあとの余韻は読む人の解釈に任せているが、漢詩はそうではない。「自分の考え通りのイメージが相手に正確に伝わらなければいけない。だからあのように長々と書き、韻まで踏んで、うるさく規定する。自分の意図した内容がビシッと伝わらなければ気が済まない。これは、やはり民族性です。そこへいくと、日本人というのは、『えい、やあ』で終ってしまう」

渡邊は国文学者の津田左右吉が亡くなる一カ月前に「君は書道の出版をやっているが、中国の書をどう思うか」と聞かれたことがある。その時も、渡邊は中国の書はすごいと答えた。その答えに津田も同意したが、一つだけ日本が世界に誇れる美があると言った。それは古筆切れと呼ばれる平安朝の仮名で、「あの仮名に表れた繊細な感性、日本人のデリカシーは、他の国にはありません」。そこで、渡邊は写真室で平安朝の仮名の一部を拡大して見たが、「たおやかな線条がすごく強く見えてきた」という。

こうして渡邊は、書の出版を通して書に対する自分の考えを形成していったのである。

中国は一番遠い国

書画の出版を通して、書画について独自の見方を持つようになった渡邊は、日本の誇るべき美は、平安朝の仮名であると思うようになった。そして、その仮名が持つデリカシーは、京都・奈良に起った貴族文化が生み出したものであり、その貴族文化は女性的文化であるというのが、渡邊の考えである。

これに対し、中国の書画は男性的であると渡邊は言う。たとえば、渡邊が台北の故宮博物院を初めて訪れたときに見た范寛の「谿山行旅図」は、点も線も穂先で突くような逆筆で描かれているが、日本の仮名とは異質の男性的なもので、見ていると迫力に圧倒される。山の音が聞こえてくるような凄さがあり、みんなそれに痺れてしまう。渡邊が案内した高山辰雄、加山又造らの日本画家は、これを見ると、その前で動かなくなり、高山などは、一日中、床にあぐらをかいて座り込んでしまったほどである。それを見て、渡邊は「ああ、先生も范寛病になられましたか」と言った。日本と中国の書画は、それほど違うのである。

ある時、渡邊は早稲田大学教授で東洋哲学を専攻する栗田直躬から意外なことを忠告された。栗田は、津田左右吉の弟子で、会津八一たちと北京に長く滞在したことのある中国通で彼が二玄社という社名も考えてくれたことは以前にも述べたが、渡邊にこう言った。

「渡邊君、忠告しておくが、君は中国人とだけは商売しちゃいかん」

それを聞いた渡邊が「どうしてでしょうか」と問うと、栗田はその理由を説明した。

「中国というのは、日本から太平洋を越えて、アメリカ、ヨーロッパを回ってシルクロードを通ってやっと辿りつくような一番遠い国なんだ。そう銘記したまえ」

渡邊は「日本人と中国人は顔もあまり違わないし、文化も……」と言いかけたが、栗田はさらに強調した。「いや、文化だって根底から違うんだ。これをみな一緒にしてしまう。商売すると必ずやられちゃうから、絶対取引するな」。日本人は生け花などのように、自然と共存する文化を築いたが、中国人は自然を敵とし、山の中でも雪の中でも生き延びる強靱な民族なので、「つき合うのは結構だが、商売すると必ずやられる」という。

そのように、栗田から忠告された渡邊だが、その中国人を相手に商売をしている。実際に、故宮博物院の複製書画を、渡邊は中国で展示会をしながら販売している。特にバブル経済がはじけて、高額な複製品が日本では売れなくなってからは、中国での販売が増えた。平成十一年四月から五月末までの約一カ月間は、北京故宮博物院絵画館で四百余件の全複製品を陳列したが、それ以後も、上海代理店のマネージメントで、中国の主要都市を巡回して、展示即売を行っている。その展示会には日本と違って、若い人たちが沢山やって来る。しかも、彼らは書を食い入るように見て、気に入ると、一枚日本円で二、三千円する書を一度に五枚も買ったりする。中国で展示即売会を開いた時、もっとすごい客が現われた。四十歳前後の男性であったが、彼は会場を見渡して、「この四百点全部買いたいが、価格は幾らか」と聞いた。約五百万円（三十五万元）だというと、「明日、金を届ける」と言って、翌日、おつかいが十文字にひもでしばった札束を持ってきた。

現在の中国には、そんな人間もふえているのである。だから、各地の展示即売会では二千万円ぐらいの売上げがあった。

故宮博物院の複製書画を売ることによって、中国や台湾の経済事情にも触れた渡邊は、昭和二十九年二月十五日に『今日の書道』を処女出版して以来、五十年を迎えた平成十六（二〇〇四）年、創業五十年史を執筆したが、その回想記には、「夢まぼろしの五十年」とある。渡邊にとっては、二玄社創業以来の五十年は、「夢まぼろし」と形容するのがふさわしい年月であった。その年月の間に、渡邊が築いた出版哲学がある。

それは、「出版は道楽」と言う考え方である。この考え方の根本にあるのは、一つのテーマにのめり込んで、著者と意気投合して本を作ることが結果として読者を動かすということである。そのため、渡邊は

「書も画も出版も入木道《じゅぼくどう》でゆかねば駄目だ」と言う。「入木道」とは前節でも述べたように、中国の書法のことで、筆力が紙背に徹するように、筆圧を重視した書法だが、渡邊は出版も入木道だという。

読者の目線で本を造る

出版もまた中国の書法が目ざす「入木道」でなければならないという渡邊隆男は、今の出版業界に対して不満に思うことが一つある。それは、出版業者が出版物の値段を極力安くしなければ売れないし普及しないと思いこんでいることである。しかし、渡邊によれば、内容の質をいかに高めるかが出版である。実用書でも入門書でも児童書でも、何もわからない読者に高度な内容を説こうとすれば、説明を詳しくしなければならない。当然、ページも増えて定価は高くなるはずなのに、むやみに安くすることを優先する。これではぶち壊しである。

渡邊は入門書の場合は、京都の民家のように間口をしぼって奥行きを深く、つまり小テーマでページを充分に使うシリーズ方式を工夫すべきだと言う。

「浅いところで、わかったつもりになるのはよくない」と渡邊は言うが、さらに編集者についても注文がある。「編集者は、皆ほれこんで、わかったつもりになってのぼせるが、これは危ない。もっと謙虚になって、読者の立場・目線で本を造るべきです」。

このように語る渡邊は、五十年余に及ぶ出版の体験に照らして、過去に出版したものを再点検することの大切さを指摘する。返品倉庫に積まれた在庫本を点検すると、売れなかった理由が判ってくるが、出版人は過去の仕事を顧みたがらない、やった仕事を反省しないでどうして先が読めようか。だから、出版物は重版時にもどしどし改訂すべきだというのが渡邊の考えである。

書、絵画、彫刻、音楽、芸術・文化の妙境を楽しもうとするとき、誰しもその外観や先入観だけでわかったつもりになりやすいのだが、渡邊はその裏の裏、奥の奥、その精神性をまで見抜くべきだという。ただ漫然と対面しているだけでは何も見えてこない。その核心に迫るためには、まず時間を惜しまず見聞きすること、穴のあくほど凝視し、全身の感覚を総動員して集中することであり、いい加減なところで妥協してはならない。トコトン見極め知りつくすことがすべての基本だと言うのである。常識や思いつきに安住しているかぎり、質の良い出版企画は生まれない。事物の核心にふれてそれが編集者の感動を呼び起すときにこそ、読者を誘う企画は際限なく湧き出してくるものである。

こうした出版哲学を持つ渡邊は、二玄社の経営だけでなく、出版業界のためにも尽くしてきた。その一つに、有斐閣の前会長江草四郎や白水社の前社長寺村五一たちによって創られた、学術専門書の出版社を会員とする「出版梓会」があるが、そこで発行してきた「出版ダイジェスト」という機関紙を、渡邊は会員社の出版物の情報紙、宣伝媒体として軌道に乗せた。

「出版梓会」理事長を四期八年務めて、五期目に入った時、渡邊は講談社の名誉会長で日本書籍出版協会理事長だった服部敏幸から書協の理事長をやってくれと要請された。これには、頑として固辞したが、ついに引き受けざるを得なくなり、平成六年五月から四期八年間にわたって書協の理事長を務めた。

書協理事長時代は自社の仕事はほとんど出来なかったが、そのため、「以前は何でも自分でやらなければ気が済まなかったのが、仕事を社員に任せ、会社全体を見渡せるようになった」と言う。そんな変化を笑いながら語る渡邊は「どこかでのんびりしたい気もあるけど、のんびりしたら、じっとしていられないでしょうね」と、故宮の書画に魅せられた、根っからの出版人であることを垣間見せた。

第3章

小学館

「本は一生の友達」学年誌を幹に花開く

平成四年に創業七十周年を迎える

平成四（一九九二）年、小学館が創業七十周年を迎えた。同社は、大正十一（一九二二）年、八月八日に創業し、それ以来、学年別に編集された学習雑誌の出版社として発展してきたが、戦後は、他のジャンルの雑誌にもとりくみ、単行本や各種の全集、百科事典も刊行し、総合出版社としての色合いを濃くした。そして、創業七十周年を迎えた平成四年以後また新たな変貌をみせた。パソコンが急速に普及し、インターネットや携帯電話、新世代ゲーム機などの登場によってIT社会が到来し、小学館という出版社を大きく変えたからである。

たとえば、小学館は平成九（一九九七）年三月、大手総合出版社としては初めての試みとなる、社内情報システム「小学館情報ネットワーク・システム」（社内LAN）を導入した。このシステムの導入によって、同年三月二十四日には、約九百名の全社員がパソコンを自分の机上に置くことになった。社内LANで、経理・営業・宣伝・編集など部門ごとの情報が流され、事務の合理化と情報の共有が図られるようになったのである。

そのため、これまでは紙の伝票によって行われていた経理の精算も、パソコンで行われ、以前は、使った経費の精算だけで、予算という観念が薄かった経理業務を変えることが出来た。

こうした変貌をみせる小学館では、平成四年にもう一つの大きな変化があった。この年の五月二十九日には、相賀《おおが》昌宏《まさひろ》専務が、それまで社長だった父親の相賀徹夫に代わって代表取締役社長に就任し、徹夫は代表取締役相談役となった。

昌宏は、昭和二十六（一九五一）年の生まれで、昭和五十七年に小学館に入社し、取締役に就任、昭和五十九年に常務取締役、平成元年に専務取締役となった。社長に就任した平成四年の八月七日に行われた創立七十周年記念式典では、「小学館が七十年の長きにわたり活力を持続できたのは、過去の成功や規模の大きさにおごることなく、いつも積極果敢な進取の精神をよりどころにしてきたことの表れである」(『小学館の80年1922〜2002』)と挨拶した。昌宏によって、九〇年代の小学館の躍進はリードされることになったのだが、そのプロセスには、数々の苦難もあった。

社内LAN導入で行動スタイルが変わる

社内LANが導入されて以後の小学館は、社長から役員・社員まで社内の行動スタイルが、がらりと変わった。まず、朝、出勤してくると、パソコンにメールが入っているかどうかを確かめることから仕事が始まる。社長の相賀昌宏もそうだった。メールの量は、数十通にものぼり、その処理に時間がかかる。休み明けの月曜日の朝などは百通近くになるので、もっと大変だ。相賀はメールの消去をする時、憂鬱な気分になってしまう。相賀が社長になった後、社内LANが導入されたので、外部からは、相賀はデジタル派の人間だと思われている。しかし、事実は逆で、彼はどちらかというと、アナログ派の人間である。

相賀昌宏

間接的な通信手段に頼るよりも、直接、人と会って話をした方がよいと思っているし、紙媒体が持っている質量感に今も魅かれる。だから、小学館が社内LANを導入する時も、相賀は推進役ではなかった。むしろ、パソコンなど、あまり必要を感じなかったほどである。そん

小学館情報ネットワーク・システム

な相賀に率いられる小学館にＩＴ化のきっかけを作ったのは、意外な部署であった。それは、最もアナログ的な雑誌を発行している教育雑誌の編集部である。昭和二年三月、学習指導研究会の編集で〈教育者への雑誌・保護者への雑誌〉を謳って創刊された『小学一年生教育』〜『小学六年生教育』に端を発する雑誌であるが、戦後は『教育技術』という誌名で、低学年、中学向けの教育雑誌が発行されている。これらの雑誌は、学校の先生方が主要な執筆者となっているが、グラビアページもなく、文字や図版が中心で地味な雑誌である。その教育雑誌が、ＩＴ化の推進役となったのである。

教育雑誌の執筆者である教師は、パソコンで原稿を執筆する人が多く、原稿を受けとるために編集部がパソコンを必要としたため、いや応もなく、パソコンを導入せざるを得なくなった。編集部には、ベテランの編集者が多かったが、彼らはパソコンに挑戦しようと考えるようになった。仕事の相手がパソコンを持てば、こちらも対応せざるを得ないからだ。

アナログ派の社長

そのため『教育技術』の編集部がパソコンを使い始めたのだが、この雑誌は文字中心で、レイアウトも定型化しているため、パソコンによる編集もできるので、印刷コストを低減化することができた。もともとそんなに部数のある雑誌ではなく、編集予算も厳しかったので、パソコンを利用することで、コストを下げることができるのはありがたいことだった。

これを契機に小学館では、全社的にIT化が進むことになるが、そのためには建物自体をリニューアルしなければならなかった。小学館の本社ビルは、昭和四十二年に完成して、三十年近く経っていたので、全階のリニューアルに四年ぐらいかけ、パソコンの使い方については、二年くらい講習会を行い、本格的に社内LANを稼動させた。しかし、このビルも平成二十五（二〇一三）年に解体され、新しいビルの建設が進んでいる。

旧ビルでの社内LANが定着するようになって、相賀が心配したことが一つある。それは社員が外を歩くことが減ったことである。以前は、野良犬のように歩きまわり、面白い話を拾ってきたが、その時間が少なくなったと相賀は思った。そこで社員たちに「ある程度使えるようになったらパソコンを離れて、皆で遊びに行こうよ」とすすめた。

IT化のため本社ビルをリニューアル

出版人は人と直接会うことが大切で、これがなくなると危険だと、相賀は考えたのである。社屋の一階にパーティーの出来る部屋があるので、会社で何か祝い事があると、集まって会を行うことにした。その時は相賀も挨拶させられるが、寿司をつまみながら、社員を見ていると、社員同士が顔を合わせるだけで、生きいきとしてくることがわかった。

こうした相賀の努力に接すると、彼がデジタル派ではなく、アナログ派であることがわかる。彼はメールだけでなく、手紙や葉書を出来るだけ肉筆で書くようにしている。胸の内ポケットに色の違う何種類もの筆記用具を差し、それを使いわけながら書く。だから、筆記用具のために、上着がズシリと重い。

相賀の上着が重くなるのは、筆記用具のせいだけではない。ポケットにいつも文庫本や新書判の本が入っている。時間があると、どこでもそれらを読むし、自宅では単行本を寝室で読み始めると、朝まで眠らないこともある。

最も読書が出来るのは出張のときである。完全に一人になれるからだ。だから、読書をするために、飛行機ではなく、出来るだけ新幹線を利用するようにしている。飛行機だと早く目的地に着いてしまうからだ。読書家なので、書店もよく利用するが、その書店で自社発行の子供用事典を買っているところを、他社の社長に偶然目撃され、「感心だね」と声をかけられたこともある。

相賀が自社の本を書店で買うのは、出版社に勤める者が関係者価格でなく書店で本を買うことが、出版の流通を活性化することになると考えているからだ。そのため、社員にも「自分の社でなく書店で買ったら」と言ったことがある。しかし、これについては社員が社から買う部数で市場の動向がわかるので、という声が強かったので、自分の意見は撤回した。こんな考え方を相賀が持っているのは、彼が三代目社長の相賀徹夫の長男でありながら、公私の区別が厳しい父親の影響で、子供の頃から小学館の本を自分の小づかいで買っていたためでもある。

社長になっても点字絵本雑誌を編集

その相賀は二十代の頃、小学館とは全然関係のない仕事をしていた。成蹊大学を卒業して、中央大学の大学院に進学したが、成蹊で国際政治学専攻の宇野重昭に学んだこともあり、中国に留学したいと思っていた。ところが、美術史家で中国美術の紹介に尽力した宮川寅雄を通じて中国行きを働きかけたが、相賀は毛沢東に対して批判的な考えを持っていたので、中国留学は実現しなかった。当時は、毛沢東を全面的に崇拝していなければ、中国は受け入れてくれなかった。

仕方なく、夜、アルバイトをして生活を立てることにした。そのうち、中国切手のコレクターをしている人が『郵趣』という雑誌を発行しているので手伝わないかという話があった。

郵便に関する、さまざまな知識や情報を紹介した雑誌であったが、最初は写真植字の文字を貼る仕事などをした。やがて編集部に移り、百二十六頁の雑誌を編集し、単行本も手がけた。そのうちの一冊に『原色中国切手図鑑』という本があり、この本は、今でも版を重ねている。

編集部に移って一年ぐらい経った頃、編集長が亡くなったので、相賀が編集長になった。編集長になると『郵趣』のバックナンバーを全部読んで面白い記事があると、それを参考にして企画を立てた。こうして編集の方法を学んだ相賀は、社長になった今も、自分はエディターであるという自負を持っている。相賀は昭和五十七年に小学館に入社した。『小学館の80年　１９２２〜２００２』という社史の巻末にある「各年次入社名簿」の昭和五十七（一九八二）年次の入社二十七名の中に、相賀の名前もある。

小学館に入社する前に『郵趣』という雑誌を編集していた相賀は、社長になっても、一つの雑誌を編集した。その雑誌とは、昭和五十八年八月に創刊された隔月刊の視覚障害児向け学習点字絵本雑誌『テルミ』である。この雑誌は、相賀が代表理事を務める日本児童教育振興財団が、専門家やボランティアと協力して企画・編集しているが、相賀は小学館に入社以来、この雑誌の編集にたずさわってきた。当初は雑誌のレイアウトから台割もやり、行間や字間にまで気を配った。これは『郵趣』の編集をしていた頃、身につけた技術である。

この雑誌が創刊されるきっかけとなったのは、凸版印刷が発泡インクという新しい印刷インクを開発したことである。このインクで印刷をすると、誌面の文字やイラストの線が盛り上がり、視覚障害児が指で

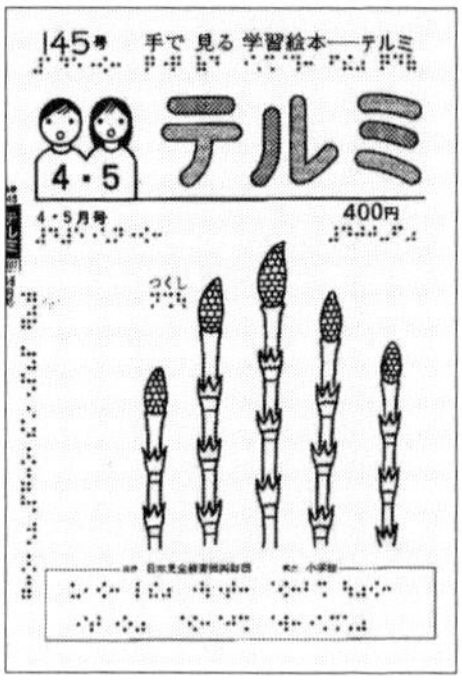

『テルミ』

なぞりながら、雑誌を読むことが出来、健常者も目で見ることが出来るし、大量印刷も可能である。

最初は地図の印刷を行い、成功を収めた。この印刷インクと出会った社員のひとりがグリム童話を作った時、相賀は次に絵本を作ろうと思った。ところが『盲導犬チャーリー』という本を出したことのある石堂書店の石堂社長から、「このインクで印刷した雑誌を作ろうよ」と提案された。相賀は、石堂社長の力を借りて、「ドラえもん」を掲載して第一号を発行した。最初の発行所は小学館だったが、現在は日本児童教育振興財団が発行所となっている。第二号以降、普通の写植をぬりつぶして版下を作っていたのを、点字写植を作ってもらったりした。この雑誌が創刊されると、朝日新聞の社会面トップで報じられた。

視覚障害児向けの学習点字絵本雑誌である『テルミ』は、創刊時の三千部が、現在は八百部から千二百部位となっている。しかし、視覚障害児の教育現場では貴重な教材として使われており、相賀は何とかコストを節約して維持させたいと思っている。送料は、視覚障害児向けの点字雑誌として無料となっているが、この許可を取るまでには苦労もあった。送料が無料になるためには、全頁が点字でなければいけないのだが、『テルミ』の奥付は、ふつうの活字で印刷されていたのである。

そのほかにも、社会福祉関係の役所から突然呼び出されたことがあり、相賀が待っている間、ついたての隣では、こんな会話が交わされたこともあった。

「最近、小学館の何もわからないジュニアが点字雑誌を作ったらしいよ」

そんな言葉を耳にした相賀は、視覚障害児向けの雑誌『テルミ』を無料雑誌ではなく、きちんと定価をつけて利益も出さず、損もせず、という形で発行し続けている。

『テルミ』という雑誌を存続させているのは、大きな出版社を経営する者にとって要求されるものが何であるかという自覚が、相賀にあるからだ。

彼は、インテリジェンス・サービス取締役社主で「江戸しぐさ語り部の会」を主催している越川禮子が書いた「江戸しぐさ」に関する本を読んでいて、その中に「シェア（share）」という言葉について解説が行われているのに接し、その指摘に共感した。

この本で越川は、日本においては、「シェア」という言葉が、「シェア争い」という言葉に象徴されるように、「分け前」とか「取り分」など、権利的な側面が強調されることが多いが、「シェア」には役割、貢献、尽力など、責任と義務を要求される意味があることを自覚すべきだと述べていたのである。

相賀も、かねがねそう考えていた。出版社の経営者も社員も、業界に対する貢献の意識を持つべきであると。だから、『テルミ』のように、視覚障害児向けの学習点字絵本雑誌の編集を率先して行うのだが、そのため、改めて「江戸しぐさ」での指摘に共感したのである。

相賀は本を読んでいて、共鳴した部分は必ず手帳にメモするようにしているが、「シェア」についての越川の解説も、しっかりとメモした。

しかし、こんな社会的自覚に基づく考えをもっている相賀も、社の経営については、厳しい選択を迫られたことがある。たとえば、小学館にとっては、根幹となる出版物といってよい学年別学習雑誌を存続させるべきか、否かを、真剣に考えざるを得ない事態に出会ったことである。

『小学一年生』に始まり、『小学六年生』に至る小学館の学年別学習雑誌は、小学生のころ一度は手にしたことのある人は多いと思われる。しかし、この雑誌が、実は近年になって経営的には赤字になっていたという事実はあまり知られていない。かつては小学館にとってドル箱的な存在であった雑誌が、そうではなくなったのである。そのため、相賀は学年別学習雑誌の副編集長以上を集めて、何度も会議を開いた。その時の学習雑誌は、百億円ぐらいの売上げがあるにもかかわらず、赤字が三十億円にものぼっていた。学年別学習雑誌は、毎年四月の『小学一年生』の読者獲得のために、膨大な宣伝費がかかり、メディアでの宣伝以外に、書店の店頭での販売促進活動にも相当の費用をかけている。こうした出費が重なり、赤字となったのだが、そのため、『小学三年生』までを残して『小学四年生』以上はやめてもよいのではないか、という意見も出た。そんな議論を重ねて、今では『小学一年生』と『小学二年生』だけを残して、『小学三年生』以上は発行されていない。

高学年向けから創刊された学習雑誌

しかし、小学館の過去の歴史をひもとくと、学年別学習雑誌が小学館での中心的な雑誌であったことがわかる。学年別学習雑誌が最初に創刊されたのは、大正十一年の『小学五年生』と『小学六年生』十月号からであった。まず、高学年向けの学習雑誌を創刊し、低学年向けへと創刊を進めていったのである。

平成十六（二〇〇四）年に刊行された社史『小学館の80年　1922〜2002』には、学年別学習雑誌の創刊について、次のような記述がみられる。

「一九二二年（大正十一年）八月末、『小学五年生』の十月創刊号の見本刷りが完成した。印刷は、『小学五年生』の本文を博文館印刷所（一九二六年、精美堂と合併して共同印刷となる）に、『小学六年生』の本文を秀英舎（現在の大日本印刷）に、オフセットは両誌共に、ポケット講談社の原田繁一に紹介された大熊整が係を務める精美堂に発注した。このことが、後に大きな結果をもたらすことになる。用紙は、初取引の中井商店が一切を仕切った」

社史の記述にあるように、小学館の学年別学習雑誌は、まず『小学五年生』と『小学六年生』から創刊された。そして、大正十二（一九二三）年十二月に『小学四年生』（二四年一月号）、十三年十二月に『せうがく三年生』（二五年一月号）、十四年三月に『セウガク二年生』『セウガク一年生』四月号が創刊された。

このように、小学館の学年別学習雑誌は、高学年向けから創刊され、次第に低学年向けへと対象読者の学年を下げていったのである。これについて相賀昌宏は「高学年向け雑誌を最初に創刊したのは受験対策誌という狙いもあったのではないでしょうか」と指摘するが、創刊時に比べると、現在は逆の状況になっている。学習雑誌は低学年向けよりも高学年向けの方が厳しい状況に陥ったのである。高学年誌がこのような課題を抱える学習雑誌は、どのような経緯で創刊され、どんな歴史を持っているのだろうか。

独学の体験が、学習雑誌の創刊を促す

冒頭でもふれたように、小学館の創業日は、大正十一年八月八日で、「八」の数字が二つ重なるという吉日である。

この日の夕刻、東京市神保町の共同出版社東京支店の一室で、小学館の創業祝いが行われた。会場となった部屋は、創業者である相賀武夫の住宅も兼ねていた。武夫はこの時、満二十五歳で、共同出版社東京支店に在職中であった。

この創業祝いは、およそ一カ月後に『小学五年生』と『小学六年生』という雑誌を創刊することを予定してのもので、武夫の妻・ナヲの手料理が供された。当日の出席予定者は、編集スタッフとなる鈴木省三（十八歳）、筒井敏雄（十七歳）の二名と、編集協力者四名であった。このうち、鈴木は共同出版社東京支店に勤務し、筒井は小説家志望であった。他の四名は、岡山出身で東京市役所に勤める林麟《りんし》四（二十七歳）や、小学校教員の齋藤栄治、前島義教、栗林平佐らで、林以外はいずれも武夫が雑誌の企画を通じての知り合いだったが、創業祝いの開始に間に合ったのは、筒井だけで、他の五名は仕事を終えて三々五々、座に着いた。

そんな訳で、まず筒井一人だけに創立の挨拶をした武夫は、次に色紙に「小学米寿」としたためた。八月八日という縁起のよい日に設立された小学館が、米寿のごとく長く栄えることを祈っての色紙だった。社名の候補として、小学館の他に集英社、文林社などがあったが、武夫は、小学生のための雑誌を発行するには、小学館という社名がふさわしいと考えたのである。

当時、大学館という教科書会社があったので、小学館という名前に最初は躊躇した。しかし、将来は、大小学館になるということで、小学館となった。その上「小学」という言葉には、古来「広く人格を修養し、人材を育成し、社会に貢献する」という意味がある。

このような理由でつけられた小学館という社名で『小学五年生』と『小学六年生』を創刊することになった武夫は、明治三十（一八九七）年の四月二日、岡山県都窪郡加茂村（現・岡山市加茂）の農家に父・虎右衛門、母・よねの長男として生まれた。相賀家は代々、庄屋役をつとめる名家であったが、父の代に家運が傾いてしまう。渡米して一旗あげようとした虎右衛門が、糖尿病を悪化させて床に着くようになったためである。そのような状況の中で生活することを余儀なくされた武夫は、尋常小学校時代から苦労せざるを得なくなった。しかし、子供の頃から、働きながらの独学を強いられた自分の経験が、のちになって、武夫に学習雑誌の創刊を促せることになるのである。

住み込みで吉田書店に入店

武夫は学校から帰ると母を手伝って農業に励み、五年生になると、毎朝四時に起きて新聞配達をした。卒業するまで一日も休まず、それでいて学校の成績も優秀で全学年を通じ、級長か副級長を務めた。

しかし、進学はあきらめざるを得ず、村人の紹介で明治四十三（一九一〇）年三月、県立高松農学校の「書記見習」となった。月給は三円であったが、あい変わらず毎朝四時に起床して新聞配達をすませ、午前八時に出勤し、帰宅すると母の農業を手伝うという日々であった。武夫は一年後に「書記代理」に昇格する。この頃の武夫は将来、裁判官になることを夢見て『中学講義録』で自習した。ところが、あまりに勉強に熱中したため、上司から仕事が頼みづらいと怒られ、高田という教諭から「勉強するなら本屋のほうが都合よかろう」と、出入りの吉田書店という本屋を紹介してもらう。しかし、吉田書店は岡山市内にあるので通勤困難なため、母が反対した。これを説き伏せ、武夫は吉田書店に勤務することになる。

相賀武夫（左）と岡山市加茂の生家（右）

吉田書店は、元々は岡山市山崎町で銀細工店を営んでいた吉田朔七が、店の片隅に古本や貸本を並べたところ、これが人気となったので家業としたものである。折から文明開化の時代で、朔七は長男の岩次郎を取次店の大阪吉岡宝文館に修業に出した。岩次郎は岡山に帰って家業を継ぎ、市の中心部である栄町に出店した。

武夫が住み込みで入店した当時の吉田書店は、岡山市の繁華街に店を構え、書籍、雑誌の小売りや教科書、参考書の販売を行っていたが、岩次郎は、再び大阪に出て、大阪研文館という出版社を経営することになった。その出版社は『夏休みおさらえ帳』などの学習参考書を出版していたが、販路が岡山付近に限られていたので、岩次郎は全国販売を考え、東京出張所を大正三（一九一四）年に開設する。

そして、二年後には共同出版社という資本金二十万円の出版社を創業し、岩次郎は専務取締役に就任した。それと共に大阪研文館は共同出版社へ統合され、共同出版社も小・中学校の学習参考書、当用日記、百科全書、各種辞典などを出版した。その共同出版社が東京に進出し、武夫は飛躍のチャンスを得る。

才能が東京で羽ばたくきっかけ

武夫の才能が東京で羽ばたく最初のきっかけとなったのは、吉田書店での彼の働きぶりが吉田岩次郎の目に留まったことである。吉田書店は、婿養子の徳太郎が切り盛りしていたが、武夫は徳太郎のもとで、店番から他の雑用まで一切の書店業務を行い、仕事が終わると、誰に遠慮することなく勉学に専念した。彼の熱心な仕事の姿勢を岩次郎は認め、武夫が十七歳のとき、大阪研文館の東京出張所主任に抜擢した。

東京出張所は神田錦町の借家にあり、所員は武夫一人であった。ここに住み込み、武夫は商品管理と販売実務にあたり、読者投稿を中心にした宣伝用の『日刊少年新聞』の編集をした。そして、二年後の大正五（一九一六）年、吉田岩次郎を中心に大阪で共同出版社が設立され、武夫は東京支店長となった。編集業務は大阪本社で行われるので、東京支店の業務は関東から中部・東北以北の地域への販売開拓と営業で、武夫は数名の部下と共に『全科学習書』や『夏期学習帳』を持って、営業して回った。

武夫はこれらの販売活動を通して、学習参考書が児童に与える影響の強さを認識した。そして返品処理に関して、返品された書籍の表紙を変え、汚れたふちを断裁して出荷すれば、再び売ることができることもわかり、このことを本社に提案して採用された。

また、東京支店長時代には、営業活動だけでなく、多くの人脈を築き、そのことが、後の仕事に生かされた。たとえば、人気大衆雑誌『ポケット講談』を発行するポケット講談社主人で、辣腕編集者の原田繁一からは、編集実務や雑誌経営を学び、彼と共同出資で『少年少女談話界』や、『少女物語』『クレヨン画報』などを発行し、さらに友人たちと絵雑誌『タノシキ友』も発行しようとしたが、これは計画だけで終った。

この他に、取次、発行所、小売書店などの関係者を集めた「書籍商同志倶楽部」に最年少会員として参加したが、武夫の周囲には、後に小学館創業の実働メンバーとなる若者も集まってきた。吉田書店時代の同僚で、早大生の林麟四もその一人で、短歌を通じて交わりを続け、彼のすすめで武夫は『水甕《みずがめ》』という短歌雑誌に参加した。

この雑誌の会合で、愛知県から十五歳で上京したばかりの小説家志望の筒井敏雄と知り合い、彼には『少年少女談話界』に原稿を寄せてもらった。筒井には文才があったので、武夫専属の書き手として小学館創業にも参画した。そして、三省堂書店の店員だった鈴木省三は、筒井と同じように、十五歳で上京していたが、武夫の人柄と仕事ぶりに傾倒して、大正十（一九二一）年五月、共同出版社東京支店に移った。

受験雑誌を越えた面白くてためになる雑誌

『小学館の80年　1922〜2002』を手がかりに、創業直前の相賀武夫の活動を紹介してきたが、いよいよ武夫が独立して小学館を創業する時が来た。

そのためには、小学館という出版社の根幹となる学年別学習雑誌を成り立たせる教育環境の整備を必要としたが、わが国では明治五（一八七二）年に学制発布によって小学校が発足し、明治十九（一八八六）年に小学校令によって尋常小学校四年、高等小学校四年と定められ、明治三十三（一九〇〇）年の小学校令改正では、義務教育年限が尋常小学校四年に統一され、明治四十（一九〇七）年には、六年に延長された。そして明治四十五・大正元（一九一二）年に小学校就学率は九十八パーセントに達した。

また大正期には、各種の私立学校も創立され、中学校への進学率は尋常小学校卒業者の一割に達し、入学試験も年ごとに厳しくなってきた。

このように教育環境が変化した大正十年の秋には、これまで武夫の有力な後ろ盾であった吉田岩次郎が肝臓病で倒れ、再起不能になるという事態が生じた。共同出版社の実権は、常務の柏佐一郎に移り、彼は武夫の出版活動を共同出版社の業務に組み入れるか、または、武夫が独立することを求めた。武夫は独立を決心した。

その前年（大正九年）、武夫（二十三歳）は吉田岩次郎の媒酌で佐々木ナヲ（二十歳）と結婚して、住居を一時、共同出版社東京支店住み込みから、麹町区飯田町の借家へ移し、大正十年の九月には第一子・英子が誕生していた。そんな変化は、否応もなく、武夫に小学館創業を迫ることになるが、創業の年は大正十一（一九二二）年である。社史によると、武夫は、共同出版社での営業経験を踏まえながら、こう考えた。

「娯楽雑誌は寿命が短い。親も子どもも、先生も喜ぶ読物が必要だ」

そこで思いついたのが、単なる受験雑誌を越えた、読んでも面白く、ためになる学習雑誌である。「教科書の副読本、補充読本として、楽しく読める美しい雑誌。面白く読んでいるうちに学習の助けとなり、幅広い知識が身につくような雑誌」（鈴木省三『わが出版回顧録』柏書房）であった。つまり、『赤い鳥』や『金の星』などの読物雑誌と、『復習と受験』や『五六年の小学生』などの受験雑誌を統合し、二色や四色の多色刷りを多用して、さらに美しく、楽しく編集した新しいタイプの学習雑誌であった。

最初は否定された学年別雑誌

武夫はさらに、この雑誌では児童に興味をもたせる編集を行い、読むこと、書くこと、新しく創り出す力を養い、一人で学ぶことの楽しさを身につけてもらうということをめざした。これは、武夫が独学で学んだ経験を持っていたからであるが、彼は、この雑誌は小学生を対象にした学年別雑誌にすることを考えた。

ところが、武夫が東京市内の書店を回って意見を求めると、これに対してほとんどが否定的だった。書店の人たちは、現在発行されている雑誌は、小学校三、四年生から中学一、二年までの幅広い層を対象にしているが、それでも、たくさんは売れていないので、学年別にすれば、読者層が割れて、さらに売れなくなるというのである。

この意見に対して、武夫は逆の考え方を持っていた。子どもは学年によって理解力や判断力、読書力も違うので、小学校は学年別になっている。だから、児童に与える読物も年齢別、学年別にしたほうが良く、学年別にすれば、対象がはっきりするので、読者も自分に適した雑誌を選びやすいのではないか、と武夫は考えたのである。

当時、研究社から中学生を対象にした学年別の英語教育雑誌が発行されており、この雑誌は成功していた。研究社の英語教育雑誌は、中学一年生対象が『ABC』、二年生対象が『初等英語』、三年生対象が『中学英語』、中学四・五年生程度で高等学校や専門学校受験生を対象にした『英語研究』という具合に分かれていた。このように、中学生対象で学年別の雑誌が成立するのなら、その十倍の潜在読者をもつ小学生対象の学年別雑誌は成り立つはずだというのが、武夫の考えだったのである。

そこで、武夫はまず『小学五年生』『小学六年生』から創刊することにした。低学年からではなく、高学年からとしたのは、当時すでに公私立の学校において、中学校、女学校の入試競争が激しくなっており、小学五年生頃から受験準備熱が高まっていたからである。

小学館の学年別学習雑誌が、低学年向けの『小学一年生』からでなく、高学年向けから創刊されたのは、こうした事情があったからである。武夫は、雑誌創刊に踏み切ることを決意すると、さっそく行動を起こした。最初に着手したのは、新雑誌の編集主体を作ることであった。武夫は大正十一（一九二二）年の春、紋付き羽織袴の正装で、ある人物を訪ねた。

武夫が訪ねた人物とは、『弁証論的編集言論』などの著書があり、大正自由教育界を代表する学究で、亀戸小学校の訓導（教員）であった齋藤栄治である。齋藤は訓導として勤めながら、共同出版社東京支店の協力者として、始業前と下校後の時間は『漢和大辞典』の編集に携わっていた。その齋藤に武夫は、小学生を対象とした学年別学習雑誌の創刊を告げ、「発行所の名前は小学館です」と言った。

理想と現実の二つを追求

武夫が『小学六年生』創刊号に執筆した「父兄諸彦《しょげん》に告ぐ――雑誌『小学六年生』の理想」は五つのスローガンから成り立っており、第一項目には、こう書かれていた。

「伸びてゆく少年少女の向上心に充分なる満足を与へ其の天分を自由に助成するを以て第一義とす」。そして、第二項目以降では、「学科の講義に於いては努めて妥当適切を旨とし」、「いたづらに児童の頭脳を混乱に導くべき極端なる盛沢山を排す」ことを謳い、以下の項目では「各科字典の如きも特に別冊として毎月添付し」たり、「副読本の欄を設け」たりすると述べている。また、「中等学校入学準備に就ては深甚の注意を払い、其の方面に関する最近の材料を蒐集」するとともに「広き人生より眺めたる、あらゆる方面の趣味的記事を網羅して掲載し、児童読物としての本誌の内容を完璧にし、読者たる児童の個性の達成を求め其の特徴を発揮せしむるを以って目的とす」と述べている。

このスローガンによると、『小学六年生』は、少年少女の向上心に満足を与え、児童読物としても完璧な内容にし、中等学校入学準備にも深甚の注意を払うことを目的とし、理想と実利の二つを追求している。スローガンには、伸びゆく者に対する武夫の期待がこめられており、創刊当初は『小学五年生』の「五」の字の第一画の横棒を省いた「五」の字を用いた。これは伸びるものを上から押さえこもうとする蓋を取り除くという意味を持たせていた。

このように熱っぽい理想を掲げた『小学六年生』と『小学五年生』の創刊号が全国の書店で一斉に発売されたのは、大正十一（一九二二）年、九月七日のことだった。武夫たちが、見本をもって取次店を回ると、どこでも評判がよかった。

ところが、発売から一週間後、鈴木省三が、自転車で神田、神楽坂、四谷、芝、新橋、銀座、日本橋などの書店をまわって売れ行き調査をしてみると、あまり売れていなかった。ある書店では、研究社発行の『五六年の小学生』が中学入学準備のための受験雑誌として好調なのに便乗して学年別に分けた雑誌を出しても売れるものか、とまで言われた。

武夫たちは落胆した。結局、創刊号は八十五パーセントの返品となった。どんなに悪くても、創刊号だけは三十パーセントは売れると言われていたのに、実売十五パーセントでは最悪の売れ行きである。

事務所は返品の山となり、武夫は仕方なく、十一月号は二誌とも、部数を八千部に減らした。しかし、内容には自信があったので、返品を処分せずに、実物見本として全国の小学校や教員へ向けて送った。

武夫は共同出版社東京支店長の業務と雑誌の編集実務の双方をこなした。教科書の解説部分は齋藤栄治が集まった原稿をまとめ、栗林平佐が校正を見るという流れで仕事を行った。二人は小学校に勤務しているので、突発的な急務は武夫がやらざるを得なかったが、それでも、武夫は苦難に挑戦した。

共同出版社の「おやじ」

『小学五年生』と『小学六年生』の創刊号が八十五パーセントの返品であったため、武夫は経済的にも

創刊の頃の学年別学習雑誌

追いつめられた。その頃の武夫は、まるで阿修羅のようであったと、小学館に紙を納めていた中井商店の松本良吉が証言している。

しかし、松本によると、武夫は計数にも厳しく、印刷で刷りそこなった紙であるヤレについて、何連と何百枚というように、キチンとした端数を印刷所に届けさせ、連に繰り上げて計算するというようなことはしなかった。何ごとも、ゆるがせにしなかったのである。

そんな武夫の仕事ぶりは、武夫を慕って小学館の仕事に参加した若者たちを魅了した。そのうちの一人が鈴木省三である。彼は、武夫のもとで働くようになる前は、三省堂書店に勤務していた。しかし、店員の生活は忙しく、朝の八時から夜の十時まで働き、それ以後も本の整理などをしていると、十一時を過ぎる。鈴木の『わが出版回顧録』には、その頃のことが回想されているが、本書には鈴木が武夫とどのようにして出会ったかということも書かれている。

> 三省堂書店に入って一年経ったある日、鈴木が店にいると、和服に銀ねずみ色の合外套をはおった色の白いやせ形の品のいい青年紳士が「やあ、今日は」と声をかけてきた。その紳士は、「共同出版社ですが」と断り、店の書棚を熱心に見て歩き、自社の出版物で売り切れになっているものがあると、注文を出してほしいと、鈴木に頼んだ。
>
> それ以後も、青年紳士は店に来ると、売り切れになっている本を注文してほしいと頼んだ。鈴木も他の店員たちも青年紳士の名前がわからず「共同出版社のおやじ」と呼んでいたが、鈴木はその仕事熱心さに感心した。

鈴木省三

その頃は、第一次世界大戦後の好況で出版物もよく売れたので、出版社の社長で書店の書棚を覗いて歩こうなどという者はいなかった。そんなときに「共同出版社のおやじ」だけは熱心に店を訪れ、自社出版物で売り切れているものがあれば、注文を店員に頼んでいった。

鈴木は次第に「共同出版社のおやじ」に魅かれるようになり、将来、この人のもとで働きたいと思うようになった。それ以外にも、もうひとつ理由があった。鈴木は向学心に燃えていたので、夜学に通いたいと思っていたのだが、三省堂書店では勤務時間が長くて通えない。

ところが、共同出版社に勤めている顔見知りの二、三人の少年は夜学に通っていた。ある日「おやじ」が訪れると、鈴木は「共同出版社で使っていただけませんか」と申し出た。鈴木は必死に理由を述べ、「三省堂の方さえ承知なら私はよろしいけどね」という返事を引き出した。その時もまだ「おやじ」の名前を知らなかったが、仕入部長の佐野隆三郎に相談したとき、その名前を教えられた。

武夫の考えを知った鈴木省三

三省堂書店から共同出版社へ移りたいと思った鈴木は、佐野に「共同出版社のおやじ」とのいきさつを語り、相談にのってもらった。そのとき、佐野が語った言葉を、鈴木の『わが出版回顧録』が書きとどめている。

「相賀さんは一風変わっていて商売も熱心だし、まだ年齢は若いが、みどころのある人だから、君がそのように考えているのなら、行ってみたらいいだろう」

鈴木はこの佐野の言葉で「共同出版社のおやじ」の名前が相賀武夫であることを、この時知ったのである。佐野が、支配人の亀井豊治に話してくれることになり、鈴木は翌日の夕方、亀井に呼ばれたが、亀井から共同出版社に行くことを思いとどまるように説得された。しかし、鈴木は夜学に行きたいという決意を変えなかった。そこで最後に亀井は、他の店員が動揺すると困るので、夜学の帰りに三省堂へ寄ったりしないように、とクギを刺したが、鈴木も興奮していたので、だれが寄るもんか、と心に誓った。そして、次の日、錦町三丁目にある共同出版社を訪ねた鈴木は、正式に入社することを決めた。大正十年五月八日のことであった。

入社してみて、鈴木は共同出版社の本社が大阪市にあり、社長とばかり思っていた相賀武夫が実は青年支社長であることを知った。そして武夫が日本の児童教育を理想とする学習雑誌を発行したいと考えていることも知った。鈴木は、三省堂に二年いて、雑誌や書籍の売行きについてはよくわかっていたので、ある時、武夫が鈴木のデスクに来て、こんなことを聞いた。「鈴木氏。研究社の『五六年の小学生』は売れているかね」。武夫は鈴木を「鈴木氏」と呼び、鈴木が「『五六年の小学生』に限らず、研究社の雑誌はどれもこれもよく売れています」と答え、「英語雑誌の『ＡＢＣ』『初等英語』『中等英語』『英語研究』の四つとも、みんなよく売れています」と言うと、「ふうん、そうかね。で、その四つはどう違うんだね」と、また聞いた。

「みんな読者の対象が違うんです。『ＡＢＣ』は中学一年程度、『初等英語』は中学二年程度、『中等英語』は中学三年程度、『英語研究』は中学四、五年程度で旧制高等学校、専門学校の受験生をねらった雑誌なのです」。鈴木の説明に、武夫は「そうすると、英語雑誌は学年別になっているんだね」と確かめた。

鈴木がうなずくと、武夫はさらに聞いた。「それじゃ、『五六年の小学生』を、学年別にわけてもいけるわけだね」。鈴木が「そうですね。中学生より小学生の数はずっと多いんですから、売れるはずですね」と答えると、武夫はこう言った。「そうだね。五年生の子どもには六年生の教科書の解説はいらないし、六年生には五年生の記事はいらない。五年と六年とはっきり学年をわけた方が読者も無駄がなくていいわけだね。中学校（旧制）に進学する子どもは、百人中十人のパーセンテージなんだからね。中学校の英語専門の雑誌が学年別でいけるならば、一千万の児童のいる小学生の雑誌が学年別にならないわけはないな」。

その時「深くうなずいた相賀氏の眉宇に固い決意の色が浮かんでいたのを、私はいまでもはっきり覚えている」と、鈴木は『わが出版回顧録』に書いているが、武夫はそれから間もなくして学年別の学習雑誌を創刊したのである。

鈴木の『わが出版回顧録』は、武夫が学年別学習雑誌である『小学五年生』と『小学六年生』を創刊した時のことを、こう書いている。

「相賀氏のねらいは、教科書の副読本、補充読本として、楽しく読める美しい雑誌、おもしろく読んでいるうちに学習の助けになり、幅広い知識が身につくような雑誌を作ることにあった。この計画を彼はまず、共同出版社の吉田岩次郎専務とその女婿徳太郎に報告して了解を求め、資金の援助を依頼した。吉田父子はこの企画の特殊性を認め、全面的な援助を約束したのである。このため相賀氏は共同出版社と兼業で、小学館の事業をはじめることができたのであった」

「学年別という独自性を持っている」から

社名は学年別雑誌にふさわしく「小学館」と名づけられた。事務所は神田錦町二丁目十二番地。今の学士会館（当時はそこに東京外語学校〈現・東京外語大〉があった）の裏通りに置かれた。

鈴木は、このように武夫が学年別学習雑誌を創刊した時の様子を伝えているが、正式な社員は一人も居らず、早大生の林麟四と、文学青年で十七歳の筒井武雄が手伝っているだけで、鈴木も共同出版社に在籍のままだった。その鈴木に「鈴木氏。書店をまわってみてくれないか」と武夫が頼み、これを受けて、鈴木が自転車で書店をまわったとき、山の手の書店で「『五六年の小学生』が売れるからといって、五年生、六年生にわけたって売れるものか」と言われた話は、すでに紹介したが、その批判は、書店の奥さんから発せられたものだった。

鈴木はむっとしたが、口論はせず、社に帰って武夫に報告した。すると武夫は、「五年生、六年生にわけた理由は、書店の奥さんにはわからないのだよ。今にきっとわかる時がくるよ」と自信にあふれた口調で言った。

武夫の自信を裏づけるように、創刊号の実売が十五パーセントという惨憺たる成績であったのにかかわらず、号を重ねるうちに、作文や童謡などの投書や模擬試験の答案が毎月少しずつ増えていった。武夫は、それを見ながら、雑誌発行を続けたが、ある時、武夫が鈴木に語った言葉が『わが出版回顧録』に記されている。

「小林商店のライオン歯磨は十銭だが、後からはじめた中山太陽堂のクラブ歯磨は、袋には金をかけてきれいに印刷してあるが、中味はほとんど同量で十二銭である。買う方にとっては、たった二銭という金はそう重い負担ではないが、仮に月に十万袋売ったとしても、小売価格で月額二千円、年に二万四千円という巨額な資金になる。それゆえ中山太陽堂は後から出発して小林商店に対抗して経営が成立し、今日の盛大な業績をあげたのだ。この論理にもとづいて『小学五年生』『小学六年生』は『復習と受験』『五六年の小学生』が三十銭であったのに対して、学年別という独自性を持っているのだから、五銭高く三十五銭という定価をつけたのだ」

関東大震災という自然災害

『復習と受験』や『五六年の小学生』よりも五銭高く三十五銭という定価をつけた『小学五年生』と『小学六年生』は、大正十一（一九二二）年十月号から創刊された。菊判百四十四頁で色刷口絵は二頁、本文は全文活版印刷であった。表紙はオフセット四色刷で、少年と少女が二人並んだ絵柄であったが、どちらが男児か女児かわからないような表紙で、別冊附録もついていなかった。そんな感じの両誌の採算がとれるようになったのは大正十二年の四月号からであった。創刊号から六カ月間は赤字続きであったのだが、その頃の武夫の苦闘を、鈴木が、次のように書いている。

「とりたてていうほどの資金があったわけでもなく、なんら財的な背景があったわけでもなかった。まったくの徒手空拳で、用紙、印刷製本、宣伝、画稿料などの手当と、即ちいっさいの取引面のやりくりをするのは容易なものではなかったであろう。そのうえ、一人前の編集委員一人いるわけでもなかった。出版業のきびしい取引きを営みながら、企画編集いっさいをやるということはまったく神技に近いことであった。その苦労がやっとここに小さな実を結んだのである」

その間には、吉田徳太郎からさらに二千円の追加出資も受けていた。しかし「一旦好転すると伸びの速いのが雑誌の常で、春の終わりには近江銀行に定期預金を積むまでになった」と、『小学館の80年　1922～2002』に記述されている。社史によると武夫は広告の掲載が雑誌の体裁を整え、広告料をもたらすことに着目し、内外通信社博報堂に勤務する星野輝雄を自宅にまで訪ねて相談を持ちかけ、国民中学会や悪筆矯正器などの広告取得に努めた。また、宣伝面では、自転車隊を組織して全国主要都市の小学校を回り、実物宣伝も行ったが、これは訪問地では多少の手応えがあったものの、あまり効果はなかった。しかし、こうした様々な努力によって、やっと採算点に達するようになり、さらに両誌を後押しする出来事が起った。その出来事とは、関東大震災という未曾有の自然災害で、震災は多くの犠牲者を出したので、けっして歓迎されるべきものではなかったが、両誌の印刷所が博文館印刷所と秀英舎であったことが、結果的に幸運をもたらしたのである。

地震が起きた時、武夫は表神保町二番地の共同出版社東京支店におり、ただちに家族のナヲ夫人、長女英子（二歳）、社員と共に屋外へ逃れたが、激震が何度も襲い、火が各所から上がり燃えさかった。やむなく、家族と社員たちを引きつれて丸の内を目指して錦町河岸方面へ歩き出したが、途中で重要書類を二階の箪笥の引出しに入れたままであったことに気づき、鈴木が引き返し、やっとの思いで風呂敷包みを探しあてた。

揺れがやっとおさまったので、下へ駆け降り、武夫たちと文部省前の広場まで避難した。現在の竹橋で、毎日新聞社がある所だが、ここまで来ると安心だと思っていたら、避難民がリヤカーや大八車に積んで持ち込んだ荷物に火がつき、文部省にまで火が移った。宮内省が臨機の処置として避難民のために平川門を開いたので宮城内に逃げ込んだが、荷物はいっさい持ってはならぬと皇宮警手からのきついお達しがあったので、着の身着のままの状態での避難となった。

一方、共同出版社の事務所があった神田一帯は地盤が弱く、一物も残らぬ焼け野原となっていた。相賀一家と鈴木、共同出版社、小学館の住み込みの若者たち数人は、本郷区駒込東片町にある齋藤栄治の家で寝泊りし、そこを仮事務所にして仕事を始めた。東片町一帯は地盤が堅く、齋藤の家は焼け残ったのである。

九月一日に大震災に遭い、宮城内に避難した武夫たちは、四日の朝、齋藤が迎えに来てくれて、本郷区の駒込東片町にある齋藤家に落ち着くことになる。そして齋藤家の二階二間が共同出版社と小学館の仮事務所になった。齋藤家のある本郷区は地盤が堅く、震災の被害からまぬがれたのだが、同じ山の手の小石川区音羽にあった講談社社長の野間清治邸も、地盤が堅い地域で震災の被害に遭わなかったので、九月十日の東京雑誌協会（のちの日本雑誌協会）の臨時幹事会は野間邸で開かれた。震災によって東京の印刷業者の八十二パーセント、製本業者の九十二パーセントが家屋を焼失しており（『日本出版百年史年表』日本書籍出版協会）、雑誌の発行は不可能となっていたため、この臨時幹事会で、業界の緊急措置として定期の雑誌の一カ月休刊が決まった。その結果、九月発行予定の十月号は十月に、十月発行予定の十一月号は十一月にと順送りに発行し、どの雑誌も年末の十二月号を休刊することになった。

雑誌によっては、印刷が進行中であったものが焼失してしまい、発行不可能になったものもある。小学館の学年別雑誌の先輩誌でありライバル誌である『復習と受験』や『五六年の小学生』も、十月号が全部下町の印刷所で印刷していたため、印刷中のもの全てを焼失してしまい、大きな痛手をこうむった。

ところが、小学館の『小学五年生』は小石川久堅町の博文館印刷所（現・共同印刷）、『小学六年生』は市谷加賀町の秀英舎（現・大日本印刷）で印刷していたため、両誌とも火災をまぬがれたのである。そのため、『小学五年生』は九月二十日に、『小学六年生』は十月七日に十月号を発行した。しかし、『復習と受験』と『五六年の小学生』は、全部焼失していたので、復刊がすっかり遅れてしまった。このことは、両誌にとっての大きなハンディキャップとなった。以後、小学館の雑誌は二つのライバル誌を圧倒して、読者を増大させていったのである。

挿絵を重視した『一年生』『二年生』

先に『小学五年生』の本文を博文館印刷所、『小学六年生』の本文を秀英舎、オフセットは両誌とも精美堂に発注したことが後に大きな結果をもたらすことになる、と書いたが、その結果がこれだった。小学館の学年別学習雑誌は、震災で被害を蒙らなかった印刷所で印刷していたため、スムーズに発行が続けられたのである。とは言っても、小学館の仮編集所となった共同出版社東京支店は壊滅しており、火災保険は震災約款により支払われず、銀行も活動を休止していたので、当面の運転資金が不足した。武夫は、真っ黒な浴衣一枚を着て大阪の共同出版社本社へ行き、支配人の太田植太郎に東京の様子を報告した。そして岡山に吉田徳太郎を訪ね、小学館の今後について打合せをし、千円を融資してもらい帰京。すぐに編集会議を開いて焼失した原稿を再依頼して、用紙を確保し、九月二十日に通常の九十六頁の後に三十二頁の「本号特別附録・大震火災奮闘号」を特集した『小学五年生』を発行した。

震災から二十日目の九月二十日に発行された『小学五年生』十月号の「本号特別付録・大震火災奮闘号」の目次が『小学館の80年　1922~2002』に紹介されているが、その一部は次のようなものであった。

「ああ！ 九月一日（大正十二年九月一日の全国の新聞号外で伝えられた関東大震災の惨状を目前に見て）震災哀話（親の名を呼び、子の名を呼び 猛火を打ち払って危機を脱して又も大水害……あゝその悲話惨話）」

他誌が休刊している時に発行された『小学五年生』は引っぱりだこで、続いて発行された『小学六年生』十月号もよく売れた。この号をきっかけに、両誌は着実に部数を増やしていった。これを見てすぐに大正十二年十二月に『小学四年生』の大正十三年一月号を創刊したが、売行きは最初から良く、創刊号から黒字になった。大正十三年六月には『小学国史物語』と『小学理科物語』を増刊号として発行し、これらはのちに単行本として改めて刊行した。

『小学六年生』『小学五年生』『小学四年生』という具合に三誌が揃うと、今度は低学年誌の創刊も考えねばならない。武夫が編集と営業の中心となり、齋藤栄治、栗林平佐、黒住吉五郎、林麟四、亀山勝治らがスタッフとして仕事に当った。しかし、人手不足なので、林の友人の高橋洗三を新たに九月から採用し、大正十三年十二月に『せうがく二年生』の大正十四年一月号、十四年三月に『セウガク二年生』と『セウガク一年生』の四月号が創刊された。題号が学年によって「せうがく」「セウガク」という具合に違うのは、学習進度に応じた表記となっているからだ。

『一年生』『二年生』ともに、誌面の大半を占める挿絵を重視したが、そのために、日本雑誌協会内で絵本を管轄する第一分科会から両誌は絵本に類似し、協定違反であるときびしい抗議を受けた。当時は絵本が過当競争で、第一分科会では創刊規制を設け、新たに創刊する時は既存の絵本の発行権利を買収するよう義務づけられていたからである。これに対し、武夫は両誌が絵本でなく、読物雑誌であることを強く主張した。その結果、『小学六年生』からの一貫した学習性と企画の必要性が認められ、読物雑誌を扱う第二分科会に入られた。

しかし、第二分科会においても、二色以上の石版や写真彩色画の使用に対する厳しい規制があったので、これに代わる活版三色のミーレ印刷を採用したり、各種の網目を配合するなど、工夫をこらし、変化に富む誌面作りを行った。こうした努力によって、学年別学習雑誌は、低学年へ行く程、部数の増加がみられた。そのため、大正十四年には最初の新聞広告による社員募集を行って、七名の社員を採用し、一人一誌の体制を実現することができた。

その間には、大正十三年七月に武夫の後ろ盾であった吉田岩次郎が死去し、そのことによって、共同出版社東京支店が共同書籍株式会社となり、武夫が取締役支配人となったが、武夫はやがて小学館の経営に専念することになる。

返品雑誌を実物見本に

震災後の武夫は、齋藤家の隣の二階家（本郷区駒込東片町九四）が空いたので、そこに引っ越し、階下の四畳半を小学館事務所とし、隣室の三畳間に返品の雑誌を袋詰めして積み上げていた。その雑誌は、全国の小学校へ実物見本として送られた。

大正十三年、武夫の大きな後ろ盾であった吉田岩次郎の死によって、共同出版社の実権は、関西きっての大取次・大阪宝文館専務を兼ねる柏佐一郎常務がにぎることになった。柏は震災後、同じく関西の大取次である大阪盛文館社長で共同出版社監査役でもある岸本栄七と見舞いを兼ねて上京し、東京の出版界の状況を視察した。そして、十月に共同出版社東京支店を独立させて法人組織に改め、関西で出版される大阪宝文館と大阪盛文館専売の書籍を東京で販売する共同書籍株式会社を設立し、南海書院社長・近藤久雄を代表取締役とし、武夫を取締役支配人に任命した。共同書籍は従業員が二十数名で事務所は神田にあり、鈴木省三も武夫の命により、共同書籍で働くことになった。

武夫は共同書籍の支配人になったものの、大正十四年に『小学一年生』から『小学六年生』まで学年別学習雑誌が揃うと、共同書籍と掛け持ちで仕事をすることは困難になってきた。

そんな折、共同書籍の経営責任者から学習雑誌の発行権を共同書籍に譲るか、共同書籍を辞めるかの二者択一を迫られた。武夫は岡山に行き吉田徳太郎に相談し、先々の援助をとりつけることが出来ると、共同書籍を辞任した。大正十四年五月、満二十八歳で武夫は完全に独立し、小学館の経営に専念することになったのである。鈴木省三も武夫の行動に従った。

その一カ月後の六月十五日、武夫にとっては第二子で長男の徹夫が生まれた。

第二子が誕生した武夫にとって、駒込東片町の事務所は、そろそろ手狭に感じるようになった。神保町を離れて二年になろうとしていたが、ふたたび小学館発祥の地である神田に帰ることにし、八月に、住居を兼ねた小学館事務所を神田区表神保町六番地（現・千代田区神田神保町一丁目二十九番）に移転した。

学習雑誌の類誌が創刊される

武夫の率いる小学館は、神田神保町に戻ってきたが、以後、同社は昭和、平成と時代が変わっても、この地を離れることはなかった。しかし、その武夫をあらたな試練が待ち受けていた。震災時には、本郷区に編集事務所があったため被害のなかった講談社が、震災後は出版界のリーダー役となり、児童向けの雑誌において圧倒的な強さを誇るようになり、児童向けの雑誌を発行していた出版社が、講談社との競合を避け、学習雑誌の領域に進出し、次々と類誌が創刊されるようになったからである。

その頃の児童雑誌の状況については、鈴木の『わが出版回顧録』が詳細に伝えている。それによると、大正末の児童雑誌には、次のようなものがあった。

博文館『少年世界』『少女世界』『幼年画報』『少年少女譚海』『中学世界』／実業之日本社『日本少年』『少女之友』『幼年之友』『小学男生』『小学女生』／講談社『少年倶楽部』『少女倶楽部』『幼年倶楽部』／研究社『小学少年』『小学少女』『中学生』『女学生』『五六年の小学生』『ＡＢＣ』『初等英語』『中学英語』『英語研究』／童話雑誌『赤い鳥』『童話』『金の星』『おとぎの世界』『良友』／Ｂ６判の小型雑誌『少年少女美談』『少年少女文庫』『少年少女談話界』『少女物語』

鈴木によれば「少年少女雑誌はいずれも講談社の三大児童雑誌『少年倶楽部』『少女倶楽部』『幼年倶楽部』の急速な発展におされて、あるいは休刊あるいは廃刊となっていった」という。わずかに博文館、実業之日本社、研究社等の大出版社は、若干の欠損ならば利益は上がらなくとも、書籍の宣伝機関として続刊するといった状態であった。しかし、ひとり小学館の学習雑誌は、児童の成長過程に立脚し学年別の学習にぴったりあった学習誌として好評を博し、講談社の圧力をはねのけて、ぐんぐん読者の数を増大していった。このため群小出版社は大講談社との正面衝突をさけ、比較的弱体な小学館の学習雑誌に向かって斬り込みをかけてきたのである。

『わが出版回顧録』と『小学館の80年　1922〜2002』によれば、小学館の学年別学習雑誌に、まず切り込みをかけてきたのは、

相賀武夫と長男・徹夫

月遅れ雑誌の販売専業の東京図書株式会社の専務をしていた石川太郎である。彼は一星社という出版社を経営しており、『一年の小学生』『二年の小学生』『三年の小学生』の三誌を創刊し、続いて取次会社東京堂の元支配人で文武堂という出版社を経営している山添平作が『尋常小学一年』『尋常小学二年』の二誌を創刊し、他にも、青年公論社から『尋常一年』が創刊された。山添も石川も業界の大ベテランで、特に山添は一流新聞の題字脇に三段抜きの広告を打つというほどの力の入れようだった。

しかし、このような動きを見て武夫は、「うちのは、一年生から六年生まで揃っているし、内容においてははるかに優秀である。文武堂が宣伝してくれれば、読者は書店に行って、人まねした類似雑誌を買うより、うちのを買うにきまっている。かえってうちの宣伝になっているようなものだ」と、鈴木に言った。その時、武夫は高い鼻を指で軽くなでながら、にこにこと笑っていた。鈴木はそんな武夫の笑い顔を見ながら、歯がゆい思いをした。文武堂より経済力のある小学館がなぜもっと積極的に宣伝しないのかと思ったからである。

しかし、武夫の予測は当った。山添の二誌も石川の三誌も共に二年とは続かず、廃刊となった。それから昭和四年ころ、博文館出身の細野という人物が『一年の優等生』『二年の優等生』『三年の優等生』を創刊し、それと前後して時事新報の出版部長をしていた石黒という人物が『一年の友』『二年の友』『三年の友』を創刊したが、これらも程なく消えていった。

トレードマークを創案する

こうして新興誌は撃退したものの、武夫は大正十四年十一月に、商標登録を行った。『小学一年生』は普通名詞のため登録できず「學一年生」を登録した。こうして、正面からの類似誌は一蹴し、この時点で編集陣も武夫を中心に固められたが、からめ手からの競争誌に対する備えが次の課題となった。

年齢層を広げた男女別の雑誌が創刊されそうなので、大正十四年に『尋常小学一年男生』十月号と『尋常小学一年女生』十月号の二誌を創刊した。これらの雑誌は、趣味と娯楽性に富む内容を特色としていたので、発行所は小学館ではなく、集英社とした。

学習性を謳う小学館の他に娯楽性を尊ぶ集英社を発足させることで、武夫は両者が一対をなす人間主義の理想を掲げたのである。新事務所の看板には「小学館／集英社」が二行に並べて表示され、当面、集英社の営業の一切は小学館社員が兼務した。

集英社名では、大正十五年一月号から『男子幼稚園』『女子幼稚園』『尋常小学二年男生』『尋常小学二年女生』などが創刊され、これらは、集英社の六大趣味雑誌と銘打たれた。その後『男子幼稚園』『女子幼稚園』は昭和十五年十一月号まで発行したが、他の四誌も昭和四年と五年に休刊となり、続いて大正十五年九月号から創刊された『少年団』『少公女』、昭和二年七月号創刊の『男子絵本』『女子絵本』も昭和二年と三年に休刊となった

相賀武夫が集英社名で発行した児童雑誌は『男子幼稚園』『女子幼稚園』を除き、あまり長くは続かなかった。集英社は大正十四（一九二五）年に創業したが、この年から十五年にかけて、小学館は学習雑誌の発行名義人を吉田徳太郎から相賀武夫に変更し、利益配分契約も出資に見合うものに改めることになった。

そして大正十五年、四月号は順調に伸び、『セウガク一年生』は発行部数三万部に達した。八月には社名の「小」を図案化した「ひよこマーク」の社員章を制定した。殻を破ったひよこがしっかりと地球を踏

六大趣味雑誌

初期の小学館社員……前列、中央が相賀武夫、左端が鈴木省三

まえた姿は、武夫が口癖のように語っていた「世界の小学館」を表象していた。ところが、その頃、学年別の考えを教育雑誌に取り込んだ『尋一の教育』～『尋六の教育』四月号が日本教育会から発行された。これに脅威を感じた武夫は、編集長の適任者を見つけ、昭和二（一九二七）年三月、学習指導研究会編集の学年別教育雑誌として『小学一年生教育』～『小学六年生教育』四月号を創刊した。

さらに、この年、佐々木邦、生方敏郎編集による正・続全二十四巻の『現代ユウモア全集』を発行する。これは大正十五（一九二六）年十一月に改造社が発刊した一冊一円の『現代日本文学全集』の成功を見て企画されたもので、円本と呼ばれた。この全集を担当したのは鈴木省三で、彼はこの時のことを『わが出版回顧録』で「この企画は相賀夫人も大賛成であった。この不況時代に朗らかな笑いはもっとも必要なものだということを話され『しっかりやってね』とはげまされたのであった」と書いている。「ユウモア」という当時新鮮な言葉を題名に用いることでヒットし、第一回配本は六万八千部を発行した。全二十四巻で二十万円ほどの利益をもたらしたが、これは現在の貨幣価値に換算すると、十億円に相当する。この余勢をかって昭和四（一九二九）年四月から学年別の『小学生の学習全集』を発行した武夫だったが、予約は少なく、途中からの解約も多く、無惨な結果に終った。その損失は『現代ユウモア全集』の利益二十万円に見合うものであったという。

この全集が惨敗する前、武夫のまわりでは、大きな変化があった。一つは、昭和二（一九二七）年に二歳下の弟・壽次を小学館に入れたことであり、二つ目は武夫が学年別学習雑誌の実績により、日本雑誌協会幹事兼分科会委員に選出されたことである。昭和二年から小学館のトレードマークである「勉強マーク」が登場し、『小学二年生』『小学三年生』『小学六年生』の表紙にまず使われた。これは書店の棚に平積みされた状態で類似誌に負けないインパクトを持ったトレードマークとして、武夫が創案したものである。

鈴木省三が独立を決意する

こうした出来事が相次いだ昭和四（一九二九）年、相賀武夫を病魔が襲った。当時では難病といわれた結核である。武夫が病に倒れたのは、まだ三十二歳の働き盛りであった。岡山から母・よねが上京して夫人と共に看病にあたり、住居も表神保町の社屋隣から牛込区二十騎町二十番地（現・新宿区二十騎町二丁目二十番）に移した。

武夫に代わって弟の壽次が支配人を務め、武夫のもとに野崎周一と黒瀬弘が住み込み、武夫に指示を受けながら、事務所との連絡を行ったが、まもなく武夫の病状は安定した。

こうした昭和四（一九二九）年八月八日、相賀夫妻に昭和二（一九二七）年三月十五日に誕生した次女の美智子に次いで、第四子（末子）で三女の貴美子が誕生した。そして、昭和六（一九三〇）年一月、書籍商同志倶楽部は闘病中の武夫を推薦幹事に選出して励ました。その間にも、学年別学習雑誌は堅調で『小学五年生』と『小学六年生』を除き、他の四誌はいずれも売上を伸ばした。しかし、入社後わずか二

勉強マーク

年の経験の浅い弟の壽次が社をまとめてゆくのは無理で、社内各所に不協和音が生じた。

昭和五年八月、度重なる壽次との衝突に絶望した鈴木省三は独立を決意し、牛込区二十騎町の武夫を訪ねた。武夫は齋藤栄治を介して退社を思い止まるよう説得したが、鈴木は武夫が小学館を創業した二十五歳の同年に達していたので、退社して独立する決意は固かった。武夫はやむなく退社を認めて、退職金千円を渡した。鈴木はこれらを資本金として、株式合資会社・人文書房を創立した。

ライバル誌に対する工夫を重ねる

昭和七（一九三二）年六月、武夫は病気快癒の転機となることを願って、新居を牛込区南町十七番地（現・新宿区南町十七番地）に求めた。そして『小学生の学習全集』の見込み違いから落ち込んでいた社業が正常に復するまで、雑誌専業に徹することにした。

さらに、改名を熱心に勧める人もあって、武夫は名を祥宏《しょうこう》と変え、夫人と長女の英子を除いた子供も改名した。ちなみに、長男の徹夫は、正朗《まさあき》という名前となり、後に元の名前に戻ったが、武夫だけは一貫して祥宏と名のった。しかし、社史の『小学館の80年　1922〜2002』では、改名以後も武夫という名前を用いているので、本書でも社史の通りとする。

武夫は発病する前から児童雑誌界の激しい競争の中でライバル誌に対抗する工夫を重ねていた。たとえば、昭和二（一九二七）年のこの年だけでも、博芙社から『尋常一年優等生』〜『尋常三年優等生』（一月号創刊）、宏文社から『尋常小学一年の友』〜『尋常小学四年の友』、ヲサナゴ社から『小学雑誌一年』〜『小学雑誌三年』、模範社から『モハン三年』〜『模範六年』という具合に、たてつづけに学年別学習雑誌が創刊されていた。

こうした動きに対して、小学館は昭和三（一九二八）年三月、『セウガク一年生』『セウガク二年生』四月号増刊として『一年生のカタカナ童話』『二年生のひらがな童話』を発行し、昭和六（一九三一）年四月号から『小学一〜六年生教育』六誌は『尋一〜尋六学習指導』と誌名・内容を一新して再出発を果たした。

また翌年には低年齢層向けの、『子供園』『幼稚園』正月号を創刊した。『子供園』は集英社発行の『女子絵本』を『幼女絵本』に改題し、さらに『切り抜き絵本コドモブック』に改題したものを一新して、小学館の学習雑誌路線に取り込んだものである。これによって、八大学習雑誌が名実共に勢揃いした。

昭和七年には、小学館は創業十周年を迎えることになり、前年秋から全社を挙げて記念事業が企画されていた。その結果、八つの企画が採用され、自社発行の雑誌を通じて発表した。なかでも「全国小学生成績大競技会作品募集」（優秀者に賞品・賞状贈呈）は、大成功をおさめ、以後毎年の恒例行事となり、戦時中に一時中断はしたが、戦後の昭和二十七（一九五二）年に「全国児童生徒作品コンクール」として復活する。創業十周年の記念日である八月八日には、私邸内にテントをしつらえた祝賀会場を設け、武夫自らも縁先に病臥の床を進めて祝宴に見入った。そして、武夫の母や家族全員と、岡山から駆けつけた吉田徳太郎ら幹部社員に囲まれた武夫は、横臥のまま心地よさそうに笑って写真に収まった。武夫はこの機に信奉する観音経の教えに基づく小冊子『こころの力』を社員に配布したが、それは次のような七カ条の

「社訓」であった。

「誠実第一。／執務は飛行機の操縦と思え、油断すれば千仞の谷底へ。／間違うな、念を入れよ、照合せよ。／独断するな、熟議は安全の執務法。／三日だけ早く、五日だけ早く、半年先を考えよ。一年先を思って常に備えよ。／第六感を尖鋭に、読者の気持ちになれ、購読者の気持ちになれ。／目指せレコード、作れ新記録」。

創業十周年を迎えたこの年は、また、小学館にとって念願であった新社屋を入手した記念すべき年でもあった。東京高等商業学校（現・一橋大学）の跡地であった現在の土地と、大正十（一九二一）年に建てられた鉄筋コンクリート二階建ての洋館を購入したのである。

これまでの「仮事務所」から自前の本社ビルを持つことになった武夫は、病床にあったため、この建物を様々な角度から撮影させた写真を病室に並べて、来客に間取りなどを説明した。また、改装工事も順調に進み、翌年二月には約八年間慣れ親しんだ仮事務所から、機能的に整備された新社屋への引っ越しが完了した。

そして、昭和八（一九三三）年四月号の全学習雑誌には別刷り折り込みページで、新館落成記念事業が発表された。この時期、小学館の学年別学習雑誌の発展はめざましく、特に好調だったのは『小学二年生』で、全学年中、常に最高部数であった。同誌の四月号における実売部数は、昭和七年から昭和十五年の八年間に、七万部から十七万部へと毎年売上げを伸ばし続けた。編集内容の充実、用紙や印刷の多様化、付録の多彩化などが要因であったが、特に組み立て付録が大きな役割を果たした。

このような状況の中で、昭和九年一月号から『子供園』は『幼年知識』に改題され、八大学習雑誌も順調に伸び続け、他に教育雑誌六誌、発行が集英社名の『男子幼稚園』『女子幼稚園』の二誌があった。

また、児童の就学年限が伸びつつある傾向に適応するため、教育誌を高等小学一〜二年生まで拡張して『高一学習指導』『高二学習指導』を昭和十一年四月号から創刊し、この二誌を加えて十八誌となった。

一方、これらの発行部数も、昭和十二年一月号で、十八誌を合計すると百万部を超え、読者も満州、中国、東南アジア、ハワイ、北米、南米までに広がっていた。その結果、武夫が昭和十年の年頭訓辞で述べた「月間発行部数百万部突破」という目標は見事に達成されたのである。そして、日中戦争が激しさを増してゆくようになった昭和十二年の八月八日、小学館は創業十五周年を迎え、社長邸の病室に面した庭で開催された式典で、武夫は次のような出版理念を開陳した。

「雑誌は生きものである。雑誌はものをいう商品である。雑誌は万人を教化し、啓発し、指導し、人の心に愛と憩いと希望を与える。けだし、誇るべき偉業である。これに従う我々の努力は感謝と報恩より発する」

東京高等商業学校の土地・建物を購入し、入居した新社屋

四十一歳で亡くなった武夫

しかし、武夫は、昭和十三（一九三八）年六月余病を併発し、八月には、ついに危篤状態に陥った。知らせを聞いて駆けつけた知人や小学館幹部を前に、やや意識の回復した武夫は「死んでいく者が落ち着いているのに見送る者が慌てるのは可笑しい」と言って笑ったが、病勢は悪化するばかりで、枕辺に集まった家族や親族、社員たちに見守られて、武夫は八月十二日午前一時十分、この世に別れを告げた。享年四十一であった。

この時の様子を、相賀徹夫は、後にこう語っている。

「亡くなるときの父の目を見て、何ともいえない感じで、子供ながらに、『おれが、後をやってあげなきゃしょうがないな』と思ったから、ちょっとお芝居をしてね。なんとなく笑いかけてあげたんですよ。そしたら、うちのおやじも、なんとなくちょっと、ふっと笑うような目をして……それが、最後になっちゃったんですよ」（小林二郎『出版人トップからの伝言』小学館）

武夫の通夜は、八月十二日から十五日まで牛込区南町の私邸で営まれ、葬儀は八月十六日、青山斎場で執り行われた。告別式の会葬者は千余名に及び、弔辞は社員総代を含め、十三名で、文芸家協会代表の小川未明や日本雑誌協会会長の野間清治、東京出版協会会長の江草重忠などの弔辞もあった。

武夫が小学館を創業して、昭和十三年に亡くなるまで、学年別学習雑誌がどのような苦難を乗り越えて発展してきたかを辿ってきたが、武夫が亡くなって以後、日本は戦時体制が強まり、昭和十四年には「新聞用紙制限令」が公布され、用紙不足が目立って来た。翌年の国民学校令の施行に合わせて『コクミン～』『こくみん～』『国民～』というように誌名が改題された。また、国民学校関係の全教育雑誌が統合され、小学館の『尋一～高二学習指導』八誌は昭和十六年三月号で休刊となる。

その翌年には、『コクミン一年生』が小学一～三年男女向けの『良い子の友』に、『こくみん三年生』が小学四～六年生男女向けの『少国民の友』に、『国民六年生』が小学上級から中学二年青少年向けの『青少年之友』に、『国民五年生』が小学上級～女学校二年女子向けの『日本少女』にそれぞれ改題され、学習雑誌六誌が四誌となった。また、この年五月号から『幼稚園』も『ツヨイコヨイコ』に改題されたが、用紙の統制強化で発行部数が減少し、昭和十九年三月号をもって『ツヨイコヨイコ』と『日本少女』の二誌が休刊となった。

この年の六月、徹夫は、陸軍特別操縦士見習士官として陸軍宇都宮飛行学校に入隊した。そして、昭和二十年六月、航空隊で特別攻撃の訓練を受けて終戦後は少尉に任官し、母・ナヲと三人の姉妹が疎開していた武夫の郷里、岡山県賀茂村に帰郷、九月に上京している。

昭和二十（一九四五）年三月の東京空襲で牛込の自宅は焼失したが、幸いにも一ツ橋付近は焼失を免れた。個人経営組織を発展的に解消し、資本金三百五十万円の株式会社として新生小学館を発足させた徹夫は、取締役社長に就任した。この時点から戦後の小学館が始まるが、それは苦難を伴う出発であった。

六誌が完全に復刊するまで苦戦

小学館が新しく株式会社として出発したのは、昭和二十年十月六日のことである。再発足時の社員総数は約四十名で、未復員者八名と病欠者十一名を除く二十四名が参集し、年末在籍者は新規採用者三十名が加わり、全員で六十五名であった。

株式会社小学館を発行所とする戦後最初の発行雑誌は、同年十月一日発行の『少国民の友』十月・十一月合併号と『青少年の友』九月・十月合併号、そして十一月一日発行の『良い子の友』十一月・十二月合併号である。いずれも表紙と本文が共紙で活版一色の雑誌であった。応召された社員も復員しておらず、編集陣が手薄で、用紙も不足し、また印刷会社の能力も低下していた。

こうした状況の中で『良い子の友』の割当用紙に仙花紙を配し、さらに『青少年の友』を昭和二十年の十二月号で休刊し用紙を確保して、昭和二十一年一月、学年別学習雑誌の完全復刊へ向けて始動した。まず『コクミン一年生』『こくみん二年生』二月号の二誌を復刊、いずれも表紙に再刊第一号と謳い、誌名のローマ字を表紙に添え、裏表紙に一行「お母様方へ」として、復刊した雑誌の愛顧を訴えている。印刷は両誌とも、戦争の被害が比較的少なかった大日本印刷が担当し、各五万部を発行した。児童も活字に飢えていたので、売れ行きは上々だった。

この時期は、まだ新教育に方向が定まっていなかったので、誌面の内容は学習色を抑えた読物雑誌となっていた。復刊にこぎつけたものの、用紙事情が災いして新規読者を獲得できる四月号も増刷できず、五万部のままだった。昭和二十一年の新一年生は百六十二万人だったので、対象読者の三・一パーセントの量しか発行できなかったことになる。

また、GHQによる民主化政策によって全日本印刷出版労働組合が結成され、印刷所の労働争議が相次いだ結果、『コクミン一年生』『こくみん二年生』は五月・六月号が合併号となり、『良い子の友』『少国民の友』も六月・七月号が合併号となった。そのうえ、部数増加の見通しも立たず、戦時中の企業整備令により買収統合した七社の営業権が出版自由化によって消滅したため、四月には資本金を三百五十万円から百五十万円に減資した。

『コクミン一年生』『こくみん二年生』は七月号を定価三円に値上げして何とか発行できたが、十月号は三円五十銭にして部数を八万部とした。そして七月には『こくみん三年生』（八月号復刊）を刊行し、五万部をほぼ完売。昭和二十一年三月には「学校教育法」が制定され、四月から「国民学校」は「小学校」と改称されたので、誌名を五月号から『小学一年生』～『小学三年生』に戻すことになった。

こうして、低学年誌は揃ったが紙不足は相変わらず解消されず、六誌が完全に復刊を果たす昭和二十三年四月号までは苦戦が続き、その上、小学館の学年別学習雑誌は、戦後創刊された学年別学習雑誌が手強いライバル誌となり、苦戦を強いられることになる。

小学館の雑誌の前に立ちはだかった学習雑誌

小学館の学習雑誌の前に立ちはだかった他の学習雑誌とは、二葉書店、学習研究社、広島図書などによって創刊された雑誌で、二葉書店は昭和二十一年四月に『初等一年』～『初等三年』五月号を創刊し、九月に『初等四年』十月号、十一月に『初等五年』『初等六年』一月号を創刊した。これらの雑誌は、後に『小学一年』～『小学六年』と改題される。

また学習研究社は、同年六月に『初等五年の学習』『初等六年の学習』七月号、十一月に『初等三年の学習』『初等四年の学習』十二月号、翌昭和二十二年十一月に『初等一年の学習』『初等二年の学習』十二月号を創刊した。そして、広島に本社のある広島図書は昭和二十一年九月『ギンノスズ』一・二年ノ友、三・四年ノ友、五・六年ノ友十月号を創刊した（後に高学年誌は『銀の鈴』と表記）。

これらの雑誌は、小学館よりも早く、全学年をカバーしたが、二葉書店も学習研究社も小学館の出身者が参加していた。二葉書店で編集に当った信田秀一は戦前小学館に在籍し、学習研究社の創業者である古岡秀人は『せうがく三年生』の編集長を務めた。

古岡は戦後、学習研究社を創立し、昭和二十一年六月に『初等五年の学習』と『初等六年の学習』を創刊した。同社の社史によると、高学年誌から創刊したのは、中学受験を控えた高学年は読者対象として絞りやすかったからだという。これは、小学館の創業者である相賀武夫が高学年誌から出発したのと同じ論理によるものだったが、古岡は販売方法としては、小学館とは異なるシステムを編み出した。最初は通信販売を行い、次いでアメリカの直販制に学び、公職追放で退職を余儀なくされた校長や有力教師に「直販部長」になってもらい、直販で雑誌を売ることにした。

左から昭和 23 年に発行された『銀の鈴・第四学年』『小学四年生』『小学四年』

二葉書店発行の学年別雑誌は『初等～』という題号が昭和二十二年から『小学～』に改題されて『小学一年』～『小学六年』という題号が小学館の学年別雑誌に脅威を与えた。そのため、小学館では大正十四年に当時の類似誌に対する防衛のため、『学一年生』の商標登録を済ませていたことを法的根拠に、昭和二十二年十月、二葉書店に対し商標権侵害の厳重抗議を行った。

しかし、二葉書店はこれに応じず、昭和二十三年十二月、特許局に「小学一年生の商標権利範囲確認審判請求」を提出し徹底抗戦に出た。そこで、小学館はかつて商標登録を担当した弁理士・岡本織之助を迎えて対応し、昭和二十四年九月、小学館の主張を全面的に認める審決が出た。二葉書店側は「審決不服抗告審判請求」を再度行ったが、昭和二十五年十月、二葉書店はついに申し立てを取り下げて『小学一年』～『小学六年』六誌を廃刊した。

また、『ギンノスズ』は学校直販していた広島図書が昭和二十六年に倒産し、学習研究社がその傘下の販売店を吸収して組織を拡大、傍系会社・秀文社を設立した。そして、市販雑誌として『幼稚園ブック』を昭和二十五年四月に創刊、翌年十月に『一年ブック』～『三年ブック』を創刊したが、やがて休刊した。

しかし小学館には、まだ困難が待ち受けていた。

二重生活を送った相賀徹夫

昭和二十一年五月から『小学一年生』〜『小学三年生』という誌名となって、低学年向けの三誌が揃った小学館の学年別学習雑誌が、完全に『小学六年生』まで揃うのは、昭和二十三年になってからである。まず昭和二十一年十二月に『小学四年生』の一月号が復刊され、二十三年三月に『小学五年生』『小学六年生』の四月号が復刊された。

一方、昭和二十一年四月に東京帝国大学（最初は文学部宗教学科、二年後に美学科に転籍）に入学した相賀徹夫は、昼は大学、授業後は出社して学生服での社長業という二重生活を送るようになり、朝六時に家を出て帰りはいつも真夜中という苛酷な生活を強いられるという日も少なくなかった。だが、その貴重な時間を割いて徹夫は、毎日のように出版界の先輩を訪れて商売上の教えを乞うたり、戦前の出版界の様子を聞いたりした。特に東京堂・大野孫平社長からは多くを学び、また、自宅が横寺町の旺文社に近かったせいもあり、同社社長の赤尾好夫とも親交を深めた。

『小学一年生』昭和 28 年 8 月号附録の「おとぎばのらま」

先輩の出版人から学ぶという点では、現在の昌宏社長も同じである。彼は平成十（一九九八）年に業界の集まりの会で出版代表として挨拶した時「先が見えないと感じたら、過去を振り返って見ることは有効な手段です」と前置きして、「誠文堂新光社創業者である小川菊松が書いた『出版興亡五十年』（昭和二十八年八月発行）を読み、そこから多くを学んだ」（『文化通信』平成十年三月三十日号）ことを語っている。

業界の先輩から商売上の教訓を学んだ徹夫だったが、仕事に追われ、大学を中退せざるを得なくなる。これは、専務の相賀壽次が退社することになったことも関わっているが、壽次が退いた後、徹夫は総務・経理関係を担当する林麟四や営業関係担当の野崎周一と共に金策に駆け回る毎日を送った。当時の銀行は、出版業界に対して厳しく、市中銀行からはほとんど融資を受けられず、わずかに東京地区での取引先を探していた住友銀行の小川町支店長の厚意を受け、窮地を脱することが出来た。

そのような中で、小学館の出版物は、昭和二十一年一月に総合月刊誌『新人』を創刊し、児童誌が中心の小学館には縁の薄かった清水幾太郎や宮本顕治、高見順らが執筆し、編集には元文藝春秋社社員で作家の荒木魏があたった。残念ながら八冊目の九月号で休刊したが、小学館が新分野へ進出する際、外部から人材を登用した最初の例となった。

また、三月には、雑誌統合により昭和十六年三月号で休刊していた教育雑誌が復刊した。その第一号は『教育技術』四月号である。そして、昭和二十二年三月には『教育技術』が『総合教育技術』に改題され、新たに小学校向けの『低学年教育技術』『中学年教育技術』『高学年教育技術』の三誌が創刊された。それでも昭和二十一年は学年別学習雑誌がまだ完全に揃っておらず、戦前の小学館の状態には復帰していなかったが、この年、思いがけない幸運が徹夫に訪れる。それは、傍系会社の集英社発行の出版物がもたらしたものだった。

『少年王者』がベストセラーになる

激しいインフレの中、財政面で苦慮していた徹夫に幸運をもたらしたのは、紙芝居である。徹夫の母方の従兄弟で、戦前から紙芝居の貸元を営んでいた全優社社長・田辺正雄が、岡山から武夫を頼って上京して様々な職を経たのち、小学館の社屋の一隅に作業場所を借りうけ、紙芝居屋として成功していたのだ。ある日、徹夫は山川惣治作の紙芝居である『少年王者』が引っ張りだこの人気だということを聞いて、野崎周一を伴い、御茶の水の街頭で、この紙芝居を実見することにした。

徹夫は、『少年王者』を子供たちが一生懸命に見ているのを確かめると、早速、山川邸を訪れて、単行本出版を申し入れた。肉筆で描かれた紙芝居を印刷しようと思ったのである。徹夫に同行した野崎は、資金難の折柄、初版の印税は八パーセントにしてほしいと交渉した。その時の徹夫との出会いを、山川は「特攻隊上がりの社長の熱気に押された」と述懐している。昭和十九年六月に徹夫が出征した時、母親のナヲは、小学館創業以来の社員である筒井武雄から保護者責任を問われ「本人が航空隊を選んだのです。(略)いまの私は、あの子が自分で選んだところへ出向いて……そこで、あの子らしい何かを掴んで戻ってくれることだけを念じています。そのほかのことはクヨクヨ考えたことはありません」(『創業の灯を見守って相賀ナヲ一九〇〇—二〇〇三』)と気丈に答えているが、徹夫は「陸軍特別操縦見習士官」として一瞬の判断を必要とする急降下訓練を受け帰還した。一旦決すると、失敗を恐れず、果敢に断行する。そんな「特攻隊上がり」の余燼を、山川に感じさせたのだった。

『少年王者』は当初、昭和十四年創刊の「小学館文庫シリーズ」の復刊第一冊として発行する予定だったが、小学館は基本路線を学習雑誌と教育雑誌に絞り込むという野崎たちの考えで、集英社を発行元にした。

そして、昭和二十二年十二月、「おもしろブックシリーズ」と銘打ち小学館文庫の判型であるB二十判を踏襲して初版三万部で発行された。粗末な色刷りの四十八頁、三十八円の割高な定価であったのにかか

「おもしろブック」

わらず、初版は取次に出さずに三日間で売り切れ、またたく間に五十万部を突破するベストセラーとなった。昭和二十三年六月に第二集、十二月には第三集が出ても人気は衰えず、九十八パーセントの売行きで昭和二十七年四月号は三十一万八千部に達した。次に、集英社は『よいこのとも』を昭和二十五年三月に創刊したが、十二月に休刊、翌年一月号から『よいこ一年生』〜『よいこ三年生』を創刊、集英社の出版活動が活発になった。

「学年別学習雑誌」の表示に改める

『おもしろブック』や『よいこ一年生』〜『よいこ三年生』の創刊に続いて、昭和二十六年九月号の『少女ブック』の創刊で、集英社は児童雑誌と児童図書の出版社として活動の基礎を据えたが、同社は昭和二十四年七月、株式会社に改組し、代表取締役に陶山《すやま》巌が就任していた。陶山は、昭和七年九月、小学館の新聞広告による第一回公募で入社し、学年誌の編集や宣伝、営業の仕事に携わったが、昭和二十年に応召し、復員後は二葉書店で教育関連図書の編集をしていた。その陶山は、元社員の呼び戻しに懸命だった野崎周一らの呼びかけに応じて復帰し、旧知の金沢一、楢原一郎らと集英社の新雑誌の企画固めに専心して、代表取締役となった。

初めは児童雑誌だけを発行していた集英社だったが、昭和二十七年四月、相賀徹夫が東京堂の大野孫平の強力な推薦を受けて、戦前『主婦之友』の編集長を務め、戦後は『ホーム』という婦人雑誌を発行していた本郷保雄を迎え入れ、十月号から〈夢と希望の娯楽雑誌〉を標榜する『明星』を創刊した。この雑誌は〈歌と映画の娯楽雑誌〉として発行されていた『平凡』のライバル誌となるが、『明星』の創刊号は十二万八千部で、当時の『平凡』は百万部雑誌になろうとしていた。

一方、小学館は学習雑誌が『小学六年生』まで完全に揃った昭和二十三年に、創業三年目に入社した最古参者で、創業者・武夫の病死とともに小学館を去り、独立して出版に携わっていた加賀見忠作が復帰し、編集部内の責任者となった。彼は初心に帰って学習性重視を打ち出し、カラーページや、グラビアページを増やして学習雑誌のビジュアル化を図り、漫画も採用するなどして、誌面刷新を推し進め、四月号から付録を復活させた。

これによって部数増となり、八月には、減資していた資本金を三百五十万円まで戻した徹夫は、昭和二十四年の新年号編集に際し、全社員に対して次のような三つの指針を示した。

一、企業方針は、熟議・慎重、独創的たれ。
二、仕事は精確・入念、責任を重んじ、購読者の気持ちになれ。
三、各部各員その連絡を密にし、創意と熱意とを結集して、雑誌界の王座を確保せん。

さらに「小学館は今まさに飛躍の年を迎えようとしている。新年号では三百万部突破の大願を成就しよう」と呼びかけ、十月号から『低学年教育技術』『中学年教育技術』『高学年教育技術』三誌を改題し学年別に『小一教育技術』〜『小六教育技術』六誌へと発展させた。

加えて、加賀見が中心となって推進してきた雑誌内容のレベルアップも成果を見せ始め、十二月号からは表紙に使用してきた「ひよこマーク」を「勉強マーク」に切り替え、「学年別児童雑誌」の表示も「学年別学習雑誌」に改めた。

学習雑誌の発行部数が急激に上昇

学習と教育雑誌の学年別体系化を完成させた昭和二十三年十二月には、『幼稚園』昭和二十四年一月号が五年ぶりに復刊された。同誌は昭和十七年五月号から十九年三月号まで『ツヨイコヨイコ』と改題して継続発行されていたが、出版統制のため休刊していた。

続いて、中学生を対象とした『中学生の友』昭和二十四年一月号が創刊され、二十五年四月号からは女子中学生を対象とした『女学生の友』が創刊された。この雑誌は昭和五十二年十二月号まで発行され、後に創刊される『マドモアゼル』(昭和三十五年一月号~四十三年二月号)、『週刊女性セブン』(昭和三十八年五月五日号~)、『プチセブン』(昭和四十九年一月二十日号~平成十四年三月一日号)などの女性誌のパイオニア的な役割を果たすことになる。

学習雑誌は『小学一年生』昭和二十四年一月号が約二十八万部を発行し、昭和二十三年一月号の七万部、十二月号の十万部に比べると大増刷で『小学二年生』~『小学六年生』もこれに準ずる上乗せを行なった。しかし、この時は日配(日本出版配給株式会社)が国鉄の輸送事情逼迫を理由に受入れを拒否したため、今回限りの条件ということで日配の地方の担当者を説得して受入れてもらい、九割の売上率に達し、取次の小学館を見る眼が一変した。

積極的な増売運動によって学習雑誌の発行部数は急激に上昇し、『良い子の友』『幼稚園』『中学生の友』三誌を加えると、百七万部を越え、この飛躍的な部数増は、この後も伸び続け、昭和二十六年には学習誌六誌と『幼稚園』『中学生の友』『女学生の友』の九誌で合計約二百五万部の新春特別号を発行し、売上率九十六・五パーセントという成果を上げた。

一方、書籍は、昭和二十四年三月に『学習新辞典』を、翌年三月に増補版を姉妹編の『新学習年鑑』と共に刊行した。また、二月には戦前の絵本を技術的に充実させ、一流画家を起用した育児絵本シリーズ『どうぶつ』『のりもの』『おもちゃ』『どうぶつのおかあさん』の四点を刊行、絵本の範として評価された。こうした出版活動により、昭和二十五年十二月〜二十六年五月期の決算は、前期比で三十九パーセントの伸びを示し、『小学一年生』の四月号の売上を比較すると、五十パーセント近く部数を伸ばしている。

この間に相賀徹夫は、社業以外にも、出版社正会員数六十一社で発足した全国出版協会に正会員として入会し、税務対策委員会で出版事業免除の目的達成に貢献した。このような社業以外の仕事にも力を入れた徹夫にとって昭和二十六年に二つの慶賀すべきことがあった。一番目は、長男・昌宏の誕生で、二番目は二十六歳の若さで日本の広告業界を推進する若手経済界の一人として、アメリカ産業経済視察団に参加したことである。

「女学生の友」

明けて昭和二十七年、小学館は創業三十周年を迎えた。これを祝って、国際親善を目的とする「万国こどもまつり」の開催と、児童文学と絵画の優秀な作品を制作した作家と画家を顕彰する「小学館児童文化賞」の制定、そして学年別学習雑誌と教育雑誌の誌上で募集した作品を、学年別に審査し優秀作品を制作した児童と学校を表彰する「全国児童生徒作品コンクール」を開催した。事業としては昭和二十九年に小学館主催で児童親善使節を沖縄に派遣し、沖縄の本土復帰へ向けた架け橋の役割を果たしているが、その前年の二月には、二十四年ぶりに四十八歳で鈴木省三が社に復帰し、出版企画の面で力をふるうようになった。鈴木は小学館を退社し、人文書房を設立して独立していたが倒産。その後も何社かの出版社に関係し、戦後は大衆文学や漫画、雑誌の出版にあたったが、いずれも経営に失敗していた。その鈴木を徹夫は、小学館の書籍出版を充実させるため、相談役出版部長として温かく迎えた。復帰した鈴木は次々とヒット企画をうち出した。昭和三十年四月に植物・昆虫・魚貝・鳥類というぐあいに四種の学習図鑑を刊行し、ロングセラーとなり、これは種目をふやし改訂して後に『学習百科図鑑』となる。

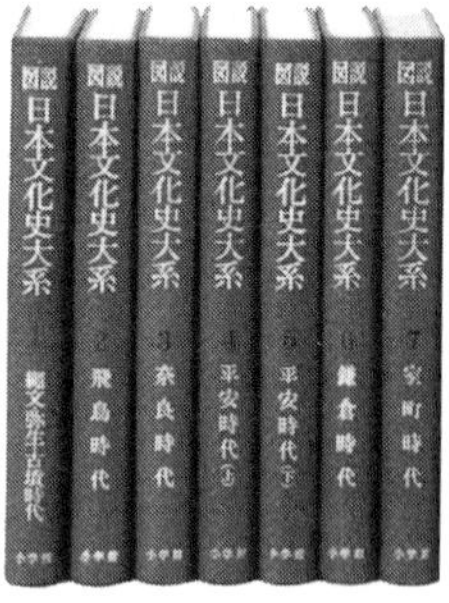

『図説日本文化史大系』

次に、一般書として『図説日本文化史大系』を企画。全十四巻でB5判四百頁、定価各千二百五十円であったが、昭和三十一年五月に第一回配本「安土桃山時代」を原色版口絵挿絵を入れて刊行、一万部を超す予約読者を獲得し、五刷一万八千部に達した。これは徹夫社長の思いきった英断で、当時望み得る最高水準の印刷・製本技術を動員したことによる。

続いて小学館らしい『家庭百科事典』の刊行を企画。最初は全六巻の予定であったが、途中で規模が拡大し全十四巻となり、『日本百科大事典』という題名で、定価千五百円、予約特価千三百円で三十七年八月に刊行、第一巻は初版十八万、順次版を重ねて六十万の予約読者を獲得し、最終的には総発行部数百二十余万セットに達した。

また鈴木は、小学館と同時に集英社の出版部長も兼任していたので、同社から少年少女向け世界名作文学の『おもしろ漫画文庫』を毎月三巻ずつ刊行し、二百巻を刊行するに至った。そして昭和三十六年五月には集英社に転出して専任の出版部長に就任、同年秋、和歌森太郎篇『少年少女日本歴史全集』全十二巻、『ひろすけ幼年童話文学全集』全十二巻を刊行したのを皮切りに『新日本文学全集』全三十八巻、『世界短篇文学全集』全十七巻、『日本文学全集』全八十八巻、『世界文学全集』全八十八巻などの文学全集や美術全集の刊行にあたる。その後、常務取締役、取締役副社長などを歴任し、現役引退後は顧問となり、八十二歳の高齢でも週三日間は出勤していた。

こうして鈴木が小学館に復帰することによって小学館、集英社はともに雑誌中心の出版社から書籍の出版にも力を入れる出版社となった。

また、小学館は『日本百科大事典』以後『世界原色百科事典』全八巻、『大日本百科事典』全十八巻＋別巻なども刊行した。百科事典の好調時は、漫画は定価が安く部数も望めないので、雑誌の連載漫画の単行本化は他社に譲っていたほどであった。

今でも「紙」を愛する相賀昌宏

書籍出版も充実させた小学館は、創業三十周年にあたる昭和二十七年には『幼稚園』『小学一～六年生』『中学生の友』『女学生の友』など九誌の一月号の実売部数が約二百八十万部に達した。また、ベビーブームと言われる世代が入学した昭和二十九年は、その児童数は二百五十五万人という過去最高で、この年の『小学一年生』の発行部数も同じく大きな伸びを記録している。昭和三十一年には、講談社が『たのしい一年生』九月号を創刊、昭和三十五年三月に『たのしい六年生』までを発行して学年誌の系列化を行い、昭和三十七年十二月にそれらを休刊するまで、小学館の学年別学習雑誌との競合が続いたこともある。また、両社は昭和三十四年四月に小学館が『少年サンデー』、講談社が『少年マガジン』を同日発売で創刊するということもあったが、両誌は後に創刊される『少年キング』（少年画報社）、『少年チャンピオン』

（秋田書店）、『少年ジャンプ』（集英社）などの先駆誌となり、コミック誌とコミックスと呼ばれるコミックの単行本の隆盛をもたらすことになる。そして、百科事典が隆盛であった頃は漫画の単行本をあまり重視しなかった小学館だったが、昭和四十三年には、大人向けの月刊コミック誌『ビッグコミック』を創刊して、青年コミック誌ブームを生み出した。

コミック雑誌は、数々の人気漫画も生み出したが、その一つが「オバケのQ太郎」である。この漫画が『週刊少年サンデー』に登場したのは昭和三十九年二月のことで、最初は短期連載だった。しかし、読者の要望で再登場し、学習雑誌に連載の場を広げ、小学館のシンボルとなり、テレビでアニメ化されると、いきなり視聴率が二十五パーセントとなった。そして、オバQはキャラクター商品を生み、昭和四十二年六月には、拡大する商品化業務に対応するため、小学館とKM企画の共同出資で「小学館プロダクション」が設立され、キャラクターの商品化権に関する業務とキャラクターの企画開発、管理などを行うようになり、同社は小学館のキャラクター・ビジネスをすすめる組織の中心となる。また、昭和四十七年から五十年にかけて『小学一年生』の実売部数は九十万部を超え、昭和四十七年には創業五十周年を迎え、以後、六十周年、七十周年、八十周年と節目節目に記念事業や出版を行った。

こうして小学館は新たな展開をみせるが、戦後の小学館は、雑誌だけではなく、書籍の出版も充実させ、子供のための出版物だけでなく、大人向けの出版物を加えることで、総合出版社としてのイメージを強くした。書籍出版の充実については、すでに紹介したが、大人向けの出版物とは、昭和三十八年創刊の『週刊女性セブン』、四十四年創刊の『週刊ポスト』、各種女性雑誌などで、これらの雑誌は、子供向けの学習雑誌では得られなかった広告収入をもたらし、この収入が定価を上げることがなかなか困難な子供向け雑誌の苦境を救うことになった。その後も『ＣａｎＣａｍ』『ＡｎｅＣａｎ』などのファッション誌も創刊したが、平成四年に社長となった相賀昌宏は社内にライバル誌を作ることも大胆に行い、また社外のライバル誌を自社の競合誌と考えるだけでなく、その市場を守る手段と考える。たとえば、シニア雑誌の草分けである『サライ』と後発の『一個人』という雑誌はテイストが同じなので、この雑誌によって他社の進出を阻止するという作戦を展開したこともある。

こうした多彩で柔軟な出版活動ができるのも、学年別学習雑誌を発行してきた小学館のDNAによるものだと、相賀は自認している。なにしろ、学年別雑誌は一歳ごとに読者の年齢を見て変化に対応せざるを得なかったからだが、「次のことをいつも新しくやっていれば、幸運の女神は準備したものに微笑むといいますから」と、相賀は語る。

「Can Cam」と「Ane Can」

そのため、小学館はメディアの変遷にも素早く対応してきた。たとえば、昭和五十二年に最初季刊で創刊された少年コミック誌『コロコロコミック』は、学年誌に連載されている「ドラえもん」をまとめて読める雑誌で、「ころころと分厚く、コロコロと笑える」が誌名の由来となったが、インベーダーゲームやチョロQなど流行の遊びをとりあげた記事なども掲載しているうち、平成八年に発売されたゲーム「ポケットモンスター」に着目して、記事や漫画、アニメ、イベントなどを展開し、ポケモン・ブームを生み出した。その結果、雑誌も十万部単位で伸び（朝日新聞、平成十九年三月七日付）二百万部に達した。これら「ポケモン」や「ドラえもん」などはキャラクター・ビジネスを生み出し、小学館はこの分野で最も進んだ出版社となっている。

そして、小学館は新しいメディアにも進出し、平成二十四年十月から『三浦

『日本国語大辞典』など辞典類をアピールした平成 14 年の新聞広告

綾子全集』を電子書籍で配信し、絶版状態になっている作品を一作品五百二十五円で入手出来るようにした。また平成二十五年九月から同社発行のファッション誌全九誌の電子配信を順次開始した。電子版の価格は本誌の七〜八掛とし、創刊記念として月刊誌は三カ月（季刊誌は一カ月）、通常の電子版の価格より百〜三百円値下げした価格で販売した。

　相賀が大切にしている言葉は、以前勤めていた職場の上司から言われた「私たちの仕事は読者に対して最終的に責任を持てばいい。会社でも上司でもない」という言葉である。だから、編集現場ですべて決済をするべく、書籍には担当編集者を明記するように組織改革を行い、環境問題にも取組んでいる。

　相賀は、平成二十六年七月二十五日に行われた出版梓会の「業界・会員懇親の集い」では日本書籍出版協会理事長として乾杯の音頭をとり、『「文化漢好」と呼ばれた男――万葉集を訳した銭稲孫の生涯』（東方書店）、『明治期日本における民衆の中国観』（芙蓉書房）などの専門書を紹介し、こう挨拶した。「少部数の出版から学び、やっていくには読まなければいけない。もっと多くの人が読むにはどうするべきか考える時期に来ている。東アジアで出版というものでお互いに話し合っていけるような社会を作っていきたい」（「文化通信」平成二十六年八月四日号）。

　そして、『テルミ』という視覚障害者向けの雑誌や、小学館が発売元となった『演劇界』という雑誌への助言などをしている時、社長業では味わえない楽しさを感じているようだ。相賀昌宏は今も編集者魂を失っておらず、そのことが総合出版社となった小学館の強さになっている。

第4章

大修館書店

「天下の公器」を信条に良書出版を貫いて九十年

後世に残る良書の出版めざす

平成二十（二〇〇八）年九月で創業九十周年を迎えた大修館書店は、これを記念して社史『大修館書店90年　1918―2008』を刊行した。その巻頭に収められた「創業九〇周年を迎えて」と題する挨拶で、代表取締役社長の鈴木一行《かずゆき》は、こう述べた。

「現在の私どもは、学習参考書もさることながら、高等学校向け検定教科書、副教材類、そして辞典類、専門書、教養書を主に出版しており、創業当時とは若干出版内容が変わっております。しかしながら、『出版は天下の公器である』という創業者鈴木一平《いちへい》の考え方を現在も踏襲し、『後世に残る良書の出版』を一貫して心がけてまいりました。そして、次の節目となる創業百周年に向かって、この姿勢を変えることなく事業を続けてまいりたいと考えております」

鈴木一行は昭和三十（一九五五）年九月六日、東京の生まれで、昭和五十三年に慶応義塾大学商学部を卒業、食品会社やコンピュータのソフトウエア関係の会社に勤め、平成五（一九九三）年七月二十六日に大修館書店に入社した。そして平成八年に取締役、同九年に常務取締役、十一年に専務取締役になり、平成十二年には代表取締役社長となった。役員になったのは、いずれの時も十一月であったが、一行は五代目の社長である。

大修館書店は、創業者が鈴木一平《いちへい》で、二代目社長が井上堅《たかし》、三代目社長が一平の長男の鈴木敏夫、四代目社長が三男の鈴木荘夫《しげお》である。一行は荘夫の長男だが、一行には特に大修館書店の社長を継ぐという考えはなかった。それというのも、一行の父親である荘夫は五人兄弟で、親戚もいたからである。大修館書店とは、単に父親が経営している会社、という感覚であった。

しかし結局、一行が五代目社長となるのだが、大修館書店に入る前、出版業とは異なる業界にいたので、出版という事業を、本の出版だけに限定して考えないという。とは言っても、「何もかもこれまでと違ったことをやるというのではなく、踏襲すべきものは踏襲しようと思った」と語る。

母の言葉が精神的背骨に

鈴木一平（左）と鈴木一行（右）

たとえば、九十周年の挨拶でも、創業者の一平が言った「出版は天下の公器である」という言葉や「後世に残る良書の出版」という言葉は一貫して心がけてゆくと述べた。そして、大修館書店では、初代から、御酉様に行って熊手を求めるという習慣があり、新刊が出ると神棚に乗せて売れますようにと、柏手を打ったが、一行もそれを守っている。

こんな社風の大修館書店を創業した鈴木一平は、明治二十年十月二十四日、千葉県君津郡木更津町（現・木更津市）の漁師町に近い一商家に六人兄姉の末っ子として生まれた。男としては三男にあたるが、幼名は平吉であった。

父は鈴木幸次郎、母はとみと言ったが、父は分家して米や雑穀を商った。しかし、明治維新は幕府直轄地の多かった上総では官軍が席巻し、治安の悪化で、野盗の類によって商家は被害を蒙り、鈴木家は容易に立ち上れず、家計は赤貧の状態におちいった。そんな家庭環境の中で育った平吉は、昭和七（一九三二）年一月、四十四歳の時に一平《いちへい》と改名したので、四十四歳以前も平吉でなく一平と呼ぶことにするが、一平は末っ子であったため、母とみの寵愛を一身に受け、腰巾着のように、母につきまとった。

母は一平の手をとって本家の前を通る時、一平に対して「見返せよ、見返せよ」と語りかけた。『回想鈴木一平』（大修館書店）の巻頭に収められた鈴木敏夫の文章で、一平のこのような幼少時代の様子が描かれている。敏夫によると、母の言葉は成人後の一平の大きな精神的背骨となり、「激しい気性と旺盛な事業欲の素」になった。一平は明治三十一（一八九八）年三月、木更津尋常小学校卒業と同時に五十銭銀貨一枚を懐にして上京、三田同朋町の天満屋質店に小僧として奉公した。満十歳五カ月になったばかりであった。しかし、一平は質屋の仕事に満足できず、八丁堀の佐野屋呉服店に移り、さらに生来芝居好きだったため、旅芝居の一座を宇都宮あたりまで追ったこともある。その間、仕事を辞めると、田舎へ帰り、また上京するということを繰り返した。

一平は、仕事に満足できないため、転々としたのであるが、日露戦争が始まる前、巡洋艦「扶桑」の艦長付きボーイに雇われた。その時の一平のことを、鈴木荘夫《しげお》が、『出版クラブだより』三九七号に掲載された「『大漢和辞典』物語」の中で、次のように語っている。

「豪華な船長室で、洋食のフルコースをボーイのサービスで食べる艦長を見て、自分も艦長になりたいと思ったようです。決心して、下士官に相談すると『艦長には、海軍兵学校を出た人で優秀な人が偉くなってやっとなれる』と言われ、海軍兵学校には中学校（旧制）を出なければ駄目だとも教えられ、裸一貫では働きながら勉強するしかないと決心したわけです」

そこで、一平は働きながら勉強するため、本の沢山ある本屋へ奉公することを考え、つてを辿って、出版と卸をやっている修学堂書店に住み込みで入店した。それが出版業界に一平が足を踏み入れた最初であった。

働きながら勉強するつもりで入ったのだが、住み込みの店員は朝から晩まで仕事に追われ、勉強する時間はなかった。検定で中学の資格を取ろうと思っていたのも、あきらめざるを得なかった。だが、働いている中に仕事が面白くなり、出版社に興味を覚え、海軍兵学校を諦めて出版業界で生きることを決めた。

修学堂書店では、一平はよく働くので主人からも気に入られ、主人の代わりに、全国の小売店を、注文、集金と歩きまわった。これが独立創業に役立ち、大正七年に大修館書店という出版社を興すことになる。

荘夫に自分の希望を託する

しかし、一平は海軍兵学校のことを完全に諦めたわけではなかった。荘夫によれば、「自分は諦めても、将来男子が何人か生まれたら一人は海軍兵学校」へ行かせる、と一平は決めていた。だから、荘夫は物心つく頃から、「断じてお前は兵学校へ行くんだぞ」と言われた。そこで荘夫は中学三年の時に、海軍兵学校を受験して合格、昭和二十(一九四五)年の四月三日に入校した。ところが、その年八月十五日に日本は戦争に敗れ、荘夫は目標を失い、以後の人生をどのように歩んでよいかわからぬ状態に置かれる。そのため、昭和二十年に中学へ復学した。学生生活が落ち着きを取り戻すと、これからは自分の好きな道に進んで行くことを決意し、英語に多少の自信があったので、世界を相手の外交官になろうと思った。ところが、荘夫の父、一平は、またも荘夫に自分の希望を託することを考える。それは、自分の出版社の経理を手伝わせることである。そのため、一平は荘夫に東京商科大学(現・一橋大学)に進ませることにした。

そして卒業後の昭和二十八年、荘夫は父の経営する出版社に入社し、経理を担当することになる。

こうして、荘夫は外交官になる夢を捨て、ふたたび、父の希望に添うことになるのだが、その荘夫は戦後十年近く経ったある夜、一平と晩酌を共にした時、一平が荘夫にしみじみと、こう述懐したと、「終わりなき残照『海軍兵学校の戦後』」（大阪新聞連載）という文章に書いている。

「兵学校から戻ったあのころ、毎日ボンヤリとしているのは、本当に辛かったよ。この子は、このままグレてしまうのではないかとも思った。もしそうなっても、私にそれをしかる資格はない。すべて親である私の責任だと思ったよ」

それを聞いた荘夫は、胸に熱いものが込み上げ、心の中で叫んだ。「今の一言でおれは救われた。このオヤジの希望にそって自分の人生を進んで行くことに、本当に悔いはない」。

こう思った荘夫は、改めて父の出版社経営に全面的に協力することを決意したのである。

大修館書店の看板を掲げ一本立ち

鈴木一平が大正七（一九一八）年に大修館書店を創業した時、この社名になったのは、二つの出版社の社名から一字ずつもらった文字に由来している、と社史にある。

鈴木一平は、大修館書店を創業する前、修学堂書店を経て、明治四十（一九〇七）年数え年二十一歳の時、大修堂という書籍卸を開業し、表神保町（現・神田神保町一丁目）で営業を始めたが、この店は、三年程で閉店せざるを得なくなった。鈴木敏夫の『回想鈴木一平』によると、故郷木更津で実家の相続問題が起こったためだが、相続問題が解決し、一平は「改めて修学堂の主人からの誘いもあって、再び同書店に入店して、主人の片腕として働くこととなった。大正三（一九一四）年のこと」だった。

ところが、その一平をまた苦難が襲う。三省堂が、百科事典編纂に膨大な資金を投下したため倒産するという事件が起り、修学堂書店は三省堂振り出しの額面千円の不渡り手形に裏書きをしていたため、それをかぶって経営危機におちいったのである。

主人の辻本は閉店に際して、店の紙型を働いていた人たちに与えることにした。これが契機となって、一平は再び独立することになり、「当時の神田区錦町一丁目二番地に、間口二間、奥行四間半の家を借り、『大修館書店』の看板を掲げ、文字通り一本立ちをしたのである。時に大正七年九月十日、今日の大修館書店の創業である」と、敏夫の文章にある。そして、同年に、千葉県君津郡清川村字永井作の中村吉蔵の三女「とき」（後年、美佐子と改名）と結婚した。

創業の時「大修館書店」という名前をつけたのは、一平が最初の独立をした時「大修堂」という屋号を名乗っていたからだが、「大修館書店という名称は、大倉書店の『大』と修学堂書店の『修』とをとって命名したものである」（『大修館書店90年　1918―2008』）。社史によると「鈴木一平は、少年期から修学堂で出版業務を修得し、その主人辻本末吉氏の出身である大倉書店の出版方針から強い影響を受けていた」のである。

大修堂開業当時の鈴木一平

これについては、『回想鈴木一平』の中で敏夫はこう書いている。
「大倉書店は、『言泉』とか『仏教大字典』等後世に残るような大きな仕事をやっていた。この大倉書店の出身であった辻本氏が修学堂では、どちらかというと目先の利に走る商売が寧ろ得意であったようで、例えば紙型を買うとか、虎の巻出版に力を注いだり、後世に残るような出版は残念ながら我々も聞いていない。故人は、寧ろ目標としては大倉書店の出版理念で、主人辻本氏の出版方針ではなかった」。

一平は「大修館書店」という社名を「大倉書店」の「大」と、修学堂の「修」という文字を一字ずつ貰ってつけたことになっているが、「大修館書店」の出版理念は「大倉書店」の出版理念を継承したのである。敏夫によると、一平は「三省堂創業者の亀井忠一氏の本造りに対する信念や、大倉書店の創業者大倉孫兵衛氏及大倉保五郎氏・冨山房創立者の坂本嘉治馬氏の後世に残る雄大な構想による出版方針に、強い共鳴とあこがれに近い目標を抱いていた」からだ。そして、敏夫は一平が「出版という仕事を通じて、『人の一生は短いが、後世に残り伝える大出版物は、永遠に文化への貢献という生命として生き続ける』という人生観を築き得たことが、出版という仕事を生涯のものとすることになった訳である」と指摘している。

しかし、一平は最初から「後世に残り伝える大出版物」を出せた訳ではない。社史によると、「当初は、学生を対象とした参考書の出版を主とした」ので、大修館書店の処女出版は、大島隆吉著『試験によく出る和文英訳正しき訳し方』であった。参考書は「その後、出版点数の積み上げに努めた結果、大正末年には出版点数も三十余点を数えるほどになった」が、「これらの出版物は、広く学生の間に普及し、毎年版を重ね、事業の基礎を固める大きな力となった」という。特に大正十二年二月発行の諏訪徳太郎著『受験準備・最も要領を得たる外国地理』をはじめとする「最も要領を得たる」地理・歴史の参考書はロングセラーとなった。

既述したように、一平が美佐子と結婚したのは、大修館書店を創業した大正七年十二月のことで、美佐子が数えで二十一歳、一平が三十二歳であった。二人は、創業した書店のある神田区錦町一丁目二番地の間口二間、奥行四間半の家の二階で結婚式をあげた。美佐子は『回想鈴木一平』の中で、その家の一階にあった棚の中に「あんちょこがいっぱい入っていた」と語っている。「あんちょこ」とは、学習参考書のことだが、倒産した修学堂の紙型を一平が入札で手に入れて出版したもので、「そのあんちょこを取次屋が来ると売っていた」という。

鈴木一家を自然の猛威が襲う

そのようにして、出版活動を続けていた鈴木一家を、突然、自然の猛威が襲う。大正十二年九月一日、正午前に起った関東大震災である。この時、一平は木更津のラジウム鉱泉にあせもを治すために出かけていて東京にはいなかった。美佐子はおなかに次女がおり、身重であったが、五歳の長女をおぶって、箱車に紙型を五点位積んで逃げた。『回想鈴木一平』によると、美佐子は日頃から夫が家の大事なものは、紙型だと言っていたので、夫の言葉に従ったのである。

紙型を運んだのは大修館書店で働いていた二人の小僧であった。美佐子は地震でぐらぐらしている家の棚から紙型を降ろして小僧たちに箱車に詰めさせ、「これを責任持って逃げてね」と言ったが、小僧たちとは離れ離れになってしまった。

美佐子は、落ちついた時にみんなが汗になって着替える物がなくては困るし、おぶって逃げた長女の好子が夜中になって風邪をひくといけないからと思って「毛布の上にみんなの着替えの着物を一枚ずつのせて、それを女中さんにしょってもらい、二人で錦町河岸の所へ行った」というが、最後は宮城の中へ逃げ延びた。そして、馬車の小屋の中に三日ぐらいいて、一緒に逃げた知りあいの実家が府中の手前の金子

（現・調布市）という所にあるというので、そこへ行くことにした。その時には、小僧たちとも合流していたので、一緒に金子へ行くことにした。

美佐子は一平のために自宅の焼け跡に「皆無事、金子に行く」という札を立てて、新宿経由で甲州街道を歩き、金子をめざした。ところが、八カ月の身重であった美佐子は、途中で足がつり、歩けなくなる。幸いにも荷車のある家があったので、金子まで行きたいんだと頼んでみた。すると親切にも荷車に美佐子を乗せ、金子まで行ってくれた。金子に空き家があったので、借りて住むことにした。

美佐子と一平が再会したのは、金子に着いてすぐではなかった。木更津に行っていた一平は、東京の方角の空が火事のため真っ赤だったので、みんな焼け死んだのではないかと思い、父の兄の長男に頼んで一緒に東京まで行ってもらうことにした。やっと自宅にたどり着くと、そこに「皆無事、金子に行く」という立札があったので、一平は金子に向かい、妻や子に会えたのである。美佐子が「紙型を出しておいた」と言うと、一平は突然、泣きだした。一平は美佐子に日頃から「紙型は工場と家と両方にあるから心配ないけれど、いざとなったら家の大事な物っていえば、これがいちばん大事だ」と言っていたので、美佐子は紙型を箱車に積んだのである。

これは、正解だった。一平が同じ紙型を預けた印刷所は地震のために焼けてしまい、その紙型は失われてしまったからである。美佐子が運び出した紙型を使って、大修館書店は震災後、他社よりも早く出版活動を再開することが出来た。しかし、自宅は火事で焼けたので、鈴木一家は芝白金三光町にあった美佐子の伯父の家を半分借り、当分そこに住むことを余儀なくされた。

その間に、一平は自宅を見に出かけ、家のすぐ前に、焼け残っていた印刷所を見つけた。そこで紙型を利用して本を作ることにした。出来あがった本は、問屋がすぐに買って行き、家まで持って帰れない状態だった。郵便での注文も殺到し、美佐子は著者がよこした検印紙を奥付に貼り、一平が帰って来て宛名書きをして、美佐子が荷作りをした。それを、朝出がけに一平が郵便局へ持って行く。

注文はその後も続き、毎日夜の一時、二時になるまで仕事が続いた。そのおかげで会社は、思いのほか早く復興することができた。当時のことを美佐子はこう語っている。

「お父さん、わたしには言わなかったけど、みんなに、あの時現金三十万円つかんだと言ったそうよ」（『回想鈴木一平』）

今の金に換算すると、大変な額になるが、これも、美佐子が紙型を持ち出したからである。

その金で、大修館書店は神田錦町三丁目二十番地に新しい事務所を設けたが、そこは借地だったので、三丁目十番地に土地を買い、昭和三年に新しい店舗を建てた。

諸橋轍次を紹介される

その頃には、一平は独身の頃からの趣味だった競馬を復活させていた。一平に競馬の趣味があることを美佐子が知ったのは結婚したばかりの頃で、戸棚を整理していて、中に袴が丸めて入れてあるのを発見したのがきっかけだった。

一平が著者を訪ねる途中で袴にはきかえていると思った美佐子に対し、一平はこう答えた。「うん、競馬へ行ったんだよ」。一平と美佐子が結婚した当時の競馬場には、男は紳士服か羽織袴、女はそれに合う格好でなければ入れなかったので、洋服を持っていなかった一平は、羽織袴で競馬場へ出かけていたのである。以後、一平はおおっぴらに競馬に行くようになった。競馬で勝つと、白木屋デパートの二千円の商品切手を美佐子にくれた。当時、競馬の配当金は現金ではなく、商品切手（現在の商品券）だったのである。

一平が競馬を趣味としていたことについては、『回想鈴木一平』の「競馬における鈴木一平」という座談会で敏夫が「とにかく自分は競馬で馬を持つこと、馬を持って、どんな偉い人の馬でも馬で負かす。それはもうとにかく人間としてこんな痛快なことはないいんだ」と一平が話していたと語っている。そして、一平は競馬で勝つことは、「自分が考えて世の中の為になると思って出した本が、その通り評価される」時の満足感に似ているとも言っていた。一平が競馬を始めたのは二十歳位のことで、関東大震災後に出版で儲けると、その金利で馬を持つまでになる。一平の競馬趣味は終生続いたが、競馬以外にも、芝居、相撲、大学野球を見るのも好きで、食い道楽でもあった。

神田錦町に新築した大修館書店の店舗

このように多趣味だった一平の震災以後の出版活動の一端は、『回想鈴木一平』の鶴見栄次郎「大先輩鈴木一平さんのこと」にも書かれている。それによると、東京では震災で多くの印刷所が焼失したため、大島隆吉著『受験には斯くの如き英語単語を暗記せよ』などは、一平の義弟である米林保吉が組版を大阪へ持ち込んで印刷し、よく売れた。しかし、一平はよく売れる本の出版に甘んじることはなかった。美佐子が持ち出した紙型のお陰で三十万円という現金を手にすることが出来たので「それを元手に、自分が生涯出版を生業とする以上、後世に残る立派な決定版の辞典を作ろうと考えました」と一平が語ったと鈴木荘夫が「『大漢和辞典』物語」（「出版クラブだより」三九七号）で述べている。そして、荘夫は「当時、国語辞典はすでに『大日本国語辞典』がありましたが、漢字民族でありながら漢和辞典の決定的なものがありませんでした。そのことから『よし、これに自分の出版人としての生命を賭けよう』と決心し、高等師範とか文理大の先生を何人も訪ね回った結果、『諸橋轍次という将来日本の漢学界を背負って立つ立派な人が、今度中国（当時の支那）から留学を終えて帰国する。この人の外に適当な人はいない』と紹介されました」と一平が語ったことを紹介している。

その時のことは、『回想鈴木一平』に収められた鈴木敏夫による「諸橋轍次先生におききする」でも語られている。それによると、鈴木一平に諸橋のことを紹介したのは、東京高等師範付属中学校教諭の水野弥作であった。『回想鈴木一平』に付された一平の年譜によれば、一平が紹介されたのは大正十四年のことで、彼は三十代後半に入っていた。まず雑司谷の諸橋の自宅を、水野と同僚の藤木源吾が訪ねたのだが、諸橋は敏夫にその経緯をこう語っている。

競馬場のパドックでの鈴木一平（右）

「突然、二人でやって来まして、自分らの関係しておる書店にこうこういう者がおるが会ってくれと、こういうわけでございますね。どんなことをやっているのかと聞いたらまだ仕事の初めで、学生向けの参考書をやってるんだというのでございまして、私自身は余り興味を持たずにおったわけでございます。それで二度ぐらい水野君が来ましたが、そのあとで御尊父様（鈴木一平のこと）がいらしたわけですね。極めて素朴な人でございまして、実はこうこうで辞引をやってもらいたいが、という簡単な話でございました。その時分はちょうど私が北京の留学から帰ってきて、まあ、学位論文を少し書き始めておったころで、まだ完成はしていないときでございますし、忙しいときだし、考えておきましょうということでした。その後も時々いらしたんですが、こっちはなま返事というか、本当にやる

鈴木一平（左）と諸橋轍次博士（右）

気もなかったものですから」

　この談話にあるように、最初、一平から辞典の話があったとき、諸橋はあまり乗り気ではなかった。そのため、一平は一年半くらい、毎月のように諸橋を訪ねることになった。「それでやっとこっちも初めてその真実さが分かってきたわけです。で、この人なら本気にやるのかもしらんというような、いい感じがしたものですから、それでいよいよ受けたわけでございます」。

　諸橋はこのように語っているが、鈴木荘夫も「『大漢和辞典』物語」で、「当時の先生の日記には、『鈴木君、また来たる。人物は真面目らし』というようなことが書いてあります」と述べている。諸橋が一平の依頼を承諾して仕事を始めたときは、あまり人もおらず、原典から言葉を拾い出す作業が二年以上も続いた。その結果、最初は一冊か二冊ぐらいの辞典と思っていたのが、とてもそれでは収まりそうもないことがわかり、そのことを、諸橋は一平に話した。すると、一平はしばらく待ってほしいと言って、半年くらい経った頃、諸橋に自分の決意を示した。

「私も出版界に入りましたのですから、小さいながらも出版の目的に役に立つようなものをひとつやってみたいと考えておりますから、もし先生がそれをやってくださるならば、わたしどもはできるだけのことをやりますから……」

　この返答で諸橋も本腰をすえることにした。その時の諸橋の見通しでは、五、六冊の規模になりそうだった。諸橋によると、一平から返事があったのは、昭和の元（一九二六）年の頃だったというが、正式の契約は昭和三年の六月十六日に行われた。諸橋は契約をするまでに、自分の弟子に手伝わせて、原典に当り、言葉を拾い出す作業を行っていた。小さな紙きれに書き出した言葉が山のようになった。それを見て、諸橋は一冊、二冊では収まりそうにないと思ったが、契約は行われた。

諸橋は鈴木敏夫に対し、この契約については、後になって考えると、非常に無謀であったと語っている。当時、日本では漢字に対して激しい攻撃があり、文部省では漢字を制限しようと考え、知識人の中には、ローマ字論者、かな論者が多く見られたからである。中国でも、漢字制限が行われ、簡体字や略字が登場しており、漢字の辞典を作ることに疑問を呈する人がいた。

「しかし私には大きな信念があった。というのは、なにせあの時分は中国の人口が五億五千万とか六億とかいっておった時代です。その五億の人口の者が今まで少なくとも過去三千年、漢字を使って、それが東南アジアのほうにもいっておる、朝鮮にも来ておる、日本にも来ておる、これがなくなるはずはない。仮に現代に用いられないとしても、それの残っておる文献というものはあるから、これは決して絶えることはない。自分はそれについて一歩も……。本が売れるということについては見当ひとつ付かないが……。でも御尊父にしてはその信念があろうはずがない。職業としてでありますが、いかに文化のためにするといったところで、よくもあそこまで踏み切ったということは、わたしは今でも非常にその点を感心しておるし、とても普通の人間にはできなかったことだと、こう思うんです」。諸橋は、鈴木敏夫にこう述べ、さらに続けて語っている。「それでいよいよ契約したときは、もうわたしも腹をきめて、ひとつやろうという考えでした。そして、仕事をだんだんやっているうちに、困難がどしどし起こってくる……」。

莊夫も「『大漢和辞典』物語」で次のように語っている。

「何巻になるのか判らない原稿に取り組んで、昭和十年からは、先生のお屋敷の庭に専門の編集所を一棟建て、人を大勢雇って原稿作りを始めました。先生が墨で何月分と金額を書いて、印鑑を押した大福帳のような編集費の支払い台帳が残っていますが、昭和三年、スタートの年のトータルが三万一千四十六円です。五千倍と換算して現在の一億五千万ぐらいでしょうか。昭和十年、編集所に支払う分が加算され、昭和十一年の大福帳で、約一万円、その他に先生と資料を整理するお弟子さんなどへの支払いが年間九千何百円で、約二万円近い金額になります」

この編集費を、どのようにして賄ったのか。荘夫は、こう語っている。「当時の学参の出版は、春秋の特売の利益でだいたい年間の経費が賄えたようです。そこで特売以外の日常の利益は、全部『大漢和』に注ぎ込んだと父は言っていました。戦前の出版は良き時代で、利益面から見てもいい仕事だったという感じがします」。

『大漢和辞典』の編纂に入る

諸橋が『大漢和辞典』の編纂に入った時のことは、鎌田正監修・諸橋轍次記念館編『諸橋轍次博士の生涯』（新潟県南蒲原郡下田村役場発行、大修館書店発売）が、次のように書いている。

「本格的作業は主として大東文化学院（現在の大東文化大学）の卒業生・在学生によって行われた。すなわち、川又武を代表とする六、七十名の方々が委嘱を受け、語彙の収集とその解説並びに全体の編纂に努力された。その編纂所は、最初は博士のお宅（旧邸）の近く豊島区雑司谷に設けられ、後に杉並区天沼に移り、更に博士が新宿区落合に転居後、その邸内に移った」

編纂所は「遠人村舎」と呼ばれたが、「それは陶淵明の詩の『曖昧たり遠人の村、依依たり墟里の煙』という句に由来するもので、俗塵を避け人から遠ざかって編纂に専念するという意を寓したもの」（前出）

だった。大東文化学院の卒業生・在学生が参加した事情について、昭和十四年から諸橋の仕事を手伝うようになった鎌田正が『大漢和辞典と我が九十年』（大修館書店）という著書に書いている。

それによると、諸橋は東京高等師範学校教諭の他に、大東文化学院の教授もしていたが、当時、大東文化学院で学園紛争が起こり、退学や休学の処分を受けた学生が多数出たので、漢文の読解力に優れていた彼らの生活補助になればと思って、編纂を手伝わせたのである。

最初は少人数だったが、後には六十余名にもなった。これらの学生たちが書いた原稿を諸橋とともに点検整理したのは、諸橋と同年で郷里も同じ新潟県出身、出身校・出身学科も同じ東京高等師範学校国語漢文専攻科である東京女子大学教授の近藤正治である。鎌田の著書には、近藤哲夫人が九十一歳の時に刊行した歌墨集『ねむの花かげ』所収の「諸橋先生と亡き夫近藤正治」から引用した一節も紹介されているが、そこには、こう書かれている。

「私は昭和七年の春近藤家に参りました。当時毎週日曜日は朝八時から午後三時まで、水曜日は夜七時から九時半頃まで、原富雄様、川又武様、渡辺実一様が見えて共に辞書の仕事に専念して居られました。私も時には、少しでもお役に立てばと、出典さがしのお手伝いをすることもございました」

『大漢和辞典』の編纂は、このようにして進められたのである。

鎌田正監修『諸橋轍次博士の生涯』は、『大漢和辞典』の資料収集と整理の時代を昭和二年から二十二月までのおよそ二十年とし、原稿の再整理と刊行の時代を昭和二十一年から同三十五年五月までの約十五年間としている。「既刊の辞典類を参照したにせよ、親字約五万、語彙五十万に及ぶ膨大な原稿を略《ほぼ》十か年内にまとめて刊行に着手し、昭和十二年ごろには、全原稿の棒組み三八、五百九十一段に及んだ。かくて本辞典の不動の基盤がここに確立したのである」。

遠人村舎での『大漢和辞典』編集の様子

そして鎌田の『大漢和辞典と我が九十年』は、この辞典の骨格について、こう述べている。

「先ずは親文字である。当時辞典の権威として四万七千字を収録している『康熙字典』を超えること三千余字の五万余字を収録しているという点でも、この『大漢和辞典』は特色があるが、その字音を示す韻書は北宋丁度の『集韻』を中心として、南朝梁の顧野王の『玉編』や北宋の陳彭年の『広韻』、明の『洪武正韻』等、数多くの韻書を用いている。字音は元来、『広韻』を基本とすべきであるが、その収録する字数は二万六千百九十四字で、『集韻』のほうがそれより二万七千三百三十一字も多いので、『大漢和』では『集韻』を基本としている。親文字の字音として、『韻書』、反切、韻目を示し、注音符号までもつけた懇切なものは、蓋《けだし》『大漢和辞典』を以て嚆矢《こうし》とすべく、また親字の自体『説文』の篆文《てんぶん》や異体字の或体、あるいは籀文《ちゅうぶん》・古文等まで掲げている。但だ惜しむらくは、甲骨文を載せていなかったのは、当時その研究が定まらなかったことに因ると思われる」

鎌田は『大漢和辞典』が編纂当時の漢字研究の状態に影響されている問題についてもふれ、「問題となるのは、親文字の語源的解説において、象形・指事・会意のみをあげて形声の説明をしなかったことであり、また甲骨全文に基づく解明を施さないことである」という点についても言及している。そのため、これらのことは改訂の時に考慮してほしいと注文しているが、この辞典の特色については、次のように評価している。

「『大漢和辞典』の最大の特色は、その熟語の出典を明記し、その用例として引用する資料が、経・史・

遠人村舎での諸橋博士

子・集や類書にわたって歴史的に掲載され、その語義を示す古来の注釈までも示されていることである」。そして、「熟語の出典や用例の出所の編目名を正確に示していることは、本辞典の最も特色としていることである」と評価し、「語彙の出典や用例の基づく原典資料の出所を正確に示したことは、本辞典の特に誇り得ること」だと指摘している。しかし、そのような辞典を編纂するには、数々の困難が伴った。

　その一つは、すでに紹介したように、原稿作りの段階で編集費が膨大にかかったことであるが、鈴木荘夫の「『大漢和辞典』物語」には、こんな苦労も報告されている。

「もう一つ、大変苦労をしたのが活字問題です。当時、普通の文芸物や出版物で使われている漢字活字は、約八千字ぐらいだったようですが、『大漢和』の場合にはとてもそれだけでは足りません。そこで木版師の方達に字を起こして頂いて、母型を作り、活字を作成しました。組みが始まると、組んだ傍から棒組にして保存できる製版所を設け、全十三巻の組版いわゆるゲラを格納しました。先生がなんどきでも、訂正したいと赤を入れると、すぐに製版所で訂正が出来る態勢を作りました。これは、会社の通り一本隔てたところに父が建物を建て、小林錦美堂という製版会社に専属でやって頂いたのです」

　その頃のことは、昭和八年に大修館書店へ入社した鶴見栄次郎が『回想鈴木一平』に収められた「大先輩鈴木一平のこと」という文章でも次のように伝えている。

「当時大漢和辞典の仕事は半ば進んでいた。組版は錦美堂小林康麿君に任せ、編集は諸橋轍次先生の弟子十四、五人位が、杉並区天沼であったか、諸橋先生命名の「遠人村舎」という編集所に立てこもり編集を進める一方、本社内にも吉井悦郎氏を校正係の長として十四、五人の人々を置き校正を進めていた」

しかし「この事業は、出費一方で当分収入の見込みはない。費用の一切は他の出版物の儲けをつぎこんでいたのであった」と、鶴見は指摘している。彼は、重役の待遇で入社し、主に庶務会計の仕事をしていたので、こうした事情がわかっていたのであろう。さらに、鶴見は「幸い大修館には諏訪徳太郎著最も要領を得たるの地歴の参考書、竹原常太先生の『スタンダード英和辞典』などあり、その他の参考書もなかなかよく売れていたので、あの大事業を成し遂げることが出来たのであろう」と述べているが、『大漢和辞典』の編纂は、大修館書店にとっては、文字通りの大事業であった。

このことは、鈴木一平も『回想鈴木一平』に収められた「大漢和辞典出版後記より」において「思えば、私の生涯は総べてこの大事業に終始し」活字の製造と整版のため「東京神田錦町三丁目二六番地に、建坪六十坪二階建の整版専門の付属工場を特設し、小林康麿君を整版工場長に迎え」たと述べている。この工場では「原版全巻を組置きとし、一旦組版した部分でも、幾度も自由に訂正し得るようにして置こうという方針をたてた。そして全巻を通じて各文字・関係語彙・熟語の相互間に於ける検索上の反照を正確に把握するため、ここに一万五千頁分組置きという、恐らく出版界未曾有の難業を敢て決行することとした」という。

鈴木一平も「大漢和辞典出版後記より」で、辞書には普通の活字が使えないという苦労があったと述べている。「即ち辞書活字は一点一画たりともゆるがせに出来ないばかりでなく、更に使用活字は三号（親文字・篆文用）・五号・九ポ・八ポ・七ポ・六ポとあり、これを満たす為には使用文字は各種ごとに、総べて木版に新しく彫刻する必要に迫られた。当時一流の木版彫刻師数十名を動員してこの難業に取組んだが、数十萬本の数量を彫り上げるのに数年の歳月を要した」。

従来の漢和辞典の編纂に見られぬ工夫

このような難業に取り組まなければならなかったのは、この辞典が原稿作成の段階から、これまでの漢和辞典の編纂に見られぬ工夫をしていたからでもある。これについては、原稿作成にたずさわった大東文化大学教授の原田種成による証言がある。原田は、昭和五十九年二月六日号の『週刊読書人』に「不朽の辞書をめざす諸橋轍次著『大漢和辞典』修訂版全十三巻（大修館書店）の発行」というエッセイを書き『大漢和辞典』の原稿作成がどのように行われたかを伝えている。それによると、『大漢和辞典』は親字の数五万余字、熟語の総数五十万語という世界最大の漢和辞典であるが、「親字の『解字』（漢字の成り立ち）は、後漢の『説文解字』（略称は説文）および清の段玉裁の注（略称は段注）と朱駿声の『説文通訓定声』とを用いて作ったものである」という。

そして「熟語は出来るかぎり多くの語彙の収集に努めた」が、そのために、「一つは、直接に原典から語彙を採集すること。二つには、既刊の辞書を利用する」という二つの方法が採られた。その作業を原田はこう伝えている。「前者には『四書』『五経』などの経書、『史記』『三国志』などの正史、『老子』『荘子』などの諸子、『文選』『紅楼夢』などの文学作品など、何十種類もの書物をそれぞれ分担して原文を読みながら採集すべき語彙を選んで朱線を引き、カードにその語彙と書名、ページ数を記入した。このようにして作成された厖大な量の語彙カードを『大漢和辞典』の排列の元となった『康熙字典《こうきじてん》』の部首・画数の順に分類した。この作業が実に大変なものであった」。

さらに『大漢和辞典』では「原稿作成の大方針として親字も熟語も必ず出典・引用文を捜し出す、それも書名だけではなく篇名や題名を正確に記載する」ことにした。そのため、「和とじで十冊も二十冊もある本を一枚一枚、眼を皿のようにして一行一行捜し求めることが常であり、一日がかりでやっと一語を尋ねあてたということもしばしばであった」という。

このように手間をかけた原稿作成が行われたため、組版の段階でも難業が続いたが、『大漢和辞典』の編纂作業は、昭和十二年頃には全原稿の棒組が完成した。鎌田正監修『諸橋轍次博士の生涯』によれば、棒組は三万八千五百九十一段に及んだが、それで作業が完成を見るということにはならなかった。鎌田正著『大漢和辞典と我が九十年』によると、鎌田は、東京文理科大学を卒業し、大学の助手を経て昭和十三年四月から東京高等師範学校付属中学校の教師になった。その年の暮れ、高師も大学も同級生で、鎌田の後任助手をしていた米山寅太郎（のちに財団法人静嘉堂文庫長）と共に、恩師の諸橋轍次から呼び出しを受けた。二人が諸橋の自宅を訪ねると、諸橋は分厚い校正刷りを机の上に重ねて置き、こう言った。

「自分は生涯の事業として『大漢和辞典』を編纂して来た。もう全部活字に組んで、第一巻は四校も終わり、来春早々にも出版する予定であるが、もしこの内容に誤りがあったら遠慮なく指摘してほしい」

そして、諸橋は第一巻の三十二枚ほどの校正刷りを二人に手渡した。鎌田たちは、真剣になって校正刷りを点検した。すると、資料の読み方や仮名遣いなどについて、疑問の箇所が出てきた。そのことを恐る恐る恩師に報告すると、諸橋は即座に「これは大変だ。出版は延期する」と言った。そして、日を改めてふたたび恩師に呼ばれ、こう言われた。「君等が熱心に見てくれてよかった。原稿には欠点がある。何年かかってもよいから思う存分直してもらいたい」。

そう言われても、鎌田と米山の二人だけでは、その任に耐えられない。二人の先輩である近藤正治と東京高等師範学校教授の小林信明、学習院大学教授の渡辺末吉にも参加してもらい、昭和十四（一九三九）年四月から五人で修正作業を行うことになった。鎌田は『大漢和辞典と我が九十年』で、こう述べている。

「恩師は何年かかってもと言われたが、五人による修正の事業は粛々として進行した。一日少なくとも三、四時間のノルマで月に二回の編集会議が行われた。それぞれの担当の部分、特に語彙の出典や用例の引用文の読解に疑問のあるものについて恩師を中心として論定することが編集会議の主な作業であった」。

予約申込三万人に一万部

その作業は延々と続き、四年後の昭和十八年六月四日に大漢和出版記念会が東京会館で開催され、九月に第一巻が刊行された。記念会の日のことが、諸橋轍次の日記には、次のように記されたと、鎌田の『大漢和辞典と我が九十年』にある。

「朝、風吹きたれど天気よし。けふは予の周甲の日（満六十歳の誕生日）なり。而して『大漢和辞典』の披露会の日なり。午後五時、東京会館において同会を開く。武井厚生次官（群馬師範時代の教え子）司会となり、食前に先ず予の挨拶、次に岡部文部大臣の祝辞、其にて食事となり、食後には市村博士、王満洲国大使、蔡中華民国大使、河原文理大学長、三土枢密顧問官の順に御祝辞あり、学界はじめ二百七十名参集、此にて予も面目を施せるものといふべし、双影を拝す」

鎌田は、日記の紹介に続けて「『双影を拝す。』とは恩師の書斎に掲げられてあるご両親の肖像写真である。恩師はご自身の栄誉にかかわる慶事などがあった場合には、必ずご両親のお写真に拝礼してご報告しているもので、その孝行の心情が伺われる」と書いている。そして、鎌田は「この第一巻が刊行された年の十一月に召集を受けて大陸の戦線に参加し、『大漢和』の修正作業から離れるの余儀なきに至った」と述べ、こんな報告もしている。

「戦局の熾烈なるに従い、出版の用紙も制限され、第一巻発行の際は、予約申し込みは三万部であったが、一万部しか発行できなかった。特記すべきは、その予約申し込みの第一号は、後に自由党の総裁になった緒方竹虎氏であった。流石に文化人である。翌十九年正月に、恩師はこの著述刊行で朝日文化賞を受賞されたが、私は悲しくもそれを蒙疆の平地泉で出戦準備の訓練を受けている最中、現地に送られて来た新聞紙上で知ることができたが、思いを遠く恩師の身の上に馳せて万感無量であった」

『大漢和辞典』は全十二巻・索引一巻で刊行されることになったが、予約申込三万人に対して、一万部しか発行出来ず、「三人に一人位の割合で売り方を決めるしかないと、神田警察署の警察官立会いで抽選をし、販売したという」（鈴木荘夫「『大漢和辞典』物語」）。

荘夫によると、当時は、第一巻を出してから、三カ月か四カ月で次を出せるという状況ではなく、第二巻がもうすぐ出せるかなというのが昭和二十年の初めであった。ところが、その年の二月二十五日、大雪の降った東京に大空襲があり、神田錦町界隈から丸の内界隈は灰塵に帰し、大修館書店も全焼してしまった。

大空襲は、社屋だけでなく、大修館書店に大きな被害を与えた。やっと第一巻が刊行され、第二巻の印刷にかかっていた『大漢和辞典』全十三巻の組置き版と、辞典のために用意した紙が焼失したのである。その様子を鈴木荘夫が「終わりなき残照『海軍兵学校』の戦後」という回想記で、こう記している。

「全十三巻の組置き版はただの鉛の塊になってしまった。地金約二万五千貫の分量である。紙は、戦時中のことですべて配給されたものしか手に入らない貴重なものだったが、昼は白い灰の山に見えながら、夜になると溶鉱炉のようにトロトロと赤い火が見え、一週間ぐらい燃え続けていたように思う。それを見ていたときの父の無念さが胸にしみる思いであった」

荘夫は、既述のように、父のすすめで海軍兵学校へ入学することになっていたが、その出発の直前に、父の無念な表情に対することになったのである。

荘夫は父一平の無念さに想いを寄せたが、一平自身は無念さの反面、焼け跡に立って「清々した」とつぶやいた。一平が「清々した」と思ったのは、戦争の進展によって出版界の企業整備が進められ、大修館書店はある出版社と合併することになり、『大漢和辞典』の第二巻以降は、他の出版社の名前で刊行されようとしていたからだ。その時の気持ちを「大漢和辞典出版後記より」で一平は次のように述べている。「この時私は、諸橋先生に対しては、誠に申しわけない次第であったが、企業整備のため、今後自分の名前で出版発行出来ぬものであるならば、総べて焼き払われて、むしろホットしたと言うか、実は内心清々とした気持になった」。

大修館書店に昭和十一年に入社し、後に、副社長となった川上市郎も『回想鈴木一平』所収の「出版人鈴木一平氏の想い出」という文章で書いている。「社長は私に次のようなことを語った。『これでサッパリした。自分の思うように大漢和辞典が出版出来なければ、焼けてしまった方が良い』と、然し顔はなんとも形容出来ない状態であった。なんとしても大漢和辞典は、自分の手で出版するのだと、社長は私に常日頃語っていた。それが現実に目の前に灰となってしまって、その胸中はどのようであったか、今でも私はそのことばと姿が、強く印象付けられている」。しかし、昭和二十年八月十五日の敗戦を迎えて、大修館書店は他社と合併しなくてもよいことになった。敗戦の時は、鈴木一平は山梨、川上は栃木に疎開しており、二人は「お互い手紙を出し合って、事業の再興を計ることにした」と、川上は書いている。だが二人はなかなか会えず、「お互いに顔を合せこれからの事業再開を話し合ったのは、九月に入ってからであった」という。

こうして、一平と川上は戦後の大修館書店の復興を決意したが、戦災で紙型も保存原本も総てを失っているので、大修館書店から本を刊行した著者を探し出して、初版本を借り受け、写真に撮ってオフセット印刷で刊行したものもある。たとえば、堀英四郎の『正しい英語会話』などがそうである。この本は一平が闇紙を手配して発行し、日本出版配給株式会社（日配）が二万部を販売するという商談も整った。しかし、日配にお礼に行くと言って出かけた一平が先方との見解の食い違いで喧嘩をして、破談となってしまった。結局、川上が見本を持って小売店をまわり、直接注文をとり、数カ月で完売に漕ぎつけた。

自分にもしものことがあっても

こうしたことがあったものの、一平の情勢を見る眼は鋭く、昭和二十年の末には鈴木信太郎にフランス語の辞書出版企画を持ち込み、昭和二十二年には、国定教科書が廃止されて検定教科書になるというので、すぐに行動を起し、その後中学検定教科書の採用では三省堂と二分するほどの成績を収めた。こうした努力で出版を再開した一平は、『大漢和辞典』の刊行にふたたび取り組む。

鈴木一平は、三人の息子たちに自分の仕事を手伝わせることで、自分にもしものことがあっても、仕事が続けられるように対策を講じた。そのため『大漢和辞典』の出版後記で、「将来補筆出版の必要が生じた際には、私の子孫が責任をもって遂行するように申し置いて行く」と述べている。しかし、対策を講じるべきことは、まだあった。それは、『大漢和辞典』が膨大な字数の活字を必要とするため、活版印刷では発行の継続が不可能になるのではないかと予測されたが、活字を製作する職人が少なくなってしまったことである。そこで考えられたのが写真植字による印刷であった。共同印刷の古坂顧問から写真植字機発明者の石井茂吉が健在であるという朗報がもたらされたのである。石井の写植文字は石井文字と言われ、これを使えば、活字のように同じ文字を大きいものから小さいものまで何種類も揃えなくても、文字盤が一つあれば、いろいろな大きさの文字を作ることが出来る。そこで、川上市郎が石井にぜひ『大漢和辞典』のために協力してほしいと交渉に出かけた。その時のことが、荘夫の「『大漢和辞典』物語」で次のように語られている。

「石井さんは『これは正に国家的大事業だし、自分の石井文字が永久に残るのだから是非やりたい』という意志を持たれたようです。しかし、石井さんは父よりも年上で五万字以上に及ぶ膨大な文字を精魂込めて書いたら、お父さんの寿命が縮まると、奥様を始めご家族が反対。川上さんは一年余り通って、やっとイエスと言って頂きました」。実は石井の説得には、諸橋轍次もあたっており、そのことが、『諸橋轍次博士の生涯』で、「最後は、博士も赴いて辞典の内容を説明して窮状を訴えた結果、自分一代の仕事として引き受けることを応諾された。時に昭和二十七年十月のことだった」と書かれている。そして、同書はこう続ける。

石井茂吉の原字作成の様子

「石井社長が写真植字に用いる原字を作成するにしても、字形が問題となった。つまり、字形が一定していないものが多いので、静嘉堂の殿版（清の宮室の武英殿から出版された書物）『康熙字典』の字形に従うことにした。

それにしても、この原字五万字の作成には以後七年を費やしたといわれるが、もしこの石井社長の協力がなければ『大漢和辞典』は世に出なかったと想像される。石井社長は『大漢和』完成後、程なくして世を去られたが、博士は、『終生、忘れることのできない恩人である』

として、その恩義を忘れられなかったという」

さらに『大漢和辞典』の編纂においては、もう一人恩人がいる。上智大学の学長をしたことのある土橋《つちはし》八千太《やちた》である。中国語に堪能な土橋を漢学者の井上巽軒《そんけん》が紹介して、『大漢和辞典』収録の文字全般にわたって字音を修正してくれたのである。そして、十年来、殆ど失明状態にあった諸橋の眼が昭和三十年五月、手術で回復し、校正の仕事が可能となった。しかし、また新たな問題が生じた。そのことを、鈴木荘夫が「『大漢和辞典』物語」で語っている。

「編集の方は先生のお宅でどんどん進み、会社は原稿が出来上がる傍から写真植字で組んでいき、会社の中にも写真植字部を作り、若いオペレーターも養成しながら仕事を進めました。しかし、なにぶんにも問題は資金です」

なぜ、資金が問題になったのかということについて、荘夫は戦後の出版をとりまく事情とからませながら、こう語っている。

「戦後は検定教科書も中学・高校と手がけました。それ以外に、単行本等も多数発行しました。しかし戦後の出版は、戦前のように沢山の利益が出る仕事ではありません。私は経理担当でしたが、税務署の攻勢が凄まじく『写植の組版費は実物が出るまで全部繰り延べ資産だ』『経費で落とすことはまかりならん』と言うのです。こうなると、とてもじゃないがこの事業を進めることはできないと思いました」。そのため、費用のかかる『大漢和辞典』を発行するための資金をどのようにして調達するかが課題となったのだが、その解決は次のように行われたと、荘夫は語っている。

「そんな時、次兄の連れ合いの父上――大蔵省出身で、戦争中に朝鮮の財務局長までやった水田直昌さんが『これだけの事業をやるのに、国が杓子定規で税務上の取り扱いをするのはもっての外だ。本来なら国家がやって然るべき事業を一民間人がやっているのだ。脱税行為とは違うのだから特別の扱いをしてやってくれ』と、大蔵省や国税庁など役所関係を奔走して下さいました。おかげさまで百パーセントとはいきませんが、仕事を続けられるような税務上の取り扱いを例外的にして頂くことが出来ました」

これによって、紙、印刷などの支払いが可能になったが、仕事が進むにつれて税務上の例外的取り扱いだけでは、カバーできなくなった。そこで水田の紹介で、昭和二十四年に出来たばかりの中小企業育成を主目的とする東京都民銀行の頭取に一平と荘夫が会い、二十九年の暮れから取引を始めることになった。こうして、『大漢和辞典』を発行するための財政的なメドがつき、昭和三十年十一月三日の文化の日に『大漢和辞典』の第一巻を出すことが出来たのである。

判型はＢ５判で頁数は千百十頁、定価は上製本が五千円、特製本が六千円であった。この辞典については、平凡社の『世界大百科事典』と『平凡社大百科事典』が項目としてとりあげ、どちらも魚返善雄が執筆しているが、昭和四十七年刊行の『世界大百科事典』の項目では、著者の諸橋は、まだ存命の人として記述されている。どちらの項目も、後半は著者が過労のため視力をそこなったことと、著者の助手となった人が約九十人、出版に関係した延べ人員は二十五万八千人にのぼったことや諸橋が本辞典をはじめとする漢文学研究の業績により昭和四十年に文化勲章を受章したことなどが記述されている。

戦後に発行した教科書（一部）

昭和三十五年に全巻出版記念祝賀会

ひとつの辞典が百科事典の項目になるということは、『大漢和辞典』が、いかに優れた辞典であったかを示しているが、第一巻が刊行されると、以後の巻は続刊され、昭和三十五（一九六〇）年五月までの五年間で、全十三巻を完全に刊行した。そして、全巻刊行出版記念祝賀会が同年五月二十五日午後五時半から東京会館で開催された。鎌田正著『大漢和辞典と我が九十年』には、祝賀会の様子が紹介されているが、会の司会は鎌田が務めた。

各界の超一流が出席し、総勢二百三十余名という盛会であった。劈頭、諸橋は鈴木一平と正式の契約をして以後の三十三年間のことを振り返ったうえで、こう述べた。

「辞典の完刊を見ました瞬間は、いかにも重い荷物をおろしたというような、ラクラクした感じが致しましたが、また自分がいかにも仕合せな人間であり、自分に不相応な幸福を与えられておるということを考えまして、只今、今夕においては、ただ人の情けと世の有難さとに感謝の一念に燃えておるのでありますす」

さらに諸橋は「仕合せと思いますのは、出版社の鈴木君を得たことであります」と語ったが、「六十年来の心友であり、且つこの仕事のため半生の心血を尽くして下さった近藤正治君が昨秋他界し、この席に居られないのは何としても堪え難い傷心の事であります」と、完成前に心友を失った悲しみについても語った。そして「まことに長い間、皆様のご同情、ご鞭撻に対しまして、ここに心から御礼を申し上げまして、ごあいさつに代えたいと存じます」と結んだ。続いて、鈴木一平が立ち上がった。一平は、自分の気持ちを次のように述べた。

「私の気持ちは、長い長い夢が実現したという喜びでいっぱいであります。顧みますと、諸橋先生が雑司谷の旧宅にお住まいのころ、はじめは一冊物としてお願い致し、進行の途中、大冊になることを聞かされました。しかし、私は出版人としてお願い致しました以上、絶対に内容本位のいいもの、後世に残るものをお願いしたのでありますから、たとえ何冊になりますとも厭いませんでした。はじめは二、三冊、四年ほど経ちますと、とても二、三冊ではいかん、四、五冊になるというようなお話でございまして、どうも先ゆきはっきりした見通しはないんで、思い通りにやらなければいいものができないというお話でございました。私はそこで決心致しました」

そう言って、一平は言葉を続けた。

「お願い致しましたのは私でございます。先生にご無理をお願いした。先生が長らくの間辞書の必要性を感じられ、しかも私に一年三カ月にわたってお会いしてくださった。その結果、やろう、やってやろうというお心持ちに対し、それを初めの小冊で終るということは、これは到底できない、そういうものであるならば、先生の思い通りにやっていただきたい。私の働きました収入の余りは——現在もまだ働いておりますけれども、全部打ち込むという気持で先生にお願い致しました」

祝賀会で挨拶する鈴木一平

その当時、一平は一日中働いていたため、雨の日以外は日中に諸橋を訪ねることが出来ず、「進行の途中において、月に二、三回お伺いしました」と述べ、「この仕事が完成されましたことについては、先生と私との結びつき、俗に縁と申しますか、これは目に見えない、その当時予想もしない先生と私とのつながりが、全く正しいものにあると同時に、俗に性があったとでも申すんではないかと思います」と、一平は語った。

高く評価された『大漢和辞典』

また、来賓の祝辞もあり、京都大学教授の吉川幸次郎は、『説文解字注』を著わした中国の段玉裁（一七三五〜一八一五）が六十歳前後から原稿を書きはじめ、完成したのが七十三歳であったことにふれ、諸橋が『大漢和辞典』の編纂を決意したのが五十歳を過ぎてからであったと、二人の学者の共通性について語った。

そして、二人の著わした書物はそれぞれの時代における第一の著述である点は似ているが、三つの違いがあると述べた。第一は、段玉裁がよい助手を得ることが困難であったのに対し、諸橋が沢山のよい協力者を得たこと、第二は段玉裁が時代にめぐまれ出版にあまり苦労をしなかったのに対し、諸橋が鈴木の努力により歴史の上での未曾有の困難を切り抜けて出版したこと、第三は諸橋の辞典が刊行されたときから盛んに利用されたのに対し、段玉裁の『説文解字注』は名著であるのにかかわらず、刊行当時は読んだ者は一人くらいしかいなかったと思われることなどである。

そのような違いはあるが、段玉裁も諸橋も長命という共通性を持っていると吉川は語り、学問をする者は長生きしなければならないと強調した。

昭和三十五年五月二十五日に全巻刊行記念祝賀会が行なわれた『大漢和辞典』は、鎌田正著『大漢和辞典と我が九十年』によると、内外で高く評価された。たとえば、東洋言語学者でノーベル賞選考委員であったスウェーデンのカールグレン博士が、日本の知人に寄せた書翰で、『大漢和辞典』を絶賛し、優にノーベル賞に価するも、その選考部門がないことを惜しむと言った。そして、彼はこれを凌駕する辞典の出現は今後、四、五十年先であると予言した。その予言通り、中国で一九八六年から九三年にかけて、『漢語大詞典』がやっと編纂された。

このように高く評価された『大漢和辞典』だが、計画していたよりも注文数が少ないという厳しい現実にも直面した。そのことを、鈴木荘夫が「『大漢和辞典』物語」で語っている。「……計画としては一万セットを考えていましたが、実際は九千強ぐらいの数字で、残念ながら若干それに達しません。戦前の費用はもちろん、戦後の費用だけでも九千セット余りでは償却出来ません。三十五年完結以降、完結セット・セール等を含めてもそのような成績で、会社の経営は大変苦しい状況が続きました」。

そこで「その後当時の住宅事情から、A5判に縮めた縮写版を、昭和四十一年から四十三年にかけて発行しました。翌年の四十四年、日販さんからお申し出があり、幸い図書月販（ほるぷ）さんのルートに乗せることが出来ました。これで、一般書店さんと図書月販さんとの合計で、八万五、六千セットを昭和五十七、八年頃までに販売することが出来たのです」。

そして、戦後、中国で次々と遺跡が発掘され、『大漢和辞典』に書いてあるよりも古い原典が出てきたため、諸橋と弟子たちが訂正原稿を作成し、それをまとめて昭和五十九年から六十一年にかけてA4判の修訂版を刊行し、約四万セットが売れた。

修訂版が刊行された時の社長は、鈴木一平の長男である敏夫であったが、修訂版は第一巻の発刊を記念して漢字のふるさとである中国に寄贈された。贈呈式は中国大使館で行われたが、その時、敏夫は宋之光駐日大使と約一時間ほど懇談し、次のように語った。「貴国を訪問した際、各大学で『大漢和辞典』を見ました。手あかでまっ黒になるほど使い込まれていたのに感激しました。日中友好の一助にでもなれば幸

左から鎌田正、米山寅太郎、鈴木荘夫
『修訂版』完成記念記者発表会にて

いです」。

　この挨拶は、『追憶鈴木敏夫』（大修館書店刊）という追悼集の中で、同書刊行時、取締役販売部長であった中村忍次が記録にとどめている。それによると、大使は非常に感動し、二人の会話はいつ終わるともなく続いた。大使は、修訂版に推薦文も寄せてくれたが、贈呈式のことは、昭和五十九年六月五日付の毎日新聞「ひとびとの交差点」で「漢字の国に辞典」と題して紹介された。

　そして修訂版は、新字と現代仮名遣いによる『大漢和辞典』の語彙索引が出来た時、Ａ４判をＢ５判に戻して索引と合わせ全十四巻のセットとし、毎年、三百セット位を販売したが、索引だけでも万を超す売行きとなった。

　『大漢和辞典』完結後の編纂作業を、第三期事業として詳細を伝えているのは、鎌田正の『大漢和辞典と我が九十年』である。第三期とは、昭和三十五年六月から六十一年四月にかけての二十六カ年である。ちなみに、諸橋轍次は、第一期は昭和の初頭から終戦まで、第二期は昭和二十一年から三十五年までとし、さらに、鎌田は六十一年から平成十二年四月までを第四期としている。

　鎌田は、第三期には『大漢和辞典』の縮刷版と修訂版以外に『新漢和辞典』と『広漢和辞典』も刊行されていると述べている。『大漢和辞典』が完結した時点で、諸橋と鈴木一平の間で、社会の各方面からの要望に応えうる漢和辞典を系統的に整備しようという合意があった。中漢和辞典と小漢和辞典を刊行することになり、まずは小辞典ということで『新漢和辞典』が昭和三十八年に刊行された。これは数次の改訂を経て、『大修館新漢和辞典』となった。この辞典は中学・高校生の学習や一般社会人の言語生活を対象として編纂されたが、次いで一般人に利用し易いように『大漢和辞典』を精選要約し、現代的に改めるという目的で編纂されたのが、中漢和の『広漢和辞典』であった。二十年の歳月を経て、五十六年十一月から五十七年十月にかけて、上・中・下巻に索引一巻を加えて刊行された。

この辞典は、『大漢和辞典』を基礎としながら、独自の工夫をこらしている。たとえば、親文字は『大漢和辞典』が約五万字であるのに対し、これを精選すると共に、新たに国字・異体字・中国の簡化文字を加えて約二万一千字を収録、親文字の音義を説くに当って韻書として今日の音韻研究の趨勢に沿って『広韻』を基本とした。親文字の字義欄には『説文解字』の全文を一括して引用し、解字欄では『大漢和』同様、『説文解字』所載の篆文《てんぶん》・古文・籀文《ちゅうぶん》を掲げ、新たに甲骨文・金石文の形を示して字形の変遷をたどり、上古音・中古音・近世音・現代音を掲げて音韻の変化を明らかにした。

中国に『修訂版』を寄贈する鈴木敏夫(中)

また文字の成立については、『説文解字』の六書の分類により象形・指事・会意・形声の別を記して説明し、形・音・義の上から同系統と見られる文字のグループを語家族としてまとめ、共通する基本的意味を抽出して語源的解釈を行なった。熟語として収録した十二万語は『大漢和辞典』の約四分の一だが、新たに『懐風藻』『凌雲集』『文華秀麗集』他の王朝時代の漢詩文の語彙を調査して『大漢和辞典』にもれた語彙の採録に努め、従来の漢和辞典になかった句読点・返り点・送りがなを施し、難解な文字には読みがなを付した。親文字・熟語見出しの字体ならびに音訓等の表記は当用漢字と現代かなづかいを本体とし、親文字の検出は部首分類以外に親文字を構成する他の部分からでも引けるようにした。索引は様々な角度からの検出の便を図り、熟語は全巻十二万語の五十音順索引を設けた。

このような工夫を行った『広漢和辞典』の編纂中に鎌田正たちは『大漢和辞典』について、驚くべきことを発見した。

『大漢和辞典』における語彙の出典や用例としている引用文に脱字や誤字が多かったことである。そこで、『広漢和』では『大漢和辞典』から引用する漢文は必ず原典と照合して正確を期することにしたが、そのため編纂に多くの年月を要することになった。それは後に行われる『大漢和辞典』の修訂版の事業に大いに役立つことになる。

全巻にわたる修訂の作業

その前に縮写版が発行された。鎌田の『大漢和辞典と我が九十年』によると、縮写版は諸橋轍次が昭和四十年十一月三日に『大漢和辞典』の編纂と儒教研究の貢献で文化勲章を受章したのを記念して企画された。その際、諸橋は弟子である鎌田と米山寅太郎に委嘱して『大漢和辞典』の全巻について、気のついた誤植を直すと共に、親文字全般にわたって韻書等の誤りを訂正することにした。韻書については『大漢和辞典』が『康熙字典』に従ったためか、『集韻』などの原典に照合すると、誤りや脱落の文字が多く、それらを修正するのにおよそ四年の歳月を費やした。

縮写版は昭和四十三年に全十三巻が完結し、セット販売を行ったが、これについて『大修館書店90年1918―2008』が「月賦販売ルートの使用によって新しい読者層を広げ、まずまずの成績をおさめ、旧債も減少し会社の内容もようやく健全となった」と記述している。また諸橋は縮写版の後記で、鎌田と米山に訂正を委嘱したのは「縮写版である限り、原型そのままでよい筈だが、折角作るとせば、せめて誤字誤植は訂正したいと考へた。そのために全巻を通読してみると、外にも明瞭に誤謬であると気のついた点もある。大補正は勿論出来ないとしても、それと知りながらそのままにしておくことは、著者としての良心が之を許さない」からだと書いている。

しかし、諸橋は『広漢和』の編纂中に発見された『大漢和辞典』における漢籍からの引用文の不備を聞くと、全巻にわたる修訂の本格的作業を考えた。そこで大修館書店はOED（Oxford English Dictionary）の研究所を二度にわたって訪問し、同辞典の修正作業の実態を調査した。その際、研究所の所長から『大漢和辞典』のような大辞典の修訂には、研究所を作るべきであるというアドバイスを受けた。

その結果、昭和四十九（一九七四）年四月に「東洋学術研究所」が設立され、東京教育大学教授を定年退官した鎌田が所長に就任し、米山も協力して修訂版の編纂作業が進められた。全巻にわたる修訂用の原簿ともいうべき台帳を作製することから始め、各語彙に掲げられている出典・用例の一つずつをカードに貼付した。その作業は鎌田が東京教育大学を退官後、奉職した東京成徳短期大学の学生二十余名に依頼したが、カードは六十万余の多数にのぼった。そのカードによって、信頼できる篤学の士二十数名が綿密な再調査を行ったのである。容易に求めがたい原典も少なくなく、学術研究上利用度が高く求めやすい典籍を主とすることになり、その結果、カード数三十万余の作成が四年有余で完了した。しかし、その寸前、さらに鎌田の心胆を寒からしめるような事件が起きた。

そのことが、鎌田の『大漢和辞典と我が九十年』に書かれている。「深夜二時過ぎであったろうか、研究所が入っているビルが火災で炎上中との連絡を受けた。直ちに隣家に住む長男の車で現場に急行した。ビルのまわりは警察官によってロープがはられ立ち入り禁止、数台の消防車がビルの最上階に向かって消火作業の真最中であった。警官に入居者だからといってビルに入ろうとしたが制止されてしまい、路上で鎮火を待つしかなかった。たとえカードが焼失しなくても、消火活動によって水浸しとなり判読出来なくなったら一大事である。ひたすらカードの無事を祈るのみであった」。

鎌田は警官の許可が出ると、滝のように水が流れ落ちてくる階段を昇り、二階の研究所のドアを開けた。天井からは消防車が放水した水が洪水のように降り注ぎ、床面も水浸しになっていた。しかし、幸いなことにスチールのキャビネットに収納されていたカードは無事だった。そのことを確認できたのは、夜もしらじらと明ける頃であったが、鎌田は「今思い起こしても背筋が寒くなるような一夜であった」と書いている。

出典箇所の調査に莫大な時間

修訂作業で莫大な時間を費やしたのは、出典箇所の調査であった。原典調査の協力者だけでなく、鎌田と米山も苦労の連続であったと、鎌田は回想している。たとえば、『大漢和辞典』第九巻五百七十九頁四段の「苦行」の出典として「〔資治通鑑、唐紀〕衣食居處、一如苦行沙門」とあるが、調査した人から「唐紀」にはないという指摘があり、早速調査にかかった。確かに「唐紀」には見えない。『通鑑』の全文に当ることになった。しかし、『通鑑』は全部で二九四巻。第一巻の「周紀」威烈王二十三年から開始したが、その語句は容易に出てこない。引用文中の「衣」か「一」を含む箇所を丹念に調査し、第一日目が終了。第二日目に百六十巻目の「梁紀」に入ったが、まだ見えない。が、『通鑑』が出典ではないのかと疑った瞬間、第百六十四巻の梁の簡文帝の大寶二年、五月の条に、その語句があった。これで「唐紀」を「梁紀」に改め、「簡文帝、大寶二年」を加えてこの項の修訂作業は完了した。

『大漢和辞典』の修訂作業について、鎌田正は『大漢和辞典と我が九十年』で、「まさしく難行苦行の辛酸であった」と書き、これまで性急な性格を自認していたが、「こうした作業の訓練で大いに辛抱忍耐心を養ったことは事実である」と述べている。鎌田によると、修訂作業で調査したカードの概数は次の通りであった。

（1）四書・五経類……三万四千五百枚
（2）史書類（史記・漢書など）……八万三千二百枚
（3）諸子類（荀子・韓非子・老荘など）……四万七千三百枚
（4）詩文類（楚辞・文選など）……八万五千三百枚
（5）その他（類書など）……五万七千三百枚

こうした作業を経て、修訂版の刊行が迫った昭和五十七（一九八二）年十一月初旬、鎌田は茗渓会の事務局長と共に恩師の諸橋轍次を訪ねた。この年十月三十日に行われた東京文理科大学の同窓会の創立百周年記念祝賀会で、会員に配った扇子に諸橋が揮毫をしてくれたことに対するお礼を述べるためだった。

鎌田正監修『諸橋轍次博士の生涯』によると、前年七月、鎌田が茗渓会の理事会の要請で揮毫を諸橋に依頼した時は、諸橋が腎盂炎のため入院治療の退院直後だったので、一度は断わられた。しかし、理事会から「博士の書を頂けないのなら、鎌田自身所蔵の博士の揮毫でもよい」とまで懇望され、鎌田は再度、諸橋の自宅へ伺った。すると、意外なことに諸橋は「母校には八十年近くも大変お世話になった。百周年の記念祝賀に百歳の私が何か書くのも意義あることかも知れない」と言って快諾してくれた。揮毫した文字は「穆如清風」（穆《ぼく》として清風の如し）という墨痕淋璃たる四文字であった。

諸橋が揮毫した文字には解説も付けられていたが、それによると、この文字は「詩経」の中の詩の一句

晩年の諸橋博士と絶筆「穆如清風」

で、作者は周の宣王につかえた名臣である尹吉甫《いんきつほ》である。この一句の意味について、諸橋は「穆は和なりとも、また深遠なりとも解しているが、要するに人柄にしても事業にしても、人目につかないが自然に深く影響を他に及ぼすさまである」と解説している。

この揮毫と解説は、諸橋の絶筆となった。諸橋は、精魂を傾けて揮毫を行って後の一週間は休まざるを得なくなり、この十一月の訪問時もベッドに休んでいた。

その時、鎌田は『茗渓百年史』に「百歳を迎えられた諸橋轍次先生」と題して書いた一文を諸橋に読んでほしいと言われ、要望に応えると、諸橋は満足そうに聞き、やがて眠った。そこで鎌田たちが辞去しようとすると、諸橋は細い腕を差し伸べて鎌田の手を握り、「万事よろしくお願いするよ」と言った。

数え歳百歳の天寿を全うする

鎌田はその時の様子を自著に書き、「これが五十年余に亘って師事してきた先生との最後の別れになろうとは露思わぬことであった。とても忘れることのできない思い出である」と述べている。その諸橋が数え百歳の天寿を全うして他界したのは、昭和五十七年十二月八日のことであった。

葬儀は、十二月二十五日、青山斎場で行われた。葬儀委員長は鎌田正が努め、鎌田は「先生のご依嘱されました事業は必ず実行いたしますから、どうぞ安らかにお眠りください」と諸橋の遺影に誓った。

諸橋は修訂版について「せめて一巻だけでも見たいものだ」と言っていたが、ついに見ることなくして他界した。「その無念さに、茫然自失、為すところを知らなかった私たちであったが、かくてはならじと修訂版の完成に努力した」と、鎌田は『大漢和辞典と我が九十年』に書いている。そして「翌々年の四月、その第一巻を刊行して恩師の霊前に捧げ、続いて順調に刊行を進め、恩師の依嘱通り、昭和六十一年四月に全巻の修訂を完了した」が、「思えば、修訂の本格的作業に着手してから十数年にして全巻の修訂が完了し、ここに第三期の事業は幕を閉じたのである」と感慨深く、恩師への約束を果たした喜びを告白している。そのうえで、さらに鎌田は、修訂が完了したのは、「ひとえに左記の協力者の献身的努力」があったからだと資料調査協力者として二十五名、編集校正等の協力者として四名の名前を記載している。

『大漢和辞典』は縮写版の刊行を経て、修訂版も完成したのであるが、ここに至るまでの過程で、この辞典の編纂は社会的にもさまざまな評価を得た。まず、諸橋轍次は昭和十九年、六十二歳の時、朝日新聞社から昭和十八年度朝日文化賞を授与され、三十年十一月には『大漢和辞典』の原稿完成により紫綬褒章を授けられた。そして、四十年十一月、八十三歳の時、文化勲章を授与され、五十一年十一月、九十四歳の時、勲一等に叙し、瑞宝章を授けられた。

また発行元である大修館書店の初代社長である鈴木一平は昭和三十二年三月、六十九歳の時、この辞典出版の苦心が認められ、菊池寛賞を受賞した。そして四十一年十一月には永年にわたる辞典出版の功績により勲四等瑞宝章を授与された。

しかし、一平は四十六年八月二十九日午前二時三十分、神奈川県三浦郡葉山町堀の内の自宅で脳出血のため死去した。享年八十三であった。そして、修訂版の完成時に大修館書店会長だった鈴木敏夫は、六十二年四月十七日午前四時三十四分、東京都新宿区河田町の東京女子医科大学付属病院で心不全のため亡くなった。享年六十一。

敏夫は四十七年十一月、四十六歳の時、取締役社長に就任し、四十九歳で代表取締役となり、六十一年十一月に代表取締役会長となった。同時に鈴木荘夫が代表取締役社長となったが、荘夫が社長となる前の三月十三日、鎌田正、米山寅太郎などの共編者と荘夫らが出席して『大漢和辞典修訂版』完成記念記者発表会が開かれた。

そして、『大漢和辞典』の編纂は、第四期事業として、さらに平成十二年四月までのおよそ十四カ年にわたって語彙索引と補巻の編纂が引き続いて行われていく。

『大漢和辞典』の第四期事業として語彙索引と補巻が編纂されることになったのは、収録されている語彙にもかかわらず「収録されていないのではないか」という口授が寄せられるようになったからである。そのことを、鎌田正が『大漢和辞典語彙索引』の序文で書いている。

「その苦情の因って起こる原因は、本辞典の語彙の字体が旧字体であり、その読みが旧仮名遣いを用いており、その読みに従って語彙が排列されていること、さらには語彙の排列が二字の語彙に関連のない三字以上の語彙や句は、二字の語彙の終わりに掲載しているという事情によることが判明した」。では、なぜそのような語彙の排列をしたのか。鎌田によると「実を申せば、戦後、本辞典の原稿整理修正の途上、当時新しく定められた当用漢字の制定により、漢字の字体と読みの表記に一大変革があったので、本辞典もその規定に従って訂正すべきか否かについて慎重に検討したが、既定の原稿をそれに従って改めることには幾多の困難があった。元来、本辞典の親字や語彙には番号がつけられており、その番号を用いて彼此参照するという組織になっているので、それを全面的に改めることは容易なことでなく、同時にまた正確な旧字体・歴史的仮名遣いを示しておくことも、他日大きな意義を持つことになるであろうという見解のもとに、新しい規定には従わないことに決定した」。それでも、旧字体や旧仮名遣いに習熟している人は、この辞典の利用に不便を感じなかった。

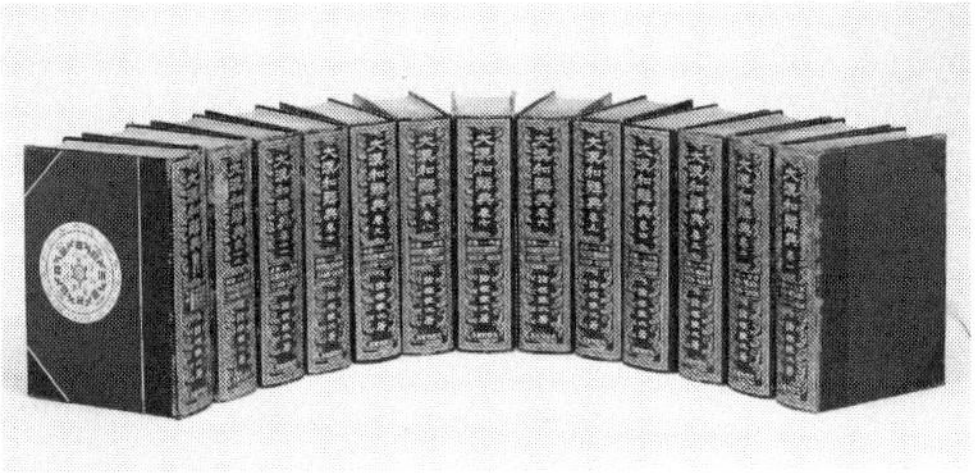

索引を含む『大漢和辞典』全巻の初版

ところが、当用漢字が実施されて四十年余も経つと、旧字体・旧仮名遣いに習熟している人でも、新旧の字体や仮名遣いの相違がわかりづらくなってきた。ましてや戦後の新しい教育を受けた人にとっては、旧字体・旧仮名遣いは古典的なものとなってしまった。「この難問をいかにして解決すべきや。これが修訂版完成後に起こった新しい問題である」と、鎌田は書き、さらにこう述べている。

「そこでこれについて検討熟慮した結果、本辞典の語彙を新字体・現代仮名遣いで五十音順に排列する索引を作成すれば、上記一切の問題は解決されるという結論に到達し、昭和六十三年二月から二カ年の日子を費やして完成したのが本索引である」。しかし、索引の編纂という作業は容易ではない。全十二巻一万三千七百余頁に及ぶ『大漢和辞典』の語彙はあまりにも膨大なので、「原則として出典を示さない和語や中国語などは省略したが、語彙を一般・人名・地名・書名に分類し、その読みのすべてを新方式に書き改め、音訓の相違を片仮名と平仮名に区別し、旧字体を新字体に改めるには、まさに物理的に莫大な労力をかけざるを得なかった」と、鎌田は書いている。そして、鎌田は全巻の語彙を数回にわたって丹念に読み、一語ずつに手を加え、写研の電算写植機を活用して全語彙を五十音順に排列した。これは鎌田にとって、「最も難事業」だったという。

創業七十周年に普及版刊行

『大漢和辞典』の第四期事業として行われた『語彙索引』の編纂が完了した時、大修館書店は創業七十周年を迎え、これを記念して『大漢和辞典』の普及版も刊行された。そのため、鎌田正は、『語彙索引』の序文に「……これを機に本索引を刊行できたことは、この上もないよろこびである。この索引によって『大漢和辞典』の持つ難点が除かれ、その利用が容易になるならば、これこそ『大漢和辞典』をして普及ならしめる一助ということができるであろう」と書いた。鎌田が予想したとおり、『大漢和辞典』が使いやすくなったと好評を博し、平成二年十一月三日には「物集《もずめ》索引賞」が授与された。そして、この索引は、『大漢和辞典』の検索に多大の便宜を与えたばかりでなく、『大漢和辞典』の第四期事業の一つとなった『補巻』の編纂にも貢献したが、鎌田は、「誇張するならば、この索引がなかったとすれば、『補巻』の事業は完成しなかったかも知れない。図らざる所に図らざる貢献が偶発するに驚かざるを得ないものである」と、『大漢和辞典と我が九十年』に書いている。

鎌田によると、諸橋轍次が『補巻』の編纂を第四期事業として鎌田たちに依嘱したのは、修訂作業中のことだった。その経緯は、諸橋が執筆した「大漢和辞典修訂の序」に明記されている。その序文は、鎌田の著作に引用されているが、諸橋はこう述べている。「(前略)翻って思えば語辞は煙海の如く広く、時世の転変は走馬燈に似て迅い。辞典の生命をして普及ならしめるためには、その修訂増補は幾度か繰り返されねばならぬ。そこで私は昭和六十一年を一応の纏りとして第三期の事業を終え、更に第四期の作業として本辞典の不備を補う増補を計画した。しかし私はすでに頽齢、固よりその任に堪えぬことである。とすれば第三期事業以下については、私に代わる人を他に求めねばならぬ。結局、その学、その能、その年齢、就中その人柄の上から鎌田正・米山寅太郎の両君に従来に引き続きご苦労を願う以外に道なしと考え、幾多の支障の有ることは承知の上で、情を尽くして両君に懇願した。然るところ旧誼を重んずる教訓は、我が志の存する所を察して快く承諾してくれた。うれしい。かくて拙著を永遠のものとなし、漢字文化の闡明に由って人類の幸福に裨補せんとする素願は、茲その礎石を得たのである。後顧の憂いはない。(後略)」

時に昭和五十三年六月四日、諸橋が九十五歳の誕生日のことであった。鎌田は諸橋が晩年に好んで読んだ漢籍に詩集が多く、それらを読んでいるうちに、『大漢和辞典』に採録されていない語彙の多いことに気づいたことが要因ではないかと推測している。諸橋は『大漢和辞典』に詩文類の言葉が不足していることを痛感し、そのことに留意してほしいと、鎌田と米山に要請した。

鎌田の『大漢和辞典と我が九十年』によると、『大漢和辞典』に『補巻』として、八百余字の親文字を増補した。これは、少ないように思えるが、実用の面から考慮して、異字体を採録しなかったからである。語彙数が五十二万語といわれる『大漢和辞典』であるが、『補巻』編集においていかなる語彙をいかなる典籍から収録するかが、最も考慮したことであった。そこで「中国語や白話文体の戯曲小説類は省き、わが国の言語文化に影響を及ぼした文言体の漢籍で訓読できるものを主たる対象として、その中から語彙を選集することに決定した」と鎌田は書いている。そして、選出した語彙には、句読点、返り点をつけて解釈を施した。その作業には、各種の注釈本や和刻本及び中国で刊行された『漢和大詞典』などの資料と典籍を活用した。

鎌田たちが留意したのは『大漢和辞典』に史書・詩文からの語彙が少ないと言われたので、これらの典籍からの語彙をできる限り多く採録することであった。史書については『晋書』以下、特に『新唐書』において増補すべきものが多かったが、史書よりも、さらに詩文類からの語彙採録に努力し、『楚辞後語』『文選』から多くの語彙を増補した。詩文類で採録に努めたものは、まず漢魏六朝時代の作品であったが、最も多く採ったものは、唐宋時代の作品である。

また日本漢詩文の語彙も多く採録したが、重視したのは、五山文学関係の語彙であった。そして、漢詩の最も盛行した江戸時代の作品についても採録した。さらに漢代から明末に至る詩文家で、従来の人名事典や辞書類に掲載されていない作者名を数多く採録したことも特色の一つである。その結果、採録された語彙は三万三千余語に達したが、鎌田によると、語彙の出典や用例は原典を忠実に引用し、語義の理解に資するため、従来の辞書に比して長文の引用文をつけた。

補巻完成までに前後十四年間

『大漢和辞典』が旧字体・旧仮名を用いているのに対し『補巻』の字体は新字体を（）内に示し、仮名遣いは新仮名を用いて旧仮名を（）の中に示して、現代的表記を用い、『増補語彙索引』を付けて語彙の検索を容易にするという工夫も行った。これらの作業を終えて、鎌田は次のような感懐を述べている。

「この作業を終えて結論的なことを言えば、親文字及び語彙の採録については十全を尽くしたとは言い難く、特に語彙は更に視野を替えて広く他の典籍に当たれば、恐らく無限ともいうべき語彙が存するであろう。しかし荘周も警告しているごとく、限りある生命をもって限りなき知識を求めることは無謀不可能であろう。今後もし更に追求増補するとせば、一般語彙はこの程度に止め、特殊な分野でそれを専門にする研究者によって、その特殊語彙の探索の行われることが望まれるであろう」(『大漢和辞典と我が九十年』)。

鎌田正に「限りある生命をもって限りなき知識を求めることは無謀不可能であろう」とまで言わせた『大漢和辞典』だが『補巻』が完成するまでには、前後十四カ年の歳月を要した。その間には、サイドワークとして『漢語林』『故事成語名言大辞典』『大漢和辞典語彙索引』『大漢語林』『漢文名言辞典』などの編纂も行い、『補巻』は二十名に及ぶ執筆協力者を得て、完成することができた。

二十名の協力者は、鎌田の同門学友である市木武雄を除きすべて鎌田の門弟で、鎌田の恩師・諸橋轍次の孫弟子たちであった。「それぞれ多忙であるに拘わらず快く執筆してくれたことは感謝措く能わざるものがある」と鎌田は『大漢和辞典と我が九十年』に書き、二十名の名前を列記している。その中には静嘉堂文庫次長の土屋泰男のように急逝した人もおり、「事業半ばにして他界されたことは、人生無常とはいうものの、惜しみても余りあることであった」と書いている。そして『補巻』が完成した当時の大修館書店社長であった鈴木荘夫への感謝も次のように述べている。

「そもそも『大漢和辞典』は、鈴木一平初代社長が社運を賭し、あらゆる困難を克服して達成した大事業であるが、父の辛酸を見るに忍びずとして、長男・次男・三男がそれぞれの前途を放棄断念して入社し、父を援助したことは世上見ることのできないことであった」。さらに、『中庸』にある高師の「武王・周公は其れ達孝なるかな。夫れ孝とは、善く人の志を継ぎ、善く人の事を述ぶる者なり」という言葉を引いて、「鈴木家の三兄弟こそは、まさしく孝道の至れるものというべきであろう」と評価した。

「かくて昭和の初年、『大漢和辞典』の編纂着手より七十余年、実に親子三社長による継続的大事業はここに完成したのである。出版界における一大壮挙というのも過言ではない」。また、鎌田が米山寅太郎と共に『大漢和辞典』の編纂に当たってきたことについては「昭和十四年、『大漢和辞典』の編纂に協力してから実に六十年、浅学菲才をも顧みず、ただ一筋に恩師の偉業に微力を続けてきた」ことにより「第四期の作業の達成に漕ぎつけることができた」と書いている。

『補巻』が刊行されると、大修館書店では、これを記念して「日本の漢字文化」という講演会を全国八カ所で開催した。そして諸橋が東宮殿下の名号と称号勘申の大役を務めた。殿下の立太子の時に、学習院同窓会ではお祝いとして殿下の希望に従い『大漢和辞典』を贈呈したことに思いを致し、鎌田、米山、鈴木荘夫社長が同道して東宮御所にうかがい、『補巻』を献上した。これについて、鎌田は「私どもの無上の光栄であると同時に、泉下の恩師もさぞ喜ばれたことと思うのである」と感慨を述べている。

『大漢和辞典』をめぐるエピソードとして補足しておかなければならないのは、鈴木一平に関するものである。一平は、昭和四十二年四月に発行された『出版クラブだより』第二十六号で「風雪四十年――『大漢和辞典』の世にでるまで」と題し、歌人で講談社顧問の尾張真之介と対談し、こう語っている。

「同じ企業であっても、ただ金儲け一辺倒ということではいけない。（中略）私は同じ出版でも文化的な、教育の先端をいく、男らしいものでいきたい。私自身は教育がなくても、自分の頭で判断して、それを専門の著者を選んでお願いする。そして後世に残るような立派な出版をしたいという堅い決心をしたわけです」

この対談で、尾張が一平に対し「社長一世の大事業として後世にのこる世界的大出版である『大漢和辞典』についての、いろいろなご苦心談をしばらく拝聴いたしたいと思いますが――」と語ると、一平はこう答えた。

「いやそれはどうも恐縮。苦心談といっても、何から申上げてよいかわかりませんが、これは何よりも先ず諸橋先生に対する感謝の心もちで一ぱいで、同時に何でも私の初一念を通し得た誇りとよろこび、そして皆さんの激励に感謝せねばならないのです」

一平はそう語り、『大漢和辞典』発行の計画は「命がけの大事業」だったので、諸橋に「二度や三度のお願いを断られても、もちろんあきらめるようなことは毛頭」なく、「一日おきにご相談に上がったことは実に一年半以上」だったと、告白している。そして一平の熱意に動かされて、諸橋に発行を承諾してもらえたことについては、こう語っている。

「しかしこれはあんまりうるさいからとか、その熱心さに一時惚れをしたからというのではなく、微に入り細に亘ってお互いに真意を以てこの事に、文字通り身命を賭してかかったのですからね」。さらに一平は、結局、この仕事は「十六歳で出版屋にはいって十七歳から一生をかけて後世に残るような良い出版をしたいという、私の念願が実ったわけです」と述べ、「どんな苦労をしても押しきって後世にまで残るものをやりとげたい。打算的には到底手の出せないのを覚悟しながら、ほんとうに命をかけて始めたのがこの『大漢和辞典』だったので、この仕事をやりとげてこそ、「本当の日本の出版人」だと強調している。

こういう思いを抱いていた一平は、昭和四十六年四月、護国寺墓地に「大漢和辞典刊行記念の碑」を建立し、碑には前年の十月二十四日に識した碑文が刻まれた。そこには、こんな一節があった。

「官からの特別の援助を受けることなく、ただひたすら諸橋博士のご信頼に応えるべく精進してきたこの事業完遂の喜びは、まことに筆舌につくしがたいものがある。しかも、この大辞典が末永くわが国文運の向上に貢献するばかりでなく、すでにその声価が海外にまで及んでいることを思えば、まことに男子一生の仕事として、この辞典刊行に従事しえたことの欣快さを思わずにはいられない」。

しかし、この碑が建立されて四カ月後の八月二十九日、一平は脳出血のため、八十三歳で亡くなり、同日付を以って従五位に叙せられた。

鈴木一平の追悼文集発行

鈴木一平が亡くなって六年後の昭和五十二年八月、『回想鈴木一平』という追悼文集が刊行された。その中で一平の次女、鈴木佐枝子は、「晩年の父」と題し、一平が昭和四十六年七月初旬、病床に伏して以後、「さしたる問題の病気もなく、老衰する程の体力でもないのにみずから生きる力を捨てて行った」と書いている。一平は、死期まで自分で決めたのである。

この追悼文集には、『大漢和辞典』の『補巻』が完成するまで諸橋轍次の委嘱に応えた鎌田正と米山寅太郎も一平についての思い出を寄せている。

このうち鎌田は、「鈴木一平社長の思い出」と題し、昭和十六年の四月頃、一平と会い、「私のような名もない青二才に対して、極めて慇懃鄭重で、こちらがかえって戸惑いするほどであった」と書き、こう続けている。

「爾来、三十数年の長い間、大漢和辞典の進行や漢文教科書の編修その他の事について社長と直接お話したことは一再ではなく、時には失礼な直言をしたこともあったが、いつも寛容な態度で聞くべきことは聞いてくれたし、一時意見の衝突があっても、後で思い返されて拙宅に来られて鄭重にお詫びをされるということもあった」

そして、「鈴木一平社長の畢生の大事業は、何といっても諸橋大漢和辞典の刊行であった」が、「完成したからよかったものの、それが完成できなかったとしたらと慄然たる思いがする。まさに社長の生涯を賭けた一大賭博であった」と述べ、こんなエピソードも紹介している。それは、「社長が行きつけの京橋の天夫羅屋に寄られて、接待を受け」「興ずるままに、社長最大の道楽である競馬に話がはずんだ」時のことで、「競馬は道楽のように見えるが、競馬をやることによって出版に賭ける度胸を養うことができた、といわれた。この一言を聴いた私は、社長が生涯の事業として大漢和辞典に賭けておられるということをしみじみと知った」と鎌田は書いている。そして「大漢和の刊行こそは社長の賭けられた一大競馬であり、その度胸を一喜一憂の競馬において養っていたのである」が、同時に一平は、「自分は小さなことでもムダを省き倹約を積み重ねて、その貯蓄を大きなことに使用することにしている」と語ったと、鎌田は明かしている。

また、米山寅太郎は「斯の人の眼」と題し、昭和十四、五年頃から『大漢和』の手伝いをするようになり、故人が「辞典の完成に打ち込まれる熱情の程は、脈脈として私達の心に伝わるものがあった」が、昭和三十年、『大漢和辞典』の復刊を発表するのに先立って、辞典の装丁をどうするかという時のことが心に蘇ると書いている。表紙の図案は、容易に決ったが、背表紙の図案の素材に適当なものが見当たらず、困っている時、「故人がこれだと言って指示されたのが、程氏墨苑の引縄直の図」だったが、「これを左右に分け、中に文字を納めれば立派になるというのが故人の考えだったのである」と米山は述べ、「その時、『斯の人の眼』を感じた」と書いている。それは「一生を書物と共に歩み、自ら書物を作って来た人の眼識」でもあった。

鈴木一平について、以上のような思い出を書いた米山は、平成十九年四月十九日に亡くなり、鎌田も二十年六月十三日に亡くなった。

平成十二年十一月、現在の代表取締役社長である鈴木一行が、父・荘夫の後を継いだ。

一行は社長としては五代目になるが、大修館書店に入社する前は、大手食品企業の勤務を経てコンピュータのソフト会社に転じていた。そのため、大修館書店に入ることはもとより、社長になるつもりはなかったと言うが、父の後を継ぐと、新たな路線を拓いた。

それは、前職の経歴を生かして、ＩＴ化を推進したことである。具体的には辞典類の電子化であるが、これを機に、紙媒体の辞書に蓄積されたコンテンツを電子辞書のメーカーにも提供するようになった。そして平成十五年五月には電子的なメディアとの連携を円滑にするため、全社横断的な電子出版開発室を新設した。

このような改革を進める一行は、出版物を紙の印刷物に限定して考えることはしない。電子版の辞書も、紙媒体の辞書と同じ出版物として考えている。だから、出版統計が紙媒体の出版物だけを対象として、売上げが右肩下りになったという考え方に疑問を持っている。紙媒体の出版物と電子媒体の出版物を合体して、出版業をコンテンツ産業という概念でとらえれば、決してマイナス成長にはなっていないのではないかと考えているからだ。このような考え方を持つ一行は、だからと言って、紙媒体の出版物を軽んじているわけではない。彼は言う。「私は『大漢和辞典』の在庫を切らすつもりは全然ありません。そんなことは想定出来ないし、絶版にするなど考えられません」。

『大漢和辞典』は今も現役の辞典であり、十五冊セットで二十四万円の同辞典が図書館だけでなく、個人からの注文で毎年、何組も売れる。平成十七（二〇〇五）年には数百部単位ではあるが増刷もした。この辞典は製作面でも、特漉き用紙を使用したり、初版からオフセット印刷であったり、装丁資材にも格別の配慮をしたりしている。大修館書店のこの辞典に賭ける意気に感じた製紙・印刷・製本の各社は、初版以来協力を惜しまないし、大修館書店も感謝を忘れていない。

近年はユニークな辞典、書籍を刊行

近年の大修館書店は、ユニークな辞典や書籍を刊行し、それらが注目され、話題となった。そのことを『大修館書店90年　1918―2008』が伝えている。たとえば、平成十五年に刊行された山口翼《たすく》編著『日本語大シソーラス』は、十九世紀半ばの英語の類語検索辞典であるロジェールの『シソーラス』にならった日本語検索辞典である。二十数年の歳月をかけて編纂された大部な辞典であり、刊行直後より各界から絶賛された。また、平成十九年四月に刊行された『ジーニアス英和辞典第四版』も評判となり、売行きが良かった。この辞典は、最初、小西友七編集主幹の編纂によって刊行された。しかし小西が平成十七年九月十日、大修館書店の創業記念日に亡くなったため、南出康世編集主幹を中心に改訂が進められ、第四版が刊行された。この版では、見出し語・語義区分・用例・発音を最新の使用実態に即して大幅に見直し、これまでで最大の改訂を行い、コラムや図版をふんだんに盛りこんで、見やすさ、引きやすさが格段に向上した。そのため、電子辞書へのコンテンツ提供の要望も強くなってきた。

このように、大修館書店は、日本語、英語双方にわたって、社会的に評価される辞典を刊行し続けている。これらの辞典をはじめ、『明鏡国語辞典』『漢語林』『中国語新語ビジネス語辞典』などについても、電子辞書メーカーやソフト関連会社等からコンテンツ提供の要望があり、さらに英語リスニング系や語学のドリル、クイズ系などのコンテンツも要望されるようになった。

そして、辞典から派生した書物がベストセラーになるという現象も見られた。北原保雄が中心となって編纂された『明鏡国語辞典』の編者たちが執筆して平成十六年に刊行された『問題な日本語――どこがおかしい?何がおかしい?』である。この本は、「ヘンな日本語にも理由がある」をコンセプトに、「ご注文

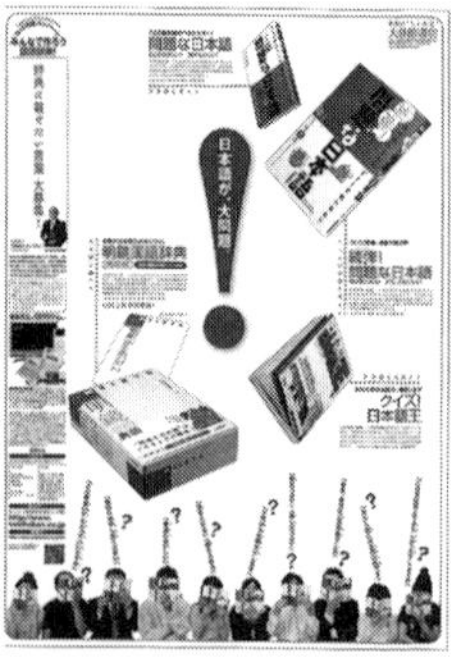

「読売新聞」に掲載された『問題な日本語』の広告

は以上でよろしかったでしょうか」「全然いい」などの「問題な」日本語を取りあげ、それがどのような理由で生まれてきたか、どのように使えばよいかをわかりやすく解説している。本書によって日本語ブームが巻き起り、同系統の本が各社から刊行され、テレビでも日本語特集が組まれ、クイズ番組も登場した。

『問題な日本語』は続編も刊行され、ミリオンセラーになった。平成十八年には『問題な日本語――番外かなり役立つ日本語ドリル』（北原保雄監修）や読者からの応募を中心にして編まれた『みんなで国語辞典！――これも、日本語』（北原保雄監修、「もっと明鏡」委員会編）が刊行された。また平成十八年十一月には、企画制作からモデルまで社員総出の「日本語が、大問題。」という全面広告が読売新聞に掲載され、読売出版広告大賞を受賞した。

「こうした試みは、学術の成果を学生だけでなく、社会人にも広げることを意図したものですが、学問的な筋だけははっきりさせてゆくことを心がけています」

そう語る鈴木一行は、新刊が出ると社長室にある神棚に供え、正月を迎える時は、一斗の鏡餅を自ら会社の玄関に飾る。これは、代々の社長が行ってきたことだが、新しい試みに挑戦しながらも、大修館書店としての伝統は守ってゆきたいと、一行は考えている。

第5章

冨山房

困難と闘い名著大著を刊行する

創立五十周年を迎えた冨山房の社史

ここに一冊の社史がある。本文は菊判七百二十四頁、巻末に七十二頁で横組の出版年史が付いている。奥付を見ると、「昭和十一年三月一日印刷／昭和十一年十月十日發行」とあり、その下に『冨山房五十年／非売品』という文字が印刷されている。これは、昭和十一年に創立五十周年を迎えた出版社、冨山房の社史である。本文は、こう書き出されている。

「顧ますれば明治十九年三月一日、私は出版事業における小野梓先生の御精神を継ぎ、先生の義兄小野義眞翁の御出資ならびに御指導を仰いで、冨山房をはじめて神田区裏神保町九番地に開業いたしましたのでございます。爾来、波瀾曲折窮なき世運と共に浮沈しながら、すでに本年を以て満五十年をむかえて、我國最旧出版業者の一に数えられることになりました。遡って考えますと、往事まことに渺茫の感を禁め得ないのでございます（以下略）」

この文章の末尾には日付と執筆者の名前が次のように記されている。

「昭和十一年三月一日合資會社冨山房社長／坂本嘉治馬」

社史は、本文が三部で構成され、第一部は「祝辞」「冨山房新社屋落成に際し寄せられた言葉」「自著の思出」などから成り、第二部は「出版史話」、第三部が「冨山房五十年」などで構成されている。このうち、「出版史話」は柳田泉や市島春城、新村出などが執筆し、第三部は坂本嘉治馬《かじま》執筆による「冨山房五十年史（明治十九年―昭和十一年）」「追懐七十年」などを始めとする文章が収められている。社史に収められた坂本の「冨山房五十年史」は後に栗田書店刊の『出版人の遺文』にも収められ、同書の巻末には坂本が多くの困難と闘い、名著・大著を刊行してきたと紹介されている。

『冨山房五十年』には、博文館の創業者である大橋新太郎が書いた「坂本君と自分」という一文がある。大橋は、父の佐平と共に明治二十年に博文館を創業し、この出版社を大出版社に育てあげ、出版人としてのみならず、実業人としても成功したが、坂本について、こう書いている。

「聞く所に依れば、過去五十年間に、君の出版書は大約四千種に達する相で、其の量の多きにも驚くが、殊に各出版物の質の良いことには最も嘆賞に堪えぬ。曽て『大日本地名辞書』の大出版に驚いたのが、次に『家庭百科事彙』『漢文大系』『大日本国語辞典』佛教大事彙等が出で、続いて『詳解漢和大字典』『冨山房大英和辞典』『国民百科大辞典』や『大言海』の出るに及び、他人に在ては其一種を出版するのも容易の業ではないのに、君は次から次へと斯かる大出版を続け、而して此等の大事業を完成するに、急がず焦らず常に大器晩成を期し、大槻文彦先生の『大言海』や飯島廣三郎氏の『大英和辞典』は、何れも編纂に二十数年を費やして居ることは世間公知の事実である。斯くの如く永き歳月を辛抱強く続けて完全なる出版を世に出さんとする君の強い意志は、全く他に比類を見ぬのである」

この文章を大橋は次のように書き出している。

坂本嘉治馬

「坂本嘉治馬君が、高知県から東京へ出て、未だ青年時代から満身の精力を注いで経営せられた書肆冨山房は、今昭和十一年に創業満五十周年に達し、社運益々隆盛で、全国同業中の領袖と推され、殊に創業以来の社長坂本君が、老て益々壮んで、五十年間一日の如く専ら斯業のために努力して居らるることは、実に慶賀に堪えざるところである」

そして、大橋は「自分もまた新潟県の田舎から東京へ出て、出版業博文館を始めて以来最早四十九年になるが、坂本君の年齢は自分より少しく若きも、出版事業では自分より一年の先輩である」と告白。坂本が「明治十九年三月一日神田裏神保町に始めて開業された時の屋賃が一ヶ月金三円二十銭」で「自分も其翌明治二十年六月十五日に始めて本郷弓町に博文館を開業した時の屋賃が一ヶ月金三円八十銭」だったので、「君と自分の出発点が甚だ似ていることに頗る感慨が深い」とも書いている。大橋新太郎に出発点が似ていると書かれた坂本はどのように出版人として出発したのか、その生い立ちからたどってみたい。

土佐の西端宿毛町に生まれる

坂本嘉治馬が『冨山房五十年』に寄せた「冨山房五十年史」「追懐七十年」という文章は坂本の没後一周忌にあたる昭和十四年八月、『坂本嘉治馬自伝』(以下『自伝』)として編まれ、ゆかりの人々に贈られたが、この『自伝』を、坂本はこう書き出している。

「自分は土佐の西端幡多郡宿毛《すくも》町字坂ノ下に生まれた。父は藩老伊賀家の足軽で二人扶持の小物の農であって、戊辰の役伊賀氏の機勢隊に加わって出征し、無事に凱旋した。当時自分は三歳の幼児であったが、氏神天満宮の少し手前の所まで祖父に負ぶさって迎えに行ったことを子供心に覚えている」

この書き出しに続く文章によると、坂本の父は戦争から帰って間もなく病気にかかり重態に陥る。その父親を救ってくれたのは、機勢隊の軍医として出征した酒井融(有慶)であった。

酒井は後に明治十年の役で熊本に籠城し、十八年に会計検査官に任ぜられたが、坂本の父親に非常に同情し、戦地で相当働いた男だから、今殺してはかわいそうだと言って、毎日、一里くらいある所から往診に通ってくれた。お陰で、坂本の父は一命をとり止めた。「その後、維新の業成り、大政奉還、廃藩置県が行われ、例の奉還金の交付があり、小者であったが、自分の家も相当な奉還金を頂戴した」という。三、四百円の金であったが、「水呑百姓にこんな大きい金がひょっこりはいったので、何か商売に手を出してみたらしいのだが、それは皆うまく行かなかった」と、坂本は『自伝』に書いている。彼が小学校を卒業する頃には、「もう奉還金はほとんどなくなって、父は少しばかりの田畑まで売り払うという始末であった」が、そんな一家を母が染物もし、機も織り、商売もしたりというぐあいに働きづめに働くことで救った。こんな状態の中で、坂本は父親に七、八歳の頃から終始、北越戦争の話や父の命の恩人である酒井の話を聞かされていたので、軍人になってみたいと思うようになった。

「その時は父の恩人の酒井翁にもう一度お世話をしてもらう積りであった」と坂本は『自伝』で告白している。そして酒井翁の住所や旅費などを調べ家を飛び出す準備をしたが、両親とも非常な子煩悩だったので、東京へ行きたいと言っても許してくれるわけがない。そこで坂本は、脱走を決意する。明治十六年十二月初めのことだった。

そのとき、坂本は自分の家から七里ばかり離れている親戚で、自分が得意廻りに行ったときに時々泊るおばさんの家があるので、そこの主人から宇和島へ行くことを頼まれたということを口実にしようと決意して両親に話すと、何の疑念もなく承諾してくれた。そこで翌朝五時頃、坂本は家を出た。汽船に乗り込んで神戸に上陸し、さらに汽船で横浜まで行き、横浜から汽車で新橋に来て、日比谷にあった小さな宿屋に落ち着いた。

そして、すぐに酒井を番町に訪ねた。彼は役所に行っていて留守だったが、玄関で待っていると、帰ってきた。坂本は自分が喜八の子であると名のり、「どうか私をもう一度お世話していただきたい」(『自伝』)

と頼んだ。
するとと酒井翁は、しばらく坂本の顔を見つめ、「どこか喜八に似ておる、まあここにおれ」と言った。
それから、しばらく経って、翁によばれて行ってみると、「同郷の小野という人が書林を開業するはずであるから、この手紙を持って行け」（『自伝』）と、坂本に言った。そこで、坂本が宛名の場所を訪ねると、それは神田の小川町で、東洋館事務所という札が掲げられていた。小野は名前が梓《あずさ》であったが、坂本に郷里のことなどを聞き、上京の理由を問うた。そこで、坂本が軍人になりたいと答えると、小野はこう言った。

「軍人もいいが、学校にはいると相当学資もいるから、学資のない者にはなかなか難しい。軍人になって働くのも商売人になって働くのも、国のためにに尽すはたらきにかわりはない。商売人になるなら、この東洋館の店にはいれば夜は勉強も出来るから、来たらどうか」（『自伝』）

坂本に東洋館に入ることをすすめた小野は、坂本と同じく高知県幡多郡宿毛で嘉永五年（一八五二）に生まれ、アメリカ、イギリスに留学し、帰国後、「共存雑誌」を創刊して論説を発表し、明治九年より官吏となった。そして十四年の政変で下野し、鴎渡会を創設、立憲改進党の結成や早稲田大学の前進である東京専門学校の創立に加わったが、政治、法律学者として、『國憲汎論』などの著書を執筆した。

その小野に東洋館に入ることをすすめられた坂本は、「酒井先生にお話しして明日参ります」と言って帰り、酒井翁に委細を話した。すると酒井は「是非東洋館にはいることにきめたらよかろう」と言った。そこで「自分も決心して翌朝再び小野先生にお会いして東洋館へ入れてもらうことになった。これが私が小野先生に初めてお目にかかって、生涯を出版業に託する機縁となったのである」と、坂本は『自伝』に書いている。そして酒井は、約一カ月間にわたって、土佐人は気が短いから忍耐とか根気が必要だと教えてくれた。これが坂本にとっては「後に非常に役に立った」(『自伝』)という。

坂本は小野から「お前の名前はむずかしい名で呼びにくいから」と言われたので、東洋館では栄吉と呼ばれることになった。小野は、東洋館へ出勤すると、奥の一段高い日本座敷に机を構え、『國憲汎論』を執筆し、事務も執った。坂本は『自伝』に「店員は六、七人おったが、みな三十前後から四十くらいの人ばかりで、自分が一番若僧であった。書物は東洋館の自版のもの、すなわち有賀長雄氏の『社会進化論』、『族制進化論』、『宗教進化論』、小野先生の自著の『國憲汎論』、『民法之骨』、砂川雄峻氏の『英米契約法』、高田早苗氏の『貨幣新論』、井上哲次郎氏の『哲学字彙』、坪内雄蔵氏の『該撒奇談』のほかはみな英、米、独、仏の原書であったから、相当学識のある人でなければ店員として間に合わない。みな相当素養のある店員であったように思う」と書いている。坂本は外国語はわからないので、小使と二人で半年くらいの間は拭き掃除などを一切合切やってのけた。昼間、一生懸命に働いた坂本は、夜になると勉学に励んだ。そして「暇さえあれば棚の本を見て書名を覚えたので、店の書棚に並べてある英、米、独、仏の数百種の原書の書名は大体わかるようになり、だんだん番頭格に進んで重宝がられてきた」(『自伝』)。

小野梓

ところが、一年半ぐらい経った頃、小野梓が病気になり、他の番頭が退店したりしたので、手不足になり、坂本はにわかに番頭的な役割を果たすようになった。給料も、最初は月五十銭だったのが次第に増給し、最後には月給五円をもらうようになった。

小野は、たいてい午後五時頃には退店したが、書生がいないときは、坂本がお伴をして飯田町の自宅へ送った。その後、小野の自宅は東洋館と目と鼻の間にある錦町へ移ったが、小野の病気はだんだん重くなり、東洋館へはほとんど出なくなった。

小野は、明治十九年一月十一日に他界した。「まことに痛恨のきわみであった」と、坂本は述べ、「自分が小野梓先生に仕えたのは僅か二年余りであったが、丸出しの田舎者が手をとって指導教訓を受け、どうにかこうにか人間らしくしてもらった」（『自伝』）と、告白している。坂本は、小野が病気になるちょっと前、「おれが文部大臣になったら、お前が東洋館をやるのだぞ」と言われ、感激したこともある。そして、坂本は小野が「学者であられたことは今さら申すまでもないが、やはり天成の大教育家であった」と述べている。

神保町で小さな本の小売店を開業

小野も亡くなり、葬儀が終わると、義兄の小野義眞《ぎしん》によって東洋館の善後策が講じられたが、結局閉店することになった。坂本は他に頼るべき人もいないので、小野義眞に本屋を出させてもらおうと決心した。しかし、義眞に会ったのは梓の危篤を知らせに行ったときが初めてで、小野梓の二七日（初七日の次の七日目の日）が済むか済まぬといった頃、義眞を訪ね、小さくとも本屋を始めたいから資金をお願いしたいと切り出した。坂本が二十一歳になった春のことだった。

すると、義眞はこう言った。「おれは梓のために少なからぬ金を出してみな失敗に終わった。全体本屋という商売は儲かる商売でない、それは駄目だ」（『自伝』）。坂本の願いは一蹴されたのであるが、坂本は自分のやりたい本屋は大きな本屋ではなく、「ごく小さな小売店で、原書の古本から始めて、新本を少しずつ売るつもりで、一日六、七円の売上げもあれば結構やってゆけるので、日々の経費は五、六十銭で沢山です」(『自伝』)と、詳細に説明した。

義眞はじっと考え込んでいたが、「資本はいくらいるのか」と問うた。坂本が「さしあたり二、三百円もあれば開店出来ます」と答えると、義眞は「それではお前の考えている収支の予算を書いて持って来い」と言った。

坂本は一晩がかりで予算書を作り、売上げは当分一日五、六円程度と見積り、収支を明瞭にしたものを翌朝持参した。すると、義眞は坂本の作った予算書きを一通り見て、「これで行けるか」とたずねた。坂本が「間違いはありません、売上げは一月も経てば、幾分ずつ増して行くつもりであります」と答えると、「それなら先ず二百円出してやろう」と、快く義眞は承諾してくれた。

小野義眞から二百円を出してもらった坂本は、さっそく神保町で借家を探した。「幸いに裏神保町九番地(現在冨山房西側売店入口の所)に、もと硝子屋で岡倉という店の空家が見つかって、家賃は三円六十銭で借りることが出来たから、早速造作を少し直し、大急ぎで古本類を買い集めて、やっと三月一日に、ともかくも店を開けることが出来た」(『自伝』)

明治十九年のことだが、坂本は「この三月一日が冨山房の生れた日であることはいうまでもない」と『自伝』に書いている。「本が少ないので棚の空きが多くて半分も棚が塞がらない」状態だったが、開業当日、四円ばかりの売上げがあった。

当時は西洋心酔の時代で、原書の古本がよく売れた。幸いに坂本は東洋館で原書の新本を取扱っていたので、書名も値段も大体わかり、支障はなかった。四、五日も経つとだんだん売上げが増え、七、八円から十円以上も売れるようになった。しかし、開店当初は、坂本以外には小僧一人であったため、坂本が店売り、仕入れと何でもやらざるを得ず、忙しかった。

天野為之

その頃よく売れた本はスペルリングで、毎日数十冊売ったが、開店二カ月目には売上げも相当の金額に上った。そのうち坂本は、書物を売るだけでなく、出版事業も考えるようになった。これは、小野梓の遺志を継ぐためで、義眞の許しを得て、創業の年に天野為之の『経済原論』を刊行した。四六判五百三十八頁の大著であったが、同じ年に天野の『商政標準』も刊行している。こちらは四六判二百六十四頁であった。

『冨山房五十年』に収められた天野の「冨山房と余」という文章によれば、『経済原論』は「東京専門学校に於ける講義を基とし、ミル、ケアンズ、フォーセット、ジェボンス其他当時行われた欧米大家の原書を参考として卑近に過ぎず、又高尚難解に失せざる平易簡明の教科書として」出版したもので非常によく売れた。

坂本は、続いて天野の『商政標準』を刊行し、翌二十年には小野梓の『東洋遺稿』上下二冊と天野の『萬國歴史』も刊行した。『経済原論』同様、小学校以外の教科書として使用され、一般読書界にも普及し、数十版を重ねた。

冨山房は天野の本以外にも普通書目も発行した。たとえば、呉文聰『応用統計學』、三宅恒徳『英国財産法講義』、平松熊太郎『代議政体得失論』、石原健三『英国憲法精理』、市島謙吉『政治原論』、中川小十郎『実用経済學』ほかの書目だが、普通書目以外にも原書の翻刻書も刊行、その中には『発音懐中英和新字典』があった。これは「後年の『冨山房大英和辞典』発行の一つの動機となり、冨山房各種辞典類の水先案内」だったと、坂本は『自伝』に書いている。

そして、「創業より合資組織まで約十年間における普通図書並びに教科書は二百余種に達し、しかも年と共に大學出身の新進の學者の著作を増加している事実は注目に値することと思われる」と述べているが、その一方で「原書古本の売買も創業七、八年間はなかなかさかんであった」ので、有力同業者中七人の仲間（組合のようなもの）で、横浜のオークションの入札などにもしばしば出かけた。また活版印刷事業の発達で原書の翻刻に手を出す同業者も多くなり、坂本は、七人組の中で翻刻出版を始めている人たちから資金の融通の申し込みを受け、冨山房に資金を出している小野義眞から一千円を融通してもらったこともある。

坂本の店はきわめて順調に発展し、開業してからは資金の心配もなく、翌年には猿楽町に事務所を設けた。その事務所では天野為之の『日本理財雑誌』を発行したが、家賃は二十五円であった。最初の事務所の家賃が三円六十銭だったので七倍近い家賃であった。その後まもなく飯田町に引っ越したが、家賃は三十円で、庭園は広く立派であった。仕事が発展するにつれ、著者と話すための場所も必要となり、店の裏手にあった五坪ばかりの空き地を利用して明治二十三年に六畳の小さな家を建てた。

大學士高田早苗校閲
吉田直太郎纂譯
懐中英和新字典
東京 冨山房發兌

『懐中英和新字典』の扉

しかし、明治二十五年、神田の大火のため店と共に全焼した。その時、坂本は商用で大阪へ行っていたが「カジマルヤケ」という電報を受け取った。丸焼けとなっては仕方がないと、坂本は「ケンチクジュンビタノムイサイフミ」と打電して、中国、九州、大阪、名古屋などを一カ月余りにわたって集金し、五月初めに帰京した。『自伝』によると、坂本は翌日すぐに知合いの大工に新築の図面を作らせ、木場で材木を買い入れ、普請に着手したが、本建築用材は皆が手控えして買い手がなく、安価で買うことが出来た。新店舗は五間に六間の二階造りで、「純日本商店式の一流建築」だった。

冨山房は神保町通で一番先に店舗を新築した。それと共に、坂本は古本の商売は廃止し、出版事業に専念することにしたが、当時のことを『自伝』でこう回想している。「十九年創業以来七年間を経て出版のことも多少経験が出来たし、新築は出来たし、年も若かったから、毎日毎日、朝から晩まで大學の先生や大學院在学の人々を訪問し、中等教科書や参考書の著作を懇嘱し、合い間には印刷所・製本所をかけ廻るという具合であった」。

そんな忙しさの中で、小学校教科書の編纂にも着手した。明治二十四年に小学校教則大綱が定められ、修身教科書編纂の要綱が出たので、小学校教科書に新機軸を出してみたいと考えたからである。しかし『自伝』には「明治三十四年より明治四十四年までの十年間は、すでに前期の中頃から小学校教科書の新計画でいちじるしく経費の膨張を来たした後を承けて、波瀾重畳、創業以来の苦闘時代であった」と書いている。

この時期の冨山房の苦闘は、小学校向けの教科書の編集方法に新たな工夫をしたためにもたらされたという事情もあった。たとえば、明治三十年に着手した坪内逍遥博士の『小学國語読本』では、従来の初年用の教科書がハ・ハナ・ハリとかハトという風に教えていたのを、この読本ではハの字は斜線であるうえに、ハ・パ・バと発音し、非常にむずかしく、一つの名詞をなしていないので、ハを初めに教えるべきでないとした。そしてトリというぐあいに二字を教えることにしたが、鳥は最も子どもの好む活動的なもので、トという文字は|を引いて一つ点を打てばいいから書き易いというのが坪内博士の考えだった。小学校の読本の第一課の初めで二字教えるようになったのは、この読本が初めてであった。また従来の読本

は、濁音・半濁音を、正音を教え終わってから教えたが、坪内博士の読本は、正音を教えているときに、カガミとかツヅミなどの言葉を教え、韻文や口語文も多量に加え、すべて新しい内容であった。

『大日本地名辞書』全七巻に取り組む

坪内博士の編纂した『小學國語読本』は、坂本によると「日清戦後の溌剌たる進歩的国民を教育する最善の武器であった」が、教科書の国定制度が実施されるまで、中学校の国語教科書にはこの読本の高等科の文章数篇が転載された。そのため、坂本は「この事業は小学校教科書の進歩を促し、種々の点において徒爾でなかった」と書いている。

この『小學國語読本』の刊行と前後して、冨山房は大きな企画に取り組む。それは明治三十三、三十四、三十五、三十七、四十年にかけて刊行された吉田東伍博士の『大日本地名辞書』全七巻の刊行である。吉田博士は元治元年新潟生まれで、新潟英語学校及び中学に学び、小学校訓導試験に及第し、二十一年、那《な》珂《か》通《みち》世《よ》著『年代考』に感銘し、史学と地理学の研究に志した。そして『大日本地名辞書』を完成し、文学博士となった。他に『倒叙日本史』『日韓古史断』『徳川政教考』などの著書を執筆、大正七年一月二十二日、五十五歳で病没するまで早稲田大学教授を努めた。

『大日本地名辞書』

その吉田博士の門下生で、後に『大日本読史地図』の修補に当った蘆田伊人は『冨山房五十年』に「吉田東伍博士の思出地名辞書の編纂様式に就いて」という文章を寄せ、次のように書いている。

「回顧すれば明治三十三年五月の末、一介の書生であった僕は何の伝《つて》もないのに突然吉田博士を牛込五軒町のお宅にお訪ねした。（略）

この時僕は、博士と読史地図を初め色々のお話をしたことであったが、その中で、地名辞書の編纂様式に就いて博士が話された一節がある。それは丁度地名辞書の第一冊が出版せられた時であったが、僕は辞書というから、もう、直ぐに五十音の順に、日本の地理地誌に関した色々の事柄は、片端から自由自在に之を索くことが出来るものと考えていた。然るに其本を見ると、全く予期に反して畿内地方の地誌であった」

そのとき博士は蘆田に対して「地理地誌に関した辞書は、所謂漢字や國語の字引と同様に考えることは出来ない、文字や言葉は一つ一つ離れたものであるが、地理になると、それが全く一つの連鎖である。一つの谷、一つの盆地、一つの町、これ等の完全な説明には、其處に現在位置する山川、村落、社寺を初め遺蹟、土産、風俗等に至るまで、成るべく此が詳細に記述せられてあることが必要である」と述べ、さらにその理由を説明した。

「而して是等を地理的順次に読むことに依って、読者に其谷、其盆地、其町の概観を了解せしめ得るのである。若し之に反してそれ等の山川・村落・社寺等を其称呼によりて五十音の順に排列せんか、即ちこれ等は全冊の中に分載散記せられ、且つ載せられたる各名辞は、前後何等地理的に連絡がないから、よしや、一町一村の少地域の地誌の大略を知らんと欲しても、なかなか容易なことではなく、時には其辞書に記載せられてありながらも、捜索に苦労せられてありながらも、捜索に苦労せられて、終に読むことが出来ないこともあろう。この故に地理地誌に関した辞書の編纂には、文字や言葉の時とは異なり、一地域毎に総てを合記併載するの便を必要とし、所謂字引の代用には索引を以て之に応ずべきであるから、ああした編纂様式を採った次第である」

坂本の『自伝』には、吉田博士についての次のような興味深い事実も記載されている。

「この辞書をお引き受けする直前、先生を駿河台の下宿にお訪ねしたことがあったが、当時先生は読売新聞で田口卯吉先生と頻りに史學上の論戦をしておられたから、参考書でも沢山あるかと思って気をつけて見ても、一向に書物が見当らない。不思議に思って、端的に『先生は読売新聞へ長い論文を毎日お書きのようであるが、参考書もなしによくお書きになれるものですね』とお尋ねしたら、『僕は図書館へ一日行って来ると一週間くらいは書けるから、手許に参考書はいらない』と言われたので、なるほど偉い頭の持ち主だなと、うなずかれた。その後『大日本地名辞書』の原稿はいつも先生が必ず御持参になられた。その原稿を拝見すると、ことごとく細字で書かれた先生一流の文字であるのには驚かされた。あれだけの大著述が九分通りは著者御自身の原稿で筆耕の書いたものはわずかに一部分であった」

坂本は、吉田東伍博士とのつきあいが深まるにつれ、「実に先生は學者の中の學者」だと思うようになった。なにしろ、吉田博士は本を読むのが早く、図書館から借りた本は、いつでも一日か二日で返した。そのため「先生は文字を一々読むのではなく、二、三行ずつ一度に読むのであることを知った」と坂本は書いている。

吉田東伍博士

『大日本地名辞書』は最初、坂本が吉田と会って話したときは約二千頁内外の予定であったが、それが三倍に増大して七千頁に達した。そのため、「商売として収支償わないことはもちろん、長い間のことで膨大な資金の固定を来たした」と、坂本は『自伝』に書き、次節では、こう述べている。「しかし出版業に従事する者はかかる大著述のため相当の犠牲を払うことはむしろ光栄と考えていたので、先生が自筆の整理された原稿をお持ちになられたものを見ると、内は火の車でも、喜んで印刷所へ送った」。

この頃、坂本は『大日本地名辞書』以外にも、優れた書籍を何点も刊行している。たとえば、明治三十二年に刊行した三好學博士の『植物學講義』は「植物學の一般的の著書としては恐らくこの書が最初のものであると思われる」と坂本は『自伝』に書き、さらにこうつけ加えている。「しかもこの書のカットはことごとく緻密な西洋木版が各頁に挿入され、他に着色版も多数入れられたが、木版だけに当時は一万余円を費した」。

そして、坂本は苦難時代であるこの頃の主な出版物を『自伝』に列挙しているが、叢書類では『言文一致普通學全書』十五篇、『少年世界文学』十六篇、『通俗世界文學』十一篇、『名著文庫』五十冊、『博物學叢書』四篇、『哲學文庫』三篇、『女子自修文庫』五篇、『プラトーン全集』五巻などであった。

坂本は、『自伝』でさらに当時刊行した書目をあげている。それらの中で、中等教科書の主なるものは次のような書籍である。芳賀矢一博士の『明治読本』『明治文典』、重野安繹博士の『漢文講本』、瀬川秀雄博士の『中等西洋歴史』、萩野由之博士の『日本歴史』、石川日出鶴丸博士の『生理教科書』、志賀重昂の『地理教科書』（本邦・外国）、和田萬吉博士・永井一孝の『新撰國文講本』、和田猪三郎博士の『近世理化示教』、岡村金太郎博士の『新撰植物教科書』。

さらに坂本は単行図書の主なるものとして、井上哲次郎博士の『日本陽明學派の哲学』『日本古學派の哲學』から石川千代松博士の『大動物學』まで三十冊以上の書目をあげているが、その中には芳賀博士の『国民性十論』『国文学史十講』といった書物もある。そして、芳賀博士が、自著以外の出版物で冨山房の出版に大きな影響を与えたことを紹介している。それは、芳賀博士がドイツに留学中に家庭用の百科辞典に出会い、その重要性を坂本に教えたことである。芳賀博士が着眼したのは、ユリウス・ベッケルという出版社の百科辞典だが、当時、日本の家庭には百科辞典などは備えられていなかった。

そこで芳賀博士は、ドイツに留学していた下田次郎博士と図って坂本の所へ詳細な書面を送り、日本の家庭用百科事彙の編纂出版を勧め、材料の収集、編纂の準備に着手しておくようにとアドバイスした。坂本は直ちに梅沢精一、大鳥居弃三、石原和三郎に編纂を依頼し、長谷川福平という文学士が編集主任として入社した。『自伝』によると、「何しろ百科辞典の編集は何人も最初の仕事であり、しかも専門寄稿家の方面も範囲が広いから、原稿の整理編集は容易ではなかったが、両博士指導の下に、長谷川主任の必死の努力と編集部諸氏の協力により、早くも明治三十九年十月完成、発行の運びになった」という。そしてさらに坂本は、この百科辞典について、こう書いている。「この書は芳賀博士の好意に対する義務もあり、殊に日本における百科辞典の先駆をなすものであるので、組版印刷はもちろん、装幀・挿画に至るまで細心の注意をもってした」。

芳賀矢一博士

こうして、辞典は完成したが、大きな困難が待ち受けていた。芳賀博士から重要性を教えられ、坂本が刊行した百科辞典の名称は『日本家庭百科事彙』であったが、この辞典が刊行されるまで、日本には百科辞典というものはなく、明治三十九年十月に発行されたものの、どのように普及すればよいか、最初は皆目わからない状態が続いたのである。そのため、坂本は立派な内容見本を作って、家庭に頒布することにした。見本のためには費用を惜しまず、一冊に十二銭をかけ、十五万冊配布した。「芳賀・下田両博士もどうかして成功させたいというお気持ちであったので、この出来上がった内容見本を両博士に御覧に入れた時は非常に喜ばれた」（『自伝』）という。

坂本によると、両博士は明治三十九年の夏、暑中休暇を利用して、鎌倉の長谷で一週間、広告文執筆のためにに筆をとってくれた。広告文はなかなかの名文で、九月から東京・大阪の各新聞へ発表し、反響も大きかった。この辞典の印刷にあたったのは築地活版所で、第一版を一万部印刷し、あとは五千部ずつ十数回印刷したが、印刷、製本を美しく仕上げるため、相当時間がかかり、製本が出来上がると、すぐに売切れになったと、『自伝』にある。

資金が欠乏し、小野義眞の所に駆けつける

『日本家庭百科事彙』の完成と同時に、坂本は『國民百科辞典』（四六判）の編集に着手した。『日本家庭百科事彙』の長谷川編集主任が編集の中心を務めた。坂本によると、この辞典も『日本家庭百科事彙』に次ぐ稀有の売行きで好成績を収め、長く重宝がられた。

『日本家庭百科事彙』（菊判）の刊行は、明治三十九年で、『國民百科辞典』（四六判）の刊行は、四十一年であった。坂本によると、明治三十四年から四十四年頃にかけて、冨山房では、これらの辞典以外にも、中等教科書の改善新刊や小学校教科書の編纂、『漢文大系』『袖珍名著文庫』等の古典復刻物数十冊、『少年世界文學』『通俗世界文学』各数冊、学術的図書の新刊数百種、その他多数の叢書等、千余種に及んだ。

そのため、資金の欠乏を来たすことになったが、「ここに至ると出版業はミジメなものである」と坂本は『自伝』に書き、こう述べている。「書物は他の物品のように銀行の担保にとられないから、担保にな

るものは店舗ぐらいのものである。結局何とかして薄弱な信用一つで融通をつけて行くほかはない」

坂本は、『自伝』でこのように書いているが、ある日いよいよ行きづまって小野義眞の所にかけつけたこともある。これまでにも金の面で世話になった小野だが、そのとき、坂本は「二千円ばかり一時の融通をお頼みした」という。小野は坂本が手を拡げ過ぎていることを承知したうえで、こう言った。「お前のように火の付くようなことを言ったって、金は天から降って来るものじゃない。家でも担保にして借りて来なければ金はない」。

そう言われたので、坂本が恐縮して引き下がろうとしたら、「お前は私の言うことをどう考えたか知らないが、担保を出して金を借りることは立派なことだ。信用で金の融通をすることは名誉のことではない」と言った。その言葉は、坂本にとっては「生涯のいろいろな意味においての教訓になったので、今にハッキリ記憶に残っている」と、『自伝』に書いている。

手を拡げ過ぎ、資金を小野に借りざるを得なくなった坂本は、小野以外の人物から書物を担保として資金の融通をしてもらい、用紙を仕入れた代金の約束手形を紙問屋に度々切り替えてもらうということで、当面をしのいだこともある。こうして坂本は明治三十五年には、小野家の出資も譲り受け、これまで積り積った借金を八分通り返済することが出来た。まだ、借金は残っていたが、大体の整理が出来て、一段落がついた。

坂本に融資をしてくれた小野にはいろいろ世話になったが、小野が要人を招いて小宴を張ったときは、坂本も同席を許された。その席で小野の話すことに、坂本は学ぶことが多かったが、特に記憶に残っているのは、「一人一業主義」という考え方である。これは、一人の人間が責任をもって仕事をできるのは一業だけで、一人の人間がいろいろな事業に関わるのは無責任であるという考え方である。

坂本は、「私の一人一業主義も、翁の感化によるところが多いのである」と、告白している。だから、坂本は「何か新規の大きい出版物に着手する時は必ず相談に伺った」という。小野に計画を話すと、「もしその通りに行かなかったらどうするか」と、「すぐに物の裏を考え、結果を聞かれるから、うっかりしたことは話されなかった」という。

そして、坂本は「小野翁が何事にも厳格であり、実に威厳の具わった上品な人であった」と述べ、「どんな場合でも膝を崩したところを見たことは一度もなかった。この点だけは見よう見まねで自分も行儀はいい方かも知れぬ」と『自伝』に書いている。さらに「今一つ自分が守っておることは、他人の告げ口を取り上げぬこと、これも翁が常に守っておられたと思われる」と、書いている。

このように坂本にいろいろな面で影響を与えた小野は、明治三十八年五月九日に亡くなった。同年の一月、坂本は見舞いに行ったが、その前日、ある先輩を訪ねた。先輩の邸宅は屋敷も二万坪あるかと思えるほど、堂々たるものだった。そのとき、坂本は商人たる者、四十歳くらいまでに産を成さないと駄目だと思った。先輩は坂本より二つ三つ年上で、その頃四十二歳くらいであった。翌日、坂本が小野を見舞って、病床の小野にその話をすると、こんな言葉が返ってきた。「そんな気の弱いことを考えるものでない、おれはお前くらいの年には今のお前ほどの資産はなかったかも知れない。これからほんとうの仕事が出来る、しっかりやれ」（『自伝』）。この一言で、坂本は勇気づけられた。

坂本は小野の他にも鴻池銀行の支配人である原田二郎にも世話になり、同行との取引に便宜をはかってもらった。そのため明治三十六年頃は『袖珍名著文庫』や『漢文大系』『プラトーン全集』、大辞典類などの刊行に要する資金を調達してもらうことが出来た。その原田の斡旋で松原重栄という人物からも出資を得、さらに松原は毎日、冨山房に出社し、帳簿会計を見てくれた。そんな助けもあり、社業もきわめて順調で、明治末期から大正初期にかけて、坂本は原田や松原関係の出資を無事返還することが出来たが、『自伝』では明治末のことを次のように書いている。

「明治三十七年大詔煥発、日露戦争開戦と同時にわが社も石原和三郎・安倍季雄・永持徳一諸氏の編集執筆で月刊雑誌『日露戦報』を発行したが、挿画は浅井忠・尾竹兄弟・東城鉦太郎・渡部審也・一条成美の六画伯の筆に成りすこぶる見事なものであった。中途『軍國画報』と改題し、平和克復となってからは『帝國画報』と改め、その後もしばらく発行を継続した。明治三十七年十二月東郷大将が一時凱旋されたことがあったが、石原和三郎氏は大将を新橋に迎え、さらに翌三十八年一月麹町の大将邸へ伺って『軍國画報』を呈し、その際、御揮毫を賜った。横書きの「駟不及舌」という書で、恐らくこの頃の大将の書はきわめて少ないであろう。家の至宝として秘蔵している。さらに明治四十三年五月、大町桂月先生主筆の『學生』、並びに四十四年四月大隈伯（後に侯爵）主宰の『新日本』の発刊は、わが社の業務に一層繁劇を加えたのである」

坂本は、雑誌『學生』発行の動機についても述べている。

『新日本』

「『學生』の発行の動機は、当時の風潮に鑑み、真面目な学生の読物を供給したいということに発し、それゆえ特に大町先生に主筆を、西村先生に編集主任をお願いし、これによって雑誌の品位を高めたいというのが自分の考えであった。大町先生は毎号巻頭論文をお書きになられたが、その論文の御執筆には非常に苦心された。（略）また西村先生は編集主任でほとんど一人で切り廻されていたが、当時の奮闘ぶりはただ驚くのほかなかった。数回臨時号を発行し、実に素晴らしい活動ぶりであったことが記憶に残っているが、冨山房の雑誌というよりまるで西村先生の雑誌のようであった」

ここに出てくる大町とは明治・大正時代の詩人、評論家、随筆家である大町桂月《けいげつ》のことで、彼は博文館で『文藝倶楽部』『太陽』『中学世界』などの雑誌に評論、随筆を発表していたが、博文館を退社し、明治四十三年から大正七年頃まで、『學生』を主宰した。

また、西村は西村眞次のことで、彼は冨山房が社屋の新築落成記念として昭和七年に出版した『冨山房』という冊子の中で「『學生』編輯主任としての九箇年」という文章を書いている。それによると、明治四十三年三月、早稲田大学の前身である東京専門学校に文学科を創設した恩師の坪内逍遥博士から「冨山房で青年雑誌を出すそうだからやって見てはどうか。主筆には大町桂月がなるそうで、君は実際の編集を担任するのだ」と言われ、推薦状をもらって、冨山房へ出かけ、坂本に会った。そのとき、坂本は西村にこう言った。「私は出版が生命なんだから、良い雑誌さえ作って頂ければ宜しい。大して儲からなくとも、損しない程度で結構なんです。その代り雑誌界第一といわれるものが作ってほしいのです」。

坂本は西村に対し、そう言ったが、西村を採用するかどうかということについては何も言わなかった。そこで西村は気が気でなく、「私を採用なさるお積りなんですか」と聞くと、坂本はにっこり笑ってこう答えた。「とにかく大町先生に一度逢っていろいろ相談して見て下さい。何しろ大町先生とあなたとの共同事業になるわけなんですから」。

その答に対して、西村はさらに坂本にこう言った。「桂月は私が子供の時から世話になっている先輩で、私が行けばきっとよいといわれるに相違ありません。あなたのお考えがこの際一番問題なのです」。すると、坂本は「私の考え？　それは坪内先生からあなたの事を無上の好適任者と推薦して来られましたから、もはやそう信じての先刻からのお話なんです」と言った。

その言葉を聞くと、西村は坂本への挨拶もそこそこにして、雑司が谷の大町邸を訪ねた。

『學生』という雑誌を発行する

『學生』

西村が大町を訪ねると、大町はこう言った。「わしは巻頭論文を書くだけさ。もう一つ美文でも巻末へ書こうかね。君がやってくれれば更に心配なし。一つ君が案を立ててくれ給え」。

大町と西村の間で、『學生』の発刊は急に決定され、第一号は明治四十三年五月五日に発行された。西村は雑誌の評判についても書いている。「店頭に並べると直ぐ売り切れで、ここからも彼処からも続々と追注文、新橋の何とか堂の店頭から朝日にいる友人が『成功を祝す、学生は羽がはえて飛ぶが如し』という端書をよこしたのが嬉しい第一便で、引き続きそうした端書がいく枚もいく枚も来た」。

『學生』は二号も三号も増刷に増刷を重ね、九月になって「ナポレオン号」という臨時増刊も発行した。

西村は「『學生』を引請ける時、日本教育史に頁を占めるような雑誌を作って見たい。次代の国民を指導して、後々彼等から感謝されるようなものを出版したいと決意し、記事の眼目を自然科学と歴史とに置いた」と述べているが、『學生』の編集をしていた頃は、絶えず欧米の雑誌に目をつけ、それらの雑誌から企画のヒントを得た。

その『學生』は、大正二年から坂本の主張で菊判だった判型を四六倍判に変更し、大正七年にまた小型に戻したが、売行きが落ち、その年の五月号で廃刊となった。それを機に、西村は冨山房を辞め、早稲田大学で教えるようになった。

西村が冨山房にいたのは足かけ九年間であったが、彼が冨山房にいた頃、樋口秀雄と永井柳太郎の二人が、大隈重信の主宰する雑誌『新日本』の主筆を務めていた。この雑誌は当初、何かの問題が起こるたびに、必ず大隈が新聞雑誌に意見を述べるので、坂本が大隈の雑誌を創刊したいと思い、明治四十四年四月から発行されたものである。雑誌が創刊された頃、主筆の永井柳太郎は早稲田大学で教鞭を執っていたが、毎号『新日本』に執筆し、大隈もこの雑誌で「目醒しい筆陣を布いて最も勇敢に藩閥打破の一決戦を大正維新の初頭に闘い続けた」と、永井が『冨山房』所収の「大隈老侯と新日本」という文章で書いている。

この文章によると、『新日本』は「続け様に二カ月に渉り、発売禁止を喫った事もあった」という。

しかし、大隈の筆はひるまず、大正三年に七十七歳で擁立され、大隈内閣が出現することになった。そのとき、大隈は「『出陣に臨んで天下に宣す』の大論文を掲げ、堂々と『新日本』誌上より全日本八千萬民衆に呼び掛けて、自己の内閣組織の懐抱を披瀝した」と、永井は書いている。そして、「大正四年の総選挙に当って『新日本』が殆ど全紙面を傾けて大隈内閣を擁護し、壮烈の論戦を試みた」が、「惜しい哉大正六年八月、図らずも老侯は一時危篤を伝えらるる迄の重病に罹られて筆を廃するの已むなきに至れば、私も亦遠く外遊を企つる事ともなって、此年遂に『新日本』も廃刊を見るに至ったのであった」と述べている。

『大日本國語辞典』を刊行する

坂本の『自伝』では、大正元年より昭和十一年までを「完成と前進の時代」と形容しているが、大正元年より同十四年に至る十四年間は、各種の大辞書や大部冊の古典類の完成期で、教科書の改善と新刊に努力した。そして、新たに『日本家庭大百科事彙』の編集を開始し、『模範家庭文庫』の編集にも着手した。この間に刊行した単行本は数百種にのぼり、最も繁忙な時期であった。

ところが、大正二年二月、冨山房は神田の大火に見舞われ、創業以来二回目の全焼にあった。しかし、「社内の大切なものはもちろん、土蔵の中の原稿の行李なども全部持ち出し、自分は駿河台の今の明治大学の前の所に行って、運んで来る荷物の番をした。都合のいいことには、当時折よく社の会計係の高浜貞治君の住居が駿河台にあったので、そこへ移ってこれを事務所に充てた。それから鎌倉河岸の適当な家を借りて、そこを営業所に充て、また飯田町へ編集所を仮設して、ようやく一時的な復旧が出来たのである」と、坂本は『自伝』に書いている。

その頃、坂本は小さい貸家を小石川の林町に持っていたので、その家に引き移ることにした。そして社屋の建築設計を依頼し、直ちに建築に着手し、大正二年十月に落成したので、旧営業所へ復帰することになる。十二月六日、新築落成を記念して、平素後援をしてもらっている人々を招待して社内で立食の会を催した。当日は、大隈重信をはじめ、学者名士の来臨を得たが、大隈侯には祝辞を兼ねて社員激励の演説をしてもらった。

『大日本国語辞典』

大正二年二月に神田の大火に見舞われた冨山房は、大正四年十月に、また本格的な出版活動に入った。この年、上田萬年・松居簡治著『大日本國語辞典』の第一巻が刊行され、つづけて大正五年から六年、八年、昭和三年にかけて、第二、三、四巻、索引が刊行された。『大日本國語辞典』については、坂本が『自伝』にこう書いている。「これは明治三十八年編纂発行の話がまとまって、

大正２年に落成した社屋

直ちに小石川の松井博士の邸内に編集所を設けたのであったが、松井博士はすでに十余年前より独力編集に従事せられ、何万という古今の主要なる書冊について国語の五十音索引を作製しておられたのである。博士は車の上でも、電車の内でも、いつお目にかかっても、校正から目をはなしておられることはなかった」。

この辞典の印刷に際しては、「最初秀英舎で組版にかかったところ、組み方がむずかしいというので、中途から日清印刷の方へ引き渡し、同所で五年間に本文全部四巻五千三百六十三頁を完成した。なお索引は昭和年代になって終結した」が、この辞典は完成までに十有五年を費やし、「まさに人力の最善を尽くしたもので、『時事新報』でわが国宝的大辞典であると評されたのをはじめ、非常な好評を得た」と、坂本は『自伝』に書いている。

また著者の一人である松井簡治が『冨山房五十年』に書いた文章によると、「『国語辞典』が明治四十四年神保町の火災の際、窓から火が飛び込んだにも拘らず偶然にも原稿が窓の直下に置かれてあったので焼失を免れ、大正十二年の大震火災の折には紙型の大部分が牛込の秀英舎にあったので又災厄を免れた」が、「二十年六千日、一日三十三語を目標としてあの『国語辞典』を編纂した」と、松井は告白している。

「二十年六千日、一日三十三語」とは、松井が『国語辞典』の執筆にあたって立てた目標であると、倉島長正著『国語辞書一〇〇年　日本語をつかまえようと苦闘した人々の物語』（おうふう）にある。そして、同書によると、『大日本国語辞典』は、上田万年と松井の共著ということになっているが、昭和十五年に出た修訂版の序文で、松井はこう書いている。「本辞典は上田博士との共著ではあるが、同博士は当時、頗る多忙の身であられたから殆ど一回の閲覧をも請うことはできなかった」。修訂版が刊行されたのは、昭和十五年五月八日だが、倉島は、「ここで本文全四巻が全五巻に変わりました。総ページは五、三七三ページとなりましたが、それは各巻を一、〇〇〇余ページにそろえた結果の四ページ増でした。内容は初版と全く同じで、先の『修訂版』に修正の跡がなかったのと同様、形態以外に修正の形跡はありません」と書いている。そして、「この版で刮目すべきことは、単独執筆者を宣言した趣のある松井簡治の自序がついたことです」と指摘している。

そして、松井は「七八万の新語彙の蒐集、原拠の掲出、並に解説を施した増補巻をほぼ脱稿することを得た」と書いており、これらの記述を総合すると、『大日本国語辞典』は、松井の単独執筆による辞典であったと思えてくる。しかし、この「増補巻」は実現せず、『国語辞書一〇〇年』は、実現出来なかった理由を次のように明かしている。

「冨山房も翌一六年二月付で『増補版内容見本』を作成して、原稿は全部完成していて、目下組版に着手しつつあると述べて、三頁分の組見本を添えました。（略）のちに長男・松井驥《き》さんが、『既にこの時は日華事変により太平洋戦争への転換を示す困難な情勢下にあった』と語るような非常時でしたから、やむなく中断に至ったもののようです」

『国語辞書一〇〇年』によると、「増補版（松井の言う「増補巻」）」は刊行されなかったが、「新装版」が「昭和二十七年十一月二十八日」に刊行された。それは「初版以来の四段組みを六段組みに替えて縮刷の上、全一巻にまとめたもの」だった。「『修訂大日本国語辞典新装版』と銘打って、題字は右横書きに変わりました」と『国語辞書一〇〇年』にはあり、松井驥が「新装版」の「あとがき」で『大日本国語辞典』の成り立ちからの経過を述べ、『中辞典』の企画もあったことに触れたあと、父・松井簡治の最後について次のように書いていると指摘している。

「辞典の増補を完成したいといふ願望と努力とは毫も衰えてゐなかったらしい。ただ何ぶんにも八十三といふ頽齢と、戦時の栄養失調とは、その生命をこれ以上保たしめず、終戦のご詔勅を拝聴して、悲憤涕泣しつつ、急に床より起てなくなり、十時間前に老衰で死亡した糟糠の妻の後を追って、九月二十六日長逝した」

松井が亡くなったのは、疎開先でのことだったが、『国語辞書一〇〇年』はさらに刊行されるはずだった「増補版」の原稿についてもふれ、こう書いている。「戦争中に自宅に引き取っておいた増補の原稿は、空襲の難をのがれるために、講談社の倉庫に保管してもらったそうです。実は、その増補カードが、のちに『日本国語大辞典』となる小学館の大辞典編纂に火をつけることになります。火付け役は芳賀定さんでした」。

芳賀定は芳賀矢一の四男で、明治四十二年に生まれ、昭和五十七年に七十三歳で亡くなったが、「その晩年に当たる昭和三十六年から五十一年にかけての十数年間、小学館『日本国語大辞典』編集の中心」だったと『国語辞書一〇〇年』にある。

小学館の『日本国語大辞典』は、昭和五十一年に初版の全二十巻が完結したが、この辞典の企画が発表されたのは昭和三十八年のことだった。実は、この初版の編集長を務めたのが『国語辞書一〇〇年』の著者である倉島長正である。

本書の最終章は倉島の関わった『日本国語大辞典』についてふれているが、倉島は『日本国語大辞典』が『大日本国語辞典』から受けた恩恵についても述べ、次のような事情を明かしている。

「まず、松井簡治・松井驥・松井栄一氏と三代にわたる辞書編纂に対する情熱が、この辞典を大きく支えたことを記したい。

上田万年・松井簡治共著『大日本国語辞典』は、何かにつけて編集作業の拠り所となった。両先生のご遺族の賛同を得て、この光栄ある国語辞典を支えとすることができたことは幸いであった。そして、顧問委員をはじめ多くの方々がこの遺産を発展させるべく結集された。（略）そして、松井栄一氏は、企画当初から終始一貫して作業の中心にあった。しかも、氏は、昭和四十二年、教職を辞して、この編集業務に専念されたのであった」

さらに倉島は「松井家三代にわたる因縁を述べるとき忘れられない人は、芳賀矢一氏の令息芳賀定氏である。氏は、『大日本国語辞典』の縮刷版を手がけられて以来、その増訂に心を砕かれたが、結局、この『日本国語大辞典』のために、その半生を捧げてこられたのである」と、芳賀定の功績についてもふれている。

倉島によると、『大日本国語辞典』は修正版・修訂版・縮刷の新装版が刊行された。このうち、修正版の発行日は「昭和三年十月三日」で、このとき、初版の凡例に予告されていた「発音索引」と「漢字画索引」とからなる別巻が付いた。これらは表音的仮名遣いから引く索引と、漢字から見出しに至る索引であった。

『大日本国語辞典』が表音的仮名遣いから引く「発音索引」を付けたことについて、倉島は明治三十五年の国語調査委員会以来くすぶっていた仮名遣い問題という背景もあったと指摘している。このときは当初、音韻文字採用が持ち出され、小学校令が漢字音についての表音式仮名遣いを先取りするといったこともあったが、この仮名遣いは一般社会では不評で、明治四十一年に中止され、上田万年が中心となって打ち出した音韻文字、表音式仮名遣いは徐々に影をひそめた。しかし正式に撤回されることなく、戦後にまで至った。

倉島によると、『大日本国語辞典』は、このような背景の中で編纂されたので「表音式仮名遣いに配慮をしめしたのはごく自然のことでしたし、表音的仮名索引の完成によって、時代に適応した辞書が完結したとも言えましょう」と述べている。修正版の次に修訂版は「昭和十五年五月八日」に刊行され、本文全四巻が五巻となったが、内容は初版と同じであった。そして新装版は「昭和二十七年十一月二十八日」に刊行されたが、冨山房はこの辞典の他にも大きな国語辞典を刊行している。

『言海』と『大言海』刊行をめぐるドラマ

『大日本国語辞典』の他に冨山房が刊行した国語辞典は、大槻文彦著『大言海』である。『大言海』は五冊本の国語辞典で、『言海』を増補改訂したものである。著者の大槻文彦は弘化四（一八四七）年生まれで昭和三（一九二八）年に亡くなっているが、国語学者で本名は清復、通称は復三郎で復軒と号し、儒者磐渓の子で如電の弟である。江戸に生まれ、漢学、洋学を修め、のち国語の研究にすすみ、明治二十三（一八九〇）年文学博士、明治四十四（一九一一）年帝国学士院会員となり、辞典の編集、文典の著述や国字問題に尽力した。『言海』は初め文部省の命で十年を費やして脱稿したが、晩年、増訂に専心し、その『大言海』は没後（昭和十二年）に至って完成した。『言海』の巻頭には、文法会を起こして同志と討究した「語法指南」が掲げられているが、これに改訂を加えた『広日本文典』とその『別記』（明治三十年）によって大槻は、後の教科文法において久しく権威をもつようになる。そして、明治三十五（一九〇二）年国語調査委員会の主査委員として口語文法の調査を担当したが、その成果は、同委員会の『口語法』（明治三十五年）となった。このような経歴を持つ大槻文彦の『言海』と『大言海』の刊行には多くのドラマがあった。

『大言海』は、大槻文彦著『言海』を増補改訂した国語辞典だが、『言海』は、ちくま学芸文庫で復刻されている。この復刻版では、武藤康史が巻末で解説を行なっており、『大言海』が刊行される経緯を明らかにしている。

武藤によると、『言海』は「大形」「中形」「小形」と三つに分類される版が出ており、最初に登場した『言海』は「大形」であった。これは、明治二十二年から二十四年にかけて四分冊で刊行され、そのあとすぐ一冊本として刊行され、明治三十七年に「小形」、同四十二年には「中形」が出て、しばらくは三つの大きさの『言海』が並行して流通し、古書店で生き続けてきた。ちなみに、ちくま学芸文庫収録の『言海』は、小形版の昭和六年の刷りをそのままの大きさで複製したものである。

目次は、索引、言海序、本書編纂ノ大意、語法指南（日本文典摘録）、凡例、索引指南、畧語ノ解、種種ノ標、言海、言海採収語……類別表、ことばのうみのおくがき、言海正誤、言海奥付、というぐあいに構成されている。

大槻文彦博士

武藤の解説における「『言海』の読み方」によれば、「言海序」は、西村茂樹の執筆によるもので、漢文で書かれている。また「語法指南（日本文典摘録）」は国文法概説で、英語の文法のスタイルに合わせて日本語を説明したもので、「語法指南（日本文典摘録）」のみを欲しがる人が多く、この部分だけを抜刷にして別に販売することになった。その単行本『語法指南』は明治二十三年十一月に刊行されている。

武藤は、解説で『言海』の引き方、読み方についても述べているが、語法については、「一人の著者に統率された、味のある、ひきしまった文体。しばしばことばの急所を言いあて、あるいはうねるように説き進み、ユーモアすら醸し出す書き方」であると指摘し、「『言海』が百年以上にわたって愛されたのも語釈の文体の力であろう」と評している。

そして、〈「言海序」書き下し〉〈「ことばのうみのおくがき」〉という章で、大槻文彦のプロフィールと『言海』刊行までの経緯が述べられている。それによると、弘化四（一八四七）年生まれの大槻文彦は、漢学や洋学を学び、明治五（一八七二）年から文部省に務め、宮城師範学校（のちの宮城教育大）の設立にあたり、校長として赴任し、明治八年、本省に戻って報告課に勤務する。このときの課長が西村茂樹で、西村は文政十一（一八二八）年に生まれ、大槻より十九歳上だった。

報告課は明治十三年に編輯局と改められ、西村はその局長となるが、大槻文彦が『言海』の編纂を命じられるのは明治八年のことだった。『言海』の発案者は西村で、明治二十四年、『言海』完成の祝宴が開かれたとき、西村はスピーチでそのことを語っている。

大槻に編纂を命じた西村は、大槻に対して、やかましいことは何も言わず、好きなようにさせていた。しかし、西村は、編輯局長の地位を去り、そのため、大槻は私財を投じて『言海』を個人で編纂せざるを得なくなる。仙台にいた大槻が明治八年二月二日に文部省報告課（明治十三年に編輯局となる）に転勤し、「時の課長」である西村茂樹から、日本辞書編輯を命じられ、最初は榊原芳野と一緒に仕事をすることになっていたが、榊原が他に移ったので、大槻一人の仕事になった。稿本の浄書は明治十五年九月に始め、編輯局の「中田邦行、大久保初男の二氏を、この編輯業につけられ、校字写字は、おほかたこの二氏の手に成れり。さて、初稿成れりし後も、常に訂正に従事して、その再訂の功を終へたるは、実に明治十九年三月二十三日なりき」と武藤は述べているが、これからが苦労の連続だった。

「おくがき」によると、『言海』の再訂を終えたのは、明治十九年三月二十三日のことであったが、刊行はすぐには実現しなかった。大槻に『言海』の編輯を命じた西村茂樹が明治十八年に転任し、大槻も十九年十一月に第一高等中学校教諭となり、『古事類苑』編纂委員などに転じたからである。そのため、『言海』の出版について、大槻はその後の消息を聞くこともなかった。彼はその頃、文部大臣森有礼の餐宴に招かれた。宴の終わりに、大臣は大槻に対して、「君が多年苦心せる辞書、出版せばや」と言ってくれたが、編輯が拙いのか、あるいは出版にたえないのか、資金の出所がないのか、その辺ははっきりしなかった。こうして大槻は、『言海』の稿本は文部省の中で、物集《もずめ》高見が保管することになったと知った。「おくがき」で稿本が「いかにかなるらむ、はて〳〵は、いたづらに紙魚《しみ》のすみかともなりなむなど、思ひいでぬ日とてもあらざりしに」と書き、明治二十一年「十月二十六日、稿本を下賜《かし》せられ、やがて、同じ工場にて、私版として刊行することとはなりぬ」と書いている。このくだりについて、ちくま学芸文庫の巻末に付された「『言海』解説における注解」で、武藤は、「文部省の態度はいかにも冷たい」と評し、鈴木隆編『『言海』完成祝宴の全記録』（タングラム、平成六年刊行）所収の山田俊雄「『言海』刊行祝宴のこと」という文章から、次の一節を紹介している。

『言海』書名登録

「文部省が金銭上の援助を支へるわけでもなく、編輯局の工場を使ふべしとか、奉職中のものだと明記せよとか、献本せよとかいふ条件であったから、下付されぬまま全く埋れるよりは数等よかったに違ひないが、考へてみると、今日の常識ではかなり文部省側の、もしくは官庁の方の勝手といふべきものが目立つ。編輯の期間中は、官吏の身分を保証されてはゐたのだから、仕方のないことではあったらう」。

山田は、大槻に対する文部省の態度をこのように批判しているのだが、「ことばのうみのおくがき」によると、『言海』は最初、中田邦行と大久保初男が閑だったので、大槻文彦宅にとまり、活字の校正をしてもらい、稿本も初めは初稿のままで活字にすることにした。初めの数頁はそのように出来たが、数年前の旧稿なので、仔細に見てゆくと、いろいろと不都合なところが出てきて、もう一度稿本を訂正することになった。校訂がすむと、中田と大久保が筆書して活字に組み、二回の校正と定めてあったので、一つの版面を三人で六回校正を行った。以来、大槻は二年半にわたって、昼となく、夜となく、訂正校合のみにあたった。そのため、体裁も、注釈文も初稿とは大いに異なるものになった。

編輯作業は常に障害が生じ、予算通りにゆかず、明治二十二年三月に編輯局の工場が廃せられることとなった。これより後は、一私人として印刷局に願いを出さねばならなくなったが、その出願には規則の手続きを要することになり、さらに予算にたがえることも起り、出願はしりぞけられた。しかし、稿本下賜の恩命もあるため、しいて違約についての訴えもしかねて、大槻の家兄修二、佐久間貞一、益田孝などの周旋を得て、手続きを行い、かろうじて再着手ということになった。この間、編輯作業の中止は六十余日に及び、さらに公用刊行物が輻輳したときは大槻の仕事がさしおかれることもしばしばあったが、大槻は他の工場に仕事を依頼することはしなかった。この工場は、植字や校正が謹厳精良で、他にこんな工場はなかったからである。

『言海』の植字については、原稿の段階ではさほどとは思わなかったが、実際に着手してみると、仮名の活字は寸法が一々同じでなく、符号なども全版面で七十余通りの使い分けがあり、植字校正がわずらわしく、熟練者でもはかどらなかった。さらに辞書のことなので、母型にない難字が思いのほか出て来て、木刻活字の新調に時間がかかった。それらのことは思いもかけぬことで、すべて遅延の事由となった。

また校正者の中田邦行が脳溢血のため、明治二十二年六月に亡くなった。中田は初めから大久保と共に助力をしてくれたが、大槻は「多年、篇中の文字符号に熟練せる人を失いて、いと〳〵こうじぬ」と「おくがき」に書いている。そして前年の春、流行性感冒のため、大槻も、校正者も、植字工も数日間寝込んでしまった。また、同じ年の十月には、大槻の家が火事にあい、大久保初男は十一月に徳島県中学校教員に赴任した。これより後は、別の者が校正を担当したが、「ちくま学芸文庫」での武藤康史の注によると、大久保は、山口県、長野県、沖縄県の中学に転任し、大正三年に東京に戻り、『大言海』編纂のため、再び大槻の助手となり、昭和三年に大槻が亡くなったあとも『大言海』の編輯・校正の中心となり、昭和十三年に亡くなった。

大槻は『言海』編纂の途中で大きな悲劇に見舞われた。妻と子を亡くしたのである。そのことを、大槻は「ことばのうみのおくがき」で「成功の期にちかづきて、大《おほい》にこの業をさまたげつるは、おのれが妻と子との失《う》せる事なりけり」と書いているが、「おくがき」によると、明治二十二年十一月に生まれた次女の「ゑみ」が十月二十日頃、感冒にかかり、結核性脳膜炎となった。病院に妻と女中と共に託したが、病はよくならず、朝夕に病院に行き、顔を見て帰り、筆を執れども心ならず、十一月十六日の宵の間に、原稿の「ゆ」の部を訂正しているときに女中が病院から帰って来た。そして家に入り、ものも言わず、そのまま打伏し、声を立てて泣き出し、娘が危篤になったことを告げた。

そこで大槻は筆を投げ出し、走って病院に行くと、やがて娘はこと切れた。大槻は泣きながら屍《しかばね》を抱いて家に帰り、床に安置して、しめやかに青き燈の下でお経をあげて、ふたたび机につき、もとの如く稿本を開いた。見ると、「源氏物語」の若菜の巻であった。小児の病に心を痛めたのか、大槻の母をはじめ、病に臥す者が五人にも及んだ。妻のいよは、ひとりかいがいしく看病にあたったが、妻もその月の末から病に臥した。

最初は何の病かわからなかったが、数日後、腸チブスという診断を聞き、驚いて本郷の大学病院に移し、大槻は昼に夜に行き病を見、病のひまをうかがっては家に帰り、校訂の業に就いたが、心はここにあらずという状態だった。医師のベルツも心をつくしてくれたが、ついに十二月二十一日に大槻の妻は三十歳で亡くなった。半生にして、つれあいを無くし、大槻は前後数日、筆を執る力も出なかった。

思いがけない災害が続いたが、誰も大槻の心事をおしはかりえず、辞典を予約した人には、内情を知っていないので、いつもきびしく遅延をうながされ、発行書林の店頭には、毎回、督促状がうず高くなり、書林は大槻を責めた。これが督促状だといって持ってくるのをみると、文面もさまざまであった。その中には「大嘘槻《おほうそつき》先生の食言海」などと記したものもあったという。

そこで大槻は、「おくがき」で「おのれは、まさしく約束をたがへぬ、ひとへに謝するところなり、計画のいたらざりしは、身を恨《うら》むる外《ほか》あるべからず。そもそも、初《はじめ》より、予約といふ事せしこと、かへすがえすもあやまりなりき。予約だにせざりせば、か丶るあざけりにあふこともあらじを、など悔《く》ゆれどもせんなし」と書いた。しかし、『言海』は、明治二十四年一月七日に原稿訂正を終え、四月に全部の印刷を行い、十七年かかって、四月二十二日に完成した。そして、大槻も二十五年三月に小栗ふくと再婚し、やっと生活に落ちつきが戻った。

『言海』完成の祝宴の記録

「ちくま学芸文庫」の『言海』における武藤康史の解説によれば、『言海』は四六倍判の四分冊のうち「第一冊」は明治二十二年五月十五日、「第二冊」は二十二年十月三十一日、「第三冊」は二十三年五月十一日に刊行され、二十四年四月に刊行されたのは「第四冊」であった。そして「第四冊」が刊行されたあと、それまでの分とあわせて合本が刊行された。大槻は、合本が刊行されると、大勢の人に『言海』を進呈したが、武藤によると、「第一冊」から順次送ってあった人には、合本の『言海』を進呈する際、前の分を返却してもらった。大槻が進呈した人の中には福沢諭吉もいたが、福沢は『言海』がいろは順でなく、五十音順であるのを見て顔をしかめたという逸話も残っている。『言海』の完成後には、祝宴の会も行われたが、さらに『言海』は『大言海』として冨山房から刊行されることになる。

大槻文彦の生涯を描いた伝記で、大佛次郎賞受賞作の高田宏著『言葉の海へ』（新潮社）の第一章「芝紅葉館明治二十四年初夏」には、こんな一節がある。

「明治二十四年六月二十三日、火曜日。

朝から晴れて昼の内はすこし汗ばむかと思ったが、陽が傾くにつれてむしろ肌寒い。若葉と紫陽花《あじさい》の季節だ。

東京市南西部の、東京湾を望む高台にある芝公園の紅葉館に、四時近く、つぎつぎに馬車や人力車が到着した。大槻文彦の『言海』完成を祝って、祝宴に集まる人びとである」

この一節は、さらにこう続く。

「明治八年に稿を起してから十七年が過ぎていた。文部省報告課員であった二十九の青年洋学者は、いまは四十五の壮年である。学者として知られるようになってはいたが、英学者とか国学者とか、肩書が落着く学者ではない。職も文部省に身を置くような置かないような、明治社会のエリートであっても、いうところの出世とは縁のない仕事をしてきた。その自分に不満はない。自ら恃《たの》むところがあるからだ」

高田は、大槻の『言海』が完成して、その祝賀会が開催された日の様子をこのように書いているが、この日の様子を伝えた記述は、他にもあり、平成六年七月一日付の読売新聞夕刊の「手帖」欄には、こんな一節がある。

「明治二十四年（一八九一）、東京・芝の祝宴場『紅葉館』で、ある出版記念会が行なわれた。参会者は伊藤博文、勝海舟ら。次々に祝辞が述べられ、最後に主賓の大槻文彦（一八四七―一九二八）が登壇した。その謝辞が短かったのは感涙にむせんでいたからだ」

また、こんな記述の文章もある。

「今から百年以上も前の、明治二十四（一八九一）年六月二十三日、東京・芝の紅葉館において、歴史に残る祝宴が催された。大槻文彦の『言海』完成の祝宴である。三十数名の貴顕碩学が集まった一大盛宴である。今風にいえば出版記念会であろうか。この祝宴は、明治以来、これまで催されてきたすべての出版記念会の中で、最も注目に値する会なのである」

これは、先に紹介した書物研究家でタングラムという書物学に関する出版社を経営する鈴木隆が『神奈川大学評論』第十八号（一九九四年七月末発行）に寄せた「刊行のことばにかえて『『言海』完成祝宴の全記録』――百三年目の六月二十三日」の書き出しである。

「今、私は、六月二十三日に刊行する『『言海』完成祝宴の全記録』という書物の編集に追われている」に次ぐ文章である。鈴木は、こう書いている。

「幸いなことに、この日の演説（スピーチ）や朗読はすべて記録され、大槻家に仮綴じの冊子の形で残された。標題は「言海完成祝宴／謝詞／祝詞」とある。冒頭の書は、その記録を百年経た今日、詳細な解説と資料を加えて、はじめて活字化したものである」

鈴木は、『言海』完成の祝宴が開かれた明治二十四（一八九四）年六月二十三日から百三年目に当る平成六（一九九四）年六月二十三日に『『言海』完成祝宴の全記録』を刊行することになったのだが、この記録は『言海』完成にまつわる興味深いエピソードを伝えている。

鈴木は平成九年に宮城県図書館および大槻文彦家の協力と山田俊雄教授の力添えを得て、『稿本日本辞書言海』を大修館書店から刊行した。その資料の一つとして『図録日本辞書言海』を付け、その中で鈴木は完成祝宴の記録の一部を写真で紹介したが、紙幅の都合で全部は再録できなかった。

それ以来、鈴木は「いつの日かこの記録を活字化し、後世に遺しておこうと思った」という。「そうすれば、様々な分野の人たちがこの記録を自由に読むことができるのではないかと考えたからだ」が、そのとき、鈴木は次の五つの視点から記録が読み深められて欲しいと思ったという。①日本語②出版文化史③辞書史④新聞と出版⑤国家と文化。

こうした願いを抱きながら、鈴木は「刊行のことばにかえて」にあるように、大槻家に仮綴じ冊子の形で残されていた「言海完成祝宴／謝詞／祝詞」を詳細な解説と資料を加えて活字化したのである。鈴木によると、「この祝宴の記録には、明治と言う時代が色濃く反映されていて、実に興味深い。辞書作りに生涯を賭けた大槻文彦の至福のひとときも直に伝わってくる。大槻と関わりをもった人たちの精神の微妙な動きも読みとれる」という。

鈴木が刊行した『『言海』完成祝宴の全記録』はA5判・布クロス装・上製本・貼り函入り・九十五頁・

限定三百八十部（限定番号は朱書にて明記）、造本は丸背・溝つき・ホローバック・天金（本金）・背文字金箔押し（本金）・裏表紙・タングラム図柄・空押しで定価は二万三千円（税込・送料別途）であった。

大槻家所蔵の祝宴謝詞・祝詞を底本とし、監修・解説には山田俊雄（前成城大学学長・国語学者）が当り、次のような内容であった。大槻文彦著『日本辞書言海』の出版記念会／明治二四年六月二十三日の一大盛宴の記録（スピーチと朗読）のすべて／祝宴当日の日付をもつ福沢諭吉の「祝辞」／『日本』の社説／4日間にわたって展開された『読売新聞』の社説／祝宴に関する「新聞記事」調査一覧。

鈴木は『全記録』を書物を愛する人びとの座右の書で、図書館・研究室の必備の書として刊行したが、『全記録』の刊行によって、祝宴に関する新しい事実も発見された。たとえば、当日、参会者に配られた「言海祝宴次第」と実際の祝宴が違っていたことがわかった。

最初の式次第は、「来賓への謝詞」招待員総代、「言海の発刊」伊藤博文、「十七年間の辛勤」西村茂樹、「言海編成の保護者に謝す」加藤弘之、「謝詞」大槻文彦、となっていたが、伊藤博文（枢密院議長）と大木喬任（文部大臣）が祝宴に遅参したため、「来賓への謝辞」が富田鉄之助となり、以下、西村茂樹（宮中顧問官）、加藤弘之（帝国大学総長）、伊藤博文、「祝辞」辻新次、「謝詞」大槻修二、大槻文彦という順になった。実は当初、祝宴には福沢諭吉も出席することになっていたのだが、ある事情のため参会を断ったというアクシデントもあった。

大槻の辞書作りを支えた哲学

大槻文彦の『言海』完成の祝宴には、当初、福沢諭吉も出席することになっていたのであるが、鈴木隆の『『言海』完成祝宴の全記録』「刊行のことばにかえて」によると、「福沢は事前に自分が伊藤博文のあとに祝辞を述べることを知り、『老生は伊藤伯に尾して賤名を記すのを好まず』(『福沢諭吉全集』岩波書店刊)といって、参加を断った」という。しかし、伊藤は祝宴に遅参したので、もし福沢が出席していれば、伊藤の前にスピーチをしていたことになる。

福沢は祝宴には欠席したが、数日後、書簡と一緒に祝辞が富田鉄之助宛に送られてきた。その祝辞は、鈴木の編纂した『『言海』完成祝宴の全記録』にも収められているが、「明治二十四年六月二十三日」の日付で、「大槻磐水先生の誡語その子孫を輝かす」と題し、次のように書き出されている。「大槻文彦君編輯の日本辞書言海成る。全部一千一百十頁、語の数三万九千一百三、古来未曾有大部の辞書のみならず、古今我国の辞書は所謂節用字引の類にして、いろはの頭文字を見当に語を探る者なれども、書中その語を排列するにいろはの順に由らずして、字数の多少に従ふか、又は言語、天文、地理、人品等、漠然たる部門を分つのみなるが故に、索引甚だ便ならず、俗に云ふ地獄繰の労に苦しみたるものが、今この言海には仮名の順に従て語を並べ、三万九千の語には三万九千の順序を成し、一語として其順に由らざるはなし。日本開闢以来始めて辞書の体裁を備へたるものにして、言海以前日本に辞書なし、言海始めて世に出で、始めて真成の辞書を見ると云ふも可なり。蓋し十有七年著者辛苦の成績、我文林の偉勲として争ふ有なかる可し」。

福沢は、このように大槻の『言海』を讃え、さらに大槻の祖父についてもふれ、「巻末のおくがきに記しある君の王父磐水先生の誡語に、事業は漫に興す可らず、思ひ定めて興すことあらば、必遂を期する精神云々の遺訓こそ、実に君をして此辛苦に堪へ此偉勲を成さしめたるものならん」と述べている。そして「磐水先生は我洋学創業の先人」であり、「此父祖にして此孫子あり」と評し、このように結んでいる。

「逝者若し霊あらば地下に莞爾として君の成功を賞せらる、ことなる可し。洋学の後進生諭吉に於ては転《うた》た懐旧の情に堪へざるものあり。謹みて、言海の成を祝す」。

また祝宴での伊藤博文は、『言海』が「欧州ノ文法ニ則リテ我文典ヲ画定シ」と讃えた。ところで、福沢が祝辞の中で紹介した大槻文彦の祖父である磐水の誡語は、鈴木隆の「刊行のことばにかえて」にも紹介されているが、この誡語は『言海』の跋文に次のように書かれている。

「およそ、事業は、みだりに興すことあるべからず、思ひさだめて興すことあらば、遂げずばやまじ、の精神なかるべからず」

鈴木は、大槻が祖父の「言葉を心にとめて、辞書作りに傾注した」と書き、さらに『言海』最終冊の末尾に大槻が記した次の言葉を紹介している。

「……廿四年一月七日、午前十時二十一分、原稿全て脱シテ爰ニ筆を投ズ十有七年ノ業大成ヲ告グ快快又快言ヒ難シ」

鈴木は大槻の言葉を引用し、さらに大槻の辞書作りを支えた哲学が何であるかを指摘している。鈴木隆は「刊行のことばにかえて」で、「大槻は、さまざまな障礙を乗り越えて、明治二十四年四月に自費で『言海』（全四冊）を刊行する」と書き、こう続けている。

「大槻にとっては、辞書とは『文教のもとゐ』（『言海』跋文）という自覚があった。大槻の辞書作りを支える哲学はこうである。

一国の国語は、外に対しては、一民族たることを証し、内にしては、同胞一体なる広義感覚を団結せしむるものにて、即ち、国語統一は、独立たる基礎にして、独立たる標識なり（「広日本文典序論」）

英学を修めた大槻は、早くから文法の重要性に気づき、独力で日本文法の研究に力をそそぐ。

方今我国ノ文学ニ就キテ最大ノ欠点トスルハ日本文典ノ全備セル者ナキナリ是ナキハ独我文学ノ基礎立タザルノミナラズ外国ニ対スルモ真ニ外聞悪シキ事ナラズヤ（『日本文法論』）

辞書づくりにあたって、大槻ほど、文法と辞書との関わりを重視したものはいなかった。

そして、鈴木は「大槻文彦は、日本語の研究—辞書作り—を通して「日本と日本人のアイデンティティ」の確立をめざした稀有な人物なのである」と指摘している。その大槻が編纂した『言海』の完成祝宴では、大槻の兄である修二と大槻が謝詞を述べた。それらは『『言海』完成祝宴の全記録』に収録されているが、修二は冒頭でこう語っている。「私ハ此ノ言海ヲ著述致シマシタ大槻文彦兄大槻修二デゴザリマス、此度同書出版ニナリマシタル為メニ高崎富田両君ヲ始メトシテ其ノ思召ヲ以テ今日ノ宴会ヲ御開キ下サレ並ニ御臨席下サレマシタハ有難イ仕合ニゴザリマス、此儀ハ本人一人ノ栄誉デハゴザリマセズ即チ此ノ大槻一家一族ノ外聞デモゴザリマス、甚ダ嗚呼ガマシクハゴザリマスルガ、本人ニ代ワリマシテ私ガ謝詞ヲ申上ゲタウゴザリマス」。

このように語り始めた修二は、文彦が辞典の編纂にたずさわった経緯や父のことについても語り、父と文彦「両人ノ心中ヲ御察シ下サルヤウニ願ヒマス」と述べ、こう結んでいる。

「御礼ノ申シヤウハ何トモゴザリマセン、筆ニモ紙ニモ尽シ兼ネ、唯ダ有難涙ニ咽ビマス外申シ方ノ無イコトデゴザリマス。有難ウ存ジマス」

兄の謝詞に続いて、文彦はこんな謝詞を述べた。

「今日ハ実ニ身ニ余リ分ニ過ギ唯ダ恐縮致シマスルノ外一言モ申シ上ゲラレマセン、唯ダ終身肝ニ銘ジテ永ク紀念仕リマスルデゴザリマス、此一言の中ニ無量ノ思ヲ籠メマシテ、之レヲ御礼ニ仕リマス、意余ツテ言葉足ラズ、不恭ノ罪ハ幾重ニモ御容赦ヲ願ヒマス」

文彦の謝詞は兄の謝詞よりもずっと短いものだったが、夕刊読売新聞平成六年七月一日付によると、この謝詞について「当時の新聞には、来賓ももらい泣きしたと書かれている」という。そして、この記事は、こう指摘している。「その場面からは、独特の熱気が伝わってくる。明治国家の文教政策と大槻個人のドラマがそこで鋭く交差したがゆえであろう。かつて辞書作りとはこうしたものだったと教える貴重なドキュメントといえそうだ」。

『言海』をめぐるドラマは、これで終わりとはならなかった。

明治二十四年六月二十三日に完成祝賀会が開かれた大槻文彦の『言海』は、亀井孝が『平凡社大百科事典』で解説しており、最初四分冊で刊行され、「その後、一冊にまとめられ、大正末年までに四百数十版を重ねた」という。そして、亀井は『言海』が「本書以前にも辞書の形式をそなえたものがないわけではなかったが、収載語の豊富と語釈の精確とをもって、日本の辞書史上に不朽の足跡をのこす労作であった」と評価している。だが、これに続けて亀井は「時代の推移にもとづく新語の増補のないまま版を重ねてきたこと、もともと古語の多いこと、また漢語の多くは、むしろ漢和辞書に譲っていること。などの点から、しだいに「〈古語辞書〉としての価値しかもたなくなってしまった」と指摘している。そのため、「昭和にはいって《大言海》が出版され、もとの《言海》のほうは、もはやその原形をとどめぬまでに完全にそのなかに吸収されてしまった」と亀井は述べている。

彼は『平凡社大百科事典』で『大言海』についての項目も担当しているが、それによると、『大言海』は「はじめ松平円次郎、浜野知三郎が、その編集をたすけ、のち、かつて《言海》の編集にたずさわった大久保初男が加わった」が、「中途で松平、浜野の2人はしごとを辞し」「大久保のみは、1928年（昭和3）大槻文彦が死んだのちもその業をつづけた」という。そして「大槻文彦の死後には、大槻如電が編集を監督し、また、関根正直、新村出の指導を仰いだ」が、『大言海』は「《言海》に比すると、方言や近代語をも多く収めて」おり、「古語辞書としての価値が最も大きい」と述べている。さらに亀井によると、「見出し語には、たんにその釈義のみならず、出典もかかげている」が、「本書の特徴は、大胆な語源の解釈の加わっている点」であるという。

坂本が『大言海』を刊行したきっかけ

こうした特色を持つ『大言海』は全四巻で、昭和七年から八、九、十年にかけて冨山房によって刊行された。きっかけとなったのは、坂本嘉治馬が『言海』の跋文を読んだことであった。そのことを、彼は『冨山房五十年』でこう書いている。

「自分が大槻博士に『大言海』の編纂をお頼みしたのは、かつて、旧『言海』跋文の御苦心談を通読して非常に感激し、どうかして先生に『言海』改纂をお願いしたいものと始終考えていたのが動機であるが、その跋文の中にこういうことがある。『年を遂うて刪修《さんしゅう》潤色の功を積み再版三版四五版にも至らん。天のおのれに年を假さむかぎり、斯の文の為に撓むことあるべからず云々』と。これに力を得て、明治四十五年四月三日の神武天皇祭の日、根岸御行の松のお宅をお尋ねしてお願いしたのである」

そのとき、大槻は坂本にこう言ったという。

「実は自分からお頼みしたかったが、しかしこれはなかなか大仕事で、少なくとも五、六人の編集助員が必要なのと、どんなに急いでも六、七年

『大言海』

はかかるものと考えなくてはならない。もちろん前から、寝ても起きても『大言海』編纂の準備はしているが、いよいよ本式に着手すれば、編集部を置くことになるが、これになかなか費用がかかる。それでもやりますか」。大槻の厳とした口調に対して、坂本は自分も費用と年月のかかることは覚悟していたので、「万事承知しておりますから。お約束が出来ました以上は必ずやり通します」と答えた。

大槻文彦の申し出に対して坂本が「必ずやり通します」と答えると、直ちにその場で編集その他の約束が成り立った。坂本が大槻邸から帰る途中、旧『言海』を出版した林平次郎を訪ねて大槻との約束のことを話すと、林も加わりたいと言ったので、共同で『大言海』を出版することにした。しかし、後になって林は退き、坂本だけで出版を引き受けることになった。編集の様子を、坂本は『冨山房五十年』で、こう書いている。

「間もなく編集補助の人も、四、五人揃って、編集所は先生のお宅に置くことになり、着手したのであるが、先生はそれ以来、門外不出で編集に全力を傾けられた。先生は当時六十五歳で、その後五、六年はすこぶる健康であらせられたが、丁度古稀のお齢に肺炎にかかられ、高熱が長く続いて遂に重体に陥られ、家族の方々はいうまでもなく、自分らも非常に御案じ申し上げた。しかし御家族必死の御看護と御手当が天に通じたものか、不思議に御回復になられたのみならず、元よりも元気になって相変わらず編集に没頭された」

大槻は家族の看護によって、幸い病気を克服し、編集に力を注ぐことになったが、その後のことを、坂本はさらにこう書いている。

「そのうち最初のお約束の六、七年はとうに過ぎて、大正十年で、着手以来丁度十年になり、原稿カードも相当沢山の数に上ったから、火災が心配でたまらなくなった。そこで、御邸内に『大言海』の原稿保管の土蔵を新築したが、それから間もなく十二年（注、大正）の大震災に出会ったのである。東京市中どんな堅固な土蔵でも一たまりもなく灰燼と化したことであるから、『大言海』の原稿もむろん焼けたものとばかりあきらめておったのであるが、不思議に助かった」

大槻邸の隣境まで焼けて、そこでぴったり火が止まり、大槻邸も『大言海』の原稿を保管する蔵も全部無事だったのである。そのことを、坂本は「天が先生の御偉業を守って下さったことと思った」というが、「その後引き続き不断の御努力で、大正十三年には見本組みをこしらえるまでに進捗した」と、坂本は述べ、さらにこう書いている。

「しかし何ぶん御高齢であらせられるから、大正十四年から冬のお寒い時は自分の鎌倉の邸内別館で編集をお願いすることにしたが、それ以来毎年十二月から三月一杯はお出かけになり、寝てもさめても毛筆を執っておられた。また田舎出の女中から何か聞き慣れぬ言葉を耳に止められると、すぐに例の手帳を出してお控えになられたので、女中はみな不思議に思っていた」

しかし、昭和三年一月、大槻はふたたび発病し、二月十七日、八十二歳で亡くなった。そのとき、原稿は九分九厘出来ていたので、坂本は「速やかに印刷発行することが出版者としての責任であると痛感し」、出版を実現したが、「御生前に本書を御覧に入れることの出来なかったことは終生の恨事である」と、『自伝』で告白している。

結局、『大言海』は、予定の六、七年が十六、十七年になったのだが、「それだけ内容が充実し、十分に推敲が加わったわけである」と坂本は述べ、「第一巻の製本が出来すると、その日すぐに品川東禅寺山内の先生の墓前に供えて御報告をした」と書いている。

『大言海』の第一巻が刊行されたのは、昭和七年のことであった。この辞典の編纂には、大槻文彦の死後、文彦の兄である大槻如電や関根正直、新村出らが加わったが、新村が『冨山房五十年』に執筆した『大言海』刊行についての思い出によると、この辞典は第一巻が昭和七年十月、第二巻が同八年五月、第三巻が同九年八月、第四巻が同十年九月に刊行され、完結した。

この頃、冨山房は経営の面でも上調子の時機にあり、昭和七年九月に鉄骨鉄筋コンクリート造七階建（地階・屋階及び地上五階）の新社屋を完成し、同年十月九日に新築落成式があり、十一年には創業五十周年を迎えた。『大言海』の刊行はこうした祝い事と重なるように行われたのであるが、第一巻が刊行された昭和七年には十一月十日に同辞典の完成記念会も開催されている。『冨山房五十年』によると、『大言海』完成記念会は、東京会館に朝野の名流五百名が招待され、坂本嘉治馬、新村出の挨拶、田中光顕・徳富蘇峰・井上哲次郎の祝辞があった。

そして、同年十一月から八年一月まで三か月にわたって『大言海』の特売が行われたが、『冨山房五十年』は、「世間のこの名著に対する期待の可なり大きなものであるとは前々から知らないではなかったが、いよ〳〵、蓋をあけてみて、はじめてこの明治大正昭和三代にわたる一大著作の聲名が、国民のあらゆる知識層にわたって、いかにも深く、ひろく、とほく、いきわたつてゐることに今更ながら驚きと畏れとを感じないわけにはいかなかつた」と書いている。

このとき、冨山房は『大言海』の「百万冊普及」ということを標語に掲げた。また、第一巻の刊行とともに、新しい建物の五階に新たに言海編集室が設けられ、大久保初男以下全員がここに移り、さらに長谷川福平が校正印刷の事務を統括し、新村出が大槻に代り、監修に当った。こうして『言海』は、『大言海』へと受け継がれ、長い編纂事業に終止符を打ったのであるが、冨山房は『大言海』の刊行と同じ頃、もう一つの辞典を刊行している。

『国民百科大辞典』と『日本家庭百科大事彙』

『大言海』と同じ頃、冨山房が刊行した辞典とは、『国民百科大辞典』である。冨山房は『家庭用百科事彙』や『国民百科辞典』（四六判）等、百科辞典の刊行は明治三十九年から四十一年にかけて行っていたが、それらの辞典は、わが国における百科辞典の先駆とも言えるものであった。しかし、昭和になって新しく刊行する『国民百科大辞典』は、かつて刊行した百科辞典よりも巻数が多く、さらに左横組みという新機軸を打ち出した。この辞典の刊行について、坂本嘉治馬は、『自伝』において、こう述べている。「明治三十九年初めて『日本家庭百科事彙』を発行し約十万の家庭に普及したから、少なくとも知識階級においては、家庭と百科辞典の密接な関係のあることが感知されたのである。これによって自分としても百科辞典に対する確信がやや出来、引き続き小『国民百科辞典』（注、四六判）の編纂に着手したが、この小『国民百科辞典』もまた予想以上の成績を収めて、いよいよかねての信念に邁進する覚悟が定まった」。

坂本は、百科辞典の編集についての自分の考えも告白している。

「世間では百科辞典は多数の学者の執筆になるのであるから、造作なく編集の出来るもののように思われるが、それは間違った考え方で、百科辞典の編集ほどむずかしいものはないといっても過言ではないと思う。細かい基礎的な準備のことは省くが、第一、編集主任者は一方の学者で文章に堪能であり、しかも常識的で、識見のある人でなければならぬと同時に、専門学者すなわち寄稿家の選択・依頼には自分を空しうして最も公平に第一の練達者を選ばなければならぬのはもちろん、編纂の全体を通じて通俗平易で、しかも正確を期したものでなければならぬ。また百科辞典は一時的の出版物でない、永久的なものであるが、時代と共に始終改訂または増補を行わなければならない国家的事業である」

このような「国家的事業」ともいうべき仕事を坂本は楠山正雄という編集者にまかせ、彼が「最適任の人」で「わが社の誇り」だと述べている。楠山は、この期待に応え、左横組で二十余種の活字を使用したこの辞典を三カ月ごとに一冊ずつ予定通り刊行した。

坂本に「わが社の誇り」と言われた楠山正雄については、正雄の次男である楠山三香男編『楠山正雄の戦中・戦後日記』と『同』追補が、函入りで平成十四年に冨山房から刊行されている。正編には「辞典編集・演劇・童話の仕事を誠実に追う」、追補には「文芸の志明治・大正と磨き昭和に結ぶ」という副題がついている。正編の第二章「六十六年の生涯・仕事のあらまし」によれば、楠山正雄は明治十七年（一八八四）十一月四日、東京の銀座で石版印刷業を営む家に生まれたが、祖父、父の相次ぐ死によって、困窮の少年期を送った。そして、早稲田大学の英文学科を卒業した翌年の明治四十年（一九〇七）二十三歳のとき、早稲田文学社で、島村抱月主宰の『文藝百科全書』の編集に携わるが、この仕事が生涯にわたる「編集」の仕事の第一歩となった。相馬御風による推薦で始めたこの仕事には、大学の同期生である秋田雨雀、生方敏郎らも加わっていたが、実務の大半は楠山が担当した。『文藝百科全書』は、世界文明史の中に文藝をとらえて、古今東西の文藝、文藝論を体系的に集成することを目指し、索引を添え、作品や作者を個別に解説すると、百科全書になるという目算で三年をかけて編集し、明治四十二年に二千七百項目を解説した二千頁の大冊が完成、隆文館から発行された。文藝をかざした専門辞典の試みは評判を呼び、版を重ねたが、楠山はねらいの達成は八分通りだったと、巻末の「後に志るす」で書いている。

楠山は『文藝百科全書』の編集を終えた後、一年足らずいた読売新聞社文芸部を経て、明治四十三年（一九一〇）二月に坪内逍遥の推薦で冨山房に入社した。大隈重信主宰の雑誌『新日本』（明治四十四年四月創刊）の編集主任になるためだったが、これが機縁で、坂本の厚い信頼を受け、以後辞典編集、子供の読み物の企画や著作などを行い、「壮年期のほぼ二十年を、冨山房で辞典編集に精魂を傾けた」と、書いている。そして三香男によると、関東大震災後に「冨山房は辞典編集を恒久的事業に据える方針を立て、大正十三年（一九二四）に新しく百科辞典編纂部を設け、その責任者に正雄が就いた」という。楠山が四十歳のときであったが、当時、彼は京都に在住していた。しかし、坂本の懇命があったことと、関東大震災後の東京の変容に衝撃を受け、京都を去り、帰京した。その翌年から『日本家庭大百科事彙』の編集が始まり、昭和二年（一九二七）十一月に第一巻を刊行、三年十二月に第二巻、五年一月に第三巻を刊行、六年十一月に補遺・索引を収めた補修第四巻を刊行したが、全巻は四千七百頁に及んだ。『日本家庭大百科事彙』の完結を見越して、百科事典編纂部は『国民百科大辞典』の編集に着手し、『家庭大百科』最終巻には「『日本家庭大百科事彙』購読者のみなさまの圧倒的声援裡に、昭和日本に誕生した先駆的百科辞典たる栄誉を完くすることができ、まことに感謝すべき華々しい成功でございます」と自賛したチラシがはさまれていた。それによると、売行きは十五万部であったが、「これは前奏曲」だと、百科辞典編纂部は考えた。

楠山正雄

『日本家庭大百科事彙』は「前奏曲」であると百科辞典編纂部が考えたのは、編纂部が十年計画を持ち、その最後の目標が自然・社会分野にわたる普遍的な『国民百科辞典』全六巻を刊行することであったからだ。そのことが『楠山正雄の戦中・戦後日記』の第二章「六十六年の生涯――仕事のあらまし」に書かれているが、それによると「二つの辞典の併用で、硬軟相補い、人間知識の万華鏡として融通無碍、大自在の妙用を発揮する日は近い」と計画ではうたい上げていた。

ところが、十年計画はその後に拡充されて全六巻が二倍の全十二巻となり、第一巻が昭和九年三月に刊行され、以後、三カ月に一巻ずつ刊行して十二年三月で第十二巻に到達し、四月に別巻の地図帳を加えて一応完結した。しかし、その直後の七月七日に日中戦争が勃発して社会状況が急展開したので、補遺として「續輯」二巻が加えられることになった。そのため、最終配本の第十四巻巻頭に「日本と支那—支那事變を中心として」という特集三十五頁が掲載されたが、この刊行が十三年四月であった。四年間で全十五巻の刊行を終え、全巻で一万二七二四頁、各頁の活字が三千本として計三万八千三十万字となった。『楠山正雄の戦中・戦後日記』は、そのことを伝え、さらに冨山房の辞典刊行について、こう述べている。

長谷川福平

「冨山房は明治三十二(一八九九)年から十年がかりで『大日本地名辞書』六冊の大出版をなし遂げていた。前述した三十九年発行の『日本家庭百科事彙』で家庭という限定した対象ながら、百科辞典の形態を整えて世に問うた冨山房は、続いて明治四十一年に日本最初の小百科辞典として『國民百科辞典』を刊行した。『國民百科大辞典』はその名を受けての発展企画だった。数量的に見て創業以来の「最大出版」で、進行ぶりは「最能率的出版」との社内評価を与えられた。項目を多く、一項目一解で、図解本意をとった。国文、欧文、数字、符号を自在に混用するため、左書き横組みとして、主に片仮名を使うなど、内容・体裁に思いきった新機軸を採用したといい、清新さをアピールしている」

『國民百科大辞典』の最終巻には楠山自身の署名による「後にしるす」が掲載され、その中で楠山は『國民百科大辞典』に直接関係した人々への敬意と謝辞を表明し、第一に印刷、製本のことをとりあげ、社内で直接折衝した担当者や作業現場に思いを致している。和・欧文の活字、変体活字、符号用活字など三十余種を三カ月ごとに千頁平均近くに組み上げ、少なくとも五、六校、時として十二、十三校に及ぶ校正に耐えたことを讃え、「その盛情と熱意」が画期的な成功をもたらしたと述べている。そして、寄稿家一千百名と図版担当の人たちに対しても「深甚の謝意を表する」と記し、百科辞典編纂部の三十人に近い同人について、それぞれの専攻を明らかにして担当の役どころを示し、「前後七年にわたる間の諸君のそれぞれに人知れぬ思ひ出が、一行の活字、一箇のカットの上にも籠められてゐるのである」と書いている。

各種の大きな出版を行った冨山房は、大正十二年には関東大震災にも見舞われている。その時のことを『冨山房五十年』に収録された長谷川福平の「三十三年を顧みて」がこう書いている。「九月一日、かねて塩原に静養中であった坂本社長は前日に帰京し、鎌倉に避暑中の家族を訪ねる前に、打合すべき要件があったので午前十時頃出社し、自分と二階の社長室で要談中、突如として起こったのである。最初の振動にはさしたる事もなかったが、続いて起こった余震に、全部の棚は倒れ、建物の四囲はさながら鳥籠のやうになって、容易ならざる大震である事を感ぜしめた。不図窓外を見遣ると、遠く日本橋、京橋辺りから諸所煙が上り、間もなく近い女子職業学校の裏手から凄まじく黒煙が渦巻き上るではないか。到底類焼は免れぬものと直ちに覚悟し、危険を冒して、原稿は全部平素から用意してあった各自の行李に入れさせ、二階三階より道路に投下し、重要書類と共に、煙焔を突破して車数台で小石川林町の社長邸に運ばせ、社長の指揮で付近の菓子屋からはパンを買集め、殆ど全員揃って、当時の売店のあった東京駅へ避難した」。

昭和十三年、七十三歳で亡くなる

昭和十二年十月に刊行された『冨山房五十年』所収の坂本嘉治馬による「冨山房創業五十周年に当りて」という文章の書出し部分はさきに引用したが、その部分に続く節で、坂本は、「冨山房が五十年の試練を経て社業の基礎漸く固きを加へましたについては、我國國運の発展に負ふところの多大なるは勿論でございますが、また経営上、終始一貫、外には小野先生の遺箴たる益世報效を標語として、多少とも恒久の方針を持するとともに、内には自ら小野翁の教訓たる一人一業主義を遵奉し、また、原田二郎翁の堅実中心主義を信念として」きたことを告白している。そして「創業の当初より高田博士、天野博士、市島先生は、小野先生の東洋館の再生として、あくまでわが冨山房の成長を後援支持せられ、芳賀博士、上田博士は始終社業啓発のために顧問の労ををしまれず、また全社員一家族のごとき協力一致」があったと述べている。

ここに登場する高田博士とは、高田早苗、天野博士とは天野為之、市島先生とは市島謙吉、小野先生とは小野梓、芳賀博士とは芳賀矢一、上田博士とは上田万年のことである。坂本はこれらの人たちが冨山房を助けてくれたと述べ、「既往五十年間に、累々積んで三千余点、優に一書庫を成すに足る夥しき出版物は、冨山房の業績と申しますよりも、全く諸先生が永き御努力の一大集積であり、多年に亙る諸先生及び諸先輩方のご指導、ご鞭撻によって築きあげられた一大文化記念物に外ならないのです」と感謝し、こんな抱負も吐露している。

「しかしながら冨山房は今、五十年を一区画とする第一期の基礎事業をわずかに完了したにとゞまるのでございます。この小成に甘んぜず、更に次の五十年にむかって、あくまで本来の使命にしたがひ、無限になく大いなる出版文化の発達に貢献するため、社員一同、新たに全力を挙げる覚悟でございます」

末尾には「昭和十一年三月一日」と記載され、坂本の肩書きは「合資会社冨山房社長」となっているが、社史には「物故社員及び社友」の名前も記され、昭和十一年三月一日現在の社員の名前も記されている。それによると、社長の坂本を含め社員は百五十名にのぼる。さきに引用した長谷川福平の「三十三年を顧みて」によれば、長谷川が入社した明治三十六年頃は、社員数が十五、六人に過ぎなかったというから、冨山房は大きく発展したのである。そして、社屋も昭和七年に七階近世式建築が完成していた。しかし、創業五十周年から二年後の昭和十三年、坂本は数え年七十三歳で亡くなったのである。坂本嘉治馬の死去については、『出版人の遺文　冨山房坂本嘉治馬』（栗田書店）の巻末に収められた「解説坂本嘉治馬・人と業績」が死去に至るまでの坂本の生涯を次のようにふりかえっている。

「坂本嘉治馬は、慶応二年（一八六六）に生まれ、昭和十三年（一九三八）に数え年七十三歳で没した。その経歴は自伝に述べている通り、少年時代を除いて全生涯を出版一筋に打ち込んで、出版界に大きな足跡を残した。その足跡というのは、出版人として業務成績をあげたということもあるが、それよりも、文化的価値の高い名著、大著の出版を、多くの困難と闘いながら次から次へと敢行し、日本の文化に非常な貢献をした業績のことである」

『出版人の遺文』の解説では、坂本について博文館の創業者である大橋新太郎が評した言葉を引用している。その言葉は、『冨山房五十年』に寄せた大橋の「坂本君と自分」という文章から引用したもので、その文章は、本稿でも引用したが、大橋は「冨山房が刊行した図書は、明治・大正・昭和の各時代を通じて半世紀の大文化史である」と賞讃していた。

冨山房の創業は明治十九年、博文館の創業は明治二十年で、両社は同時期に発足しているが、『出版人の遺文』の解説は、坂本と大橋を比較しながら、次のように述べている。

「大橋新太郎、坂本嘉治馬という、出版界の二人のすぐれたパイオニアを比べてみると、年齢的にも、出版に乗り出した時期的にも大差なく、その経営ぶりも堅実を旨としている点で共通しているが、そのねらい、あるいはやり方という点では、両者は対蹠的なものを示している。大橋はジャーナリスティックなセンスで機能性のある雑誌出版に主力をそそぎ、明治末期には雑誌王国博文館を築きあげている。これに対して坂本の方は、じっくりと腰を据えた息の長い出版と取り組み、『大日本地名辞書』、『日本家庭百科事彙』のような辞典類や『漢文大系』、『袖珍名著文庫』などの古典復刻ものを出版して、大著出版の冨山房の名を早くも明治の知識階級に印象づけている。大橋が越後での新聞経営から発足し、坂本が早稲田大学創設の功労者小野梓の門から出たことを考えると、この両者の出版に対する方針の違いも納得されるのである」

解説は、このように坂本と大橋の出版に対する姿勢の違いを指摘し、「坂本嘉治馬が土佐から出てきて、東京の西も東もわからぬ時に、小野梓の経営する書店東洋館に身を寄せたということは、数え年十八の少年にとって大変幸せであった」と述べている。「今ならば、さしずめ義務教育を終えて定時制高校に学んだという程度」の学歴だった坂本の「知的教養は専ら東洋館時代に、小野梓の薫陶と彼自身の努力によって基礎造りされた」からだが、解説はさらに、「小野梓から受けたものが彼の将来を決定づけ、小野の抱いていた出版の理想が東洋館では実らず、坂本の冨山房で開花結実したと見てよいだろう」と述べ、こう続けている。

「坂本は、東洋館の事業を直接継承して冨山房を開いたものではなく、全く別個の出版なのにもかかわらず、世間では、冨山房は東洋館の後身であるかの如く多くの人が見ていた。これも小野の法統を坂本が継いで弘めたという意味では、あながち間違いないであろう」

坂本が高知県から東京へ出て来たとき、父の恩人である酒井融翁に小野梓を紹介され、小野が書林を開業することになっているので、小野を訪ねるようにと言われて訪ねたのが東洋館であったということは、すでにふれたが、『出版人の遺文』での、坂本と小野の関係についての解説は、こう続く。

「小野梓と坂本嘉治馬の関係は、坂本が東洋館に入った明治十六年十二月から小野が死んだ同十九年一月までの、正味二年余りの短日月にすぎないが、その間に小野の優れた人格が感受性豊かな青年坂本の心に強烈な感化を及ぼしている。そして小野の理想である『良書普及』がそのまま坂本の出版についての信念となり、『益世報效』が冨山房の社是となったのである」

そして、解説は小野の経歴についても次のように紹介している。

「小野梓は、嘉永五年（一八五二）土佐の宿毛に生まれ維新の奥羽征伐に従軍、明治三年中国に遊歴、同四年米国に、同五年英国に留学、法律・政治・経済を学んで同七年帰朝、イギリスのクラブ組織を模した会、共存同衆を作り社会教育活動を行なう。同九年官界に入り大隈重信を知る。同十九年一月三十五歳で病没した」

この解説にあるように、「小野の経歴は簡単で、その一生は短い」が、「明治初期の傑出した知識人として、その短い生涯に多くの仕事を残して」いる。たとえば、「大隈重信の頭脳となって改進党の結成、早稲田大学の前身である東京専門学校創設の中心人物となった」が、「このほかに、小野は良書を出版普及して日本国民の知識の向上を計ろうとした」のである。「東洋館の設立経営の目的はそこにあった」が、解説によれば、「もともと小野の考えは、封建的遺制の一掃、議会制度による新日本の建設にあった」という。「そのため彼は、三つの目的を定めて」おり、目的の「第一は政治の改革、次に学問の独立、最後に良書の普及」だった。「英国留学で多くのものを学んだ」小野は、政治改革においては、「穏健なイギリス流議会主義をとった」が、改進党をつくり、議会政治を健全に発展させるため、官吏養成を任務とした官立学校でなく学問の独立をめざす東京専門学校を開設した。そして「議会制度を発展させるために国民の知的向上を計る」ことを目的に「良書を普及させ、学問芸術の発展を期すべき」出版活動をめざしたのである。

このうち、「政党と学校はその後、彼の理想からは遠かったにしろ、次第に発展して行った」が、「出版事業だけは、彼の死と同時に中止」せざるを得なかった。「小野の出版計画は、いわば大艦巨砲主義で、小国東洋館はその建造軍事費の負担で倒れたようなものである」からだが、これを救ったのが坂本嘉治馬であったと解説は指摘している。

「小野の出版に対する理想は、後に坂本嘉治馬の冨山房で実現された」のだが、「坂本は小野の五十回忌に当る昭和十年、その師恩を記念して小野梓の胸像と小野梓奨学基金を早稲田大学に贈っている」のである。そして「その翌年、冨山房は創立満五十年を迎えて十月十五日東京会舘で盛大な記念祝賀会を催し」「その日、彼の長年の功労に対して緑綬褒章が贈与された」ことを解説は伝えている。「坂本嘉治馬七十一歳、まさに功成り名遂げた出版界の長老であった」と、解説は坂本を讃えている。しかし、次節で、坂本について悲しい事実が記されている。

「昭和十三年、七十三になった彼は郷里高知県宿毛町に帰省した。気候のよい五月の旅だったが、出発前からの軽い風邪が抜けず、旅の疲れも重なって帰京後まもなく床についた。肺炎と診断され、一時小康を得たが再発、八月二十三日鎌倉の別邸で死去した。遺骨は東京駒込の吉祥寺に葬られた」

『出版人の遺文』での坂本の評価

こうして、坂本嘉治馬は、出版人としての最期を迎えたが、『出版人の遺文』の解説は、坂本について、こんな評価をしている。

「坂本嘉治馬の一生は、成功した明治人の一つのタイプを示している。精神の底には儒教的倫理の土壌があり、その上に、誠実、忍耐、克己、勤勉、報徳など多くの徳目の花が咲き、実をつけたのである。彼の自伝を読んで感心するのは、その意志の強固なことである。煙草をやめ、好きな碁も遠ざけたというのは、その一つの現われである。一旦約束した以上は何年でも待つという辛抱強さが、幾多の大著を完成させ、大出版物の冨山房を造り上げた。明治大正のおおらかな時代とはいえ、余人にはなかなか出来ないことである」

解説は、このように坂本を評し、彼が出版人として成功した理由についても述べている。

「彼は、成功の秘訣は『運・鈍・根』にあると自伝の中で述べ、しかし『運は寝ていて待っては来ない。運は根気から出てくる。根気は気長で鈍でなければ生じない。また健康に基づくものである』と語っている。彼の説く運・鈍・根は、みな他から与えられるものではなく、自分自身で作るべきものである。運をつかむのは不断の努力と誠実の結果である。鈍は己の才におごらず謙虚に他人の言葉に耳をかたむける素直な心である。根気は健康から生まれる。体の調子の悪い時には、誰でも根気が続かないものだ。したがって、根気と健康は不可分のものと彼は考えている」

解説は、このように、坂本の成功の秘訣が運・鈍・根の三原則にあり、中でも坂本が「根」を重く考えていたと指摘し、その理由をこう述べている。「自伝の終りのところに、『私は運も悪い方ではなかったが、根気と健康は人に敗けないつもりである』と、根に力点をおいた記述をしている。その彼の根気も、自伝の初めの方で酒井融翁から受けた教訓について、『殊に土佐人は一体に気が短いというので、忍耐とか根気とかいう事について教えを受けたことが非常に役立った』と、述べていることから推して、その大部分は自分で努力して作った後天的資質と思われる」。

そして、坂本が鈍であると自称していることについても解説はふれている。「また彼は、自ら鈍であると称しているが、二年そこそこで東洋館の支配人的存在になったということは、鈍才では出来ないことである。鈍と称するのは謙遜の辞であり、自戒の言と見るべきである。冨山房開業の件にしても、鈍ではなかなか出来ないことで、西村眞次博士は『冨山房五十年』の中で、『あのむずかしやの小野義眞氏から、年僅か二十一歳の青年にも拘わらず、坂本氏が資金を引き出し得たという一事が、将来冨山房の経営に成功するということを予言している』と、指摘している」。

解説は西村眞次の坂本評を紹介しながら、坂本がけっして鈍才ではなかったということを述べ、さらに坂本をこう評している。「坂本は冨山房を開業して間もなく、東洋館時代に小野梓が計画して果たさなかった天野爲之の書き下し『経済原論』を処女出版として発行し、大当りをとったことは自伝に述べてある通りである。この本は再三、版を重ねて三万部売れて、冨山房発展の礎石になったという。これも自伝では、予想外の売れ行きと運のおかげのようにいっているが、彼に時流に対する鋭い勘があったから当ったのだと解すべきであろう」。

解説は、このように、坂本の「時流に対する鋭い勘」にふれ、天野爲之の『経済原論』がなぜ売れたかという問題についても述べている。それによると、冨山房が創業した明治十九年は、二十二年の憲法発布、二十三年の帝国議会開設を控えて日本社会の転換期を迎えた時期で、洋風万能時代も終わりに近づき、出版界も「翻訳一本槍から日本人の著作書の時代にはいろうとしていた」時期である。そして「二十年になると、政治書は下火になり、代って経済物や、実業関係書が抬頭してきた」ので、「天野爲之の『経済原論』はまさに時流にヒットした」のである。

こうした変化を坂本は見抜いていたのだが、解説は「坂本嘉治馬が、出版人として時流に鋭い感覚を持っていたことは、間もなく教科書出版に乗り出したことにも現われている」と指摘している。「当時の日本は資本主義がようやく勃興してきていた」ので、「手工業から機械工業へ、小規模の家内工業から工場の大量生産へ移りはじめた時期」だったが、まだ「家内工業の域を脱しなかった」出版も「教科書出版だけは近代資本主義の大量生産、大量販売の性格を持っていた」ので、「資本力と販売力を持っていれば、教科書出版は確実に、しかも大きくもうかる商売」と考えられていた。そのため、坂本は「教科書出版に乗り出した」のであるが、「しかしこの出版には、大きな資本が必要なことと、これを強力に売るためには、文部官僚や地方学務官吏の協力、あるいは諒解が必要だった」ため、坂本は「販売上の問題でいや気がさし」「一旦乗り出した船を引き返して、小学校教科書出版から手を引いた」のである。このことは、「自伝には明記されていないが、多分、小学校教科書の汚い販売競争に我慢なりかねたからだろうと考えられる」と解説は指摘しているが、教科書出版から坂本が手を引いたのは、幸いだった。

冨山房の創業時代

坂本が教科書出版をやめた明治三十五年の暮れ、明治大疑獄の一つである教科書事件が起こったからである。そのため、『出版人の遺文』の解説は、「ここにも坂本の運の良さというか、勘の良さというか、その両者のかさなり合ったものが感じられる」と述べているが、「この教科書疑獄事件は、翌三十六年の議会で小学校教科書国定制度を作らせる直接の原因になった」のである。「それは、思想の自由、出版の自由の問題として銘記されるべき出来事であった」と解説は指摘している。

教科書問題に見られるように、坂本は「運の良さ」「勘の良さ」に恵まれていた。しかし、解説は「坂本嘉治馬の冨山房経営は順風満帆の航海を続けたわけではない」と指摘し、こう述べている。「彼の自伝は、明治三十四年から四十四年までの十年間を、『苦難奮闘の時代』と呼んでいる。表面順調に伸びた仕事は、実力以上に拡がって、資金難に陥ったのである」。

ここで倒れてしまう出版社が多いのだが、「しかし坂本は、小野義眞、原田二郎、その他の人たちの温かい援助で幾度かの難関を切り抜けている」のである。「彼はこれを、この人たちの恩、自分の幸運と感謝して小野義眞に関しては、資金面だけではなく、社会人生についての恩師として感謝の言葉を述べている」が、これについて、解説はこう指摘している。「人生において、こういう人たちにめぐり会えたということは、坂本嘉治馬の幸福であり幸運であった。しかしこれも、この人たちと知り合ったのは運であるとしても、その信用を得、援助を受けることが出来たのは、帰するところ坂本の人間的魅力、その誠実、勤勉、努力、忍耐などなど――彼のいう根と鈍の賜物というべきである」。

そして、解説はこう結んでいる。「冨山房坂本嘉治馬の出版人としての業績は、時がたつにつれてますます光り輝いてくるように見える。彼の活躍した時代と比較にならぬほど大きくなった今日の出版界を眺めて、出版は文化事業なのか営利事業なのかと考えさせられるような時、坂本嘉治馬の残した足跡が大きく浮かび上ってくる。まさに巨人の足跡である」。

解説が「巨人の足跡」と評した坂本の生涯は、昭和十三年八月二十三日に最期を迎えたが、坂本の死後も冨山房が坂本の生きていた時と同じ規模で経営されたかというと、そうではない。昭和十一年に創業五十年を迎えたとき、社員は百五十人いたが、その後、この人数は減ってゆき、組織も縮小した。冨山房は、本社社屋の一階や丸の内に小売店も経営していたが、万引が多くて、小売店は廃止された。

「冨山房百科文庫」の発刊

坂本嘉治馬の死後、経営を引き継いだのは、長男の守正《もりまさ》で、彼は創業五十年のとき、社員として入社していた。そして昭和三十五年一月に亡くなり、その後を現在の社長である起一《きいち》が継いだ。起一は昭和十二年九月二十日生まれなので、祖父の嘉治馬のことは記憶にないというが、母の話では、鎌倉での祖父の暮らしは質素なものだったという。

坂本嘉治馬は、昭和十三年八月二十三日に亡くなったが、その二カ月前の六月、冨山房は「冨山房百科文庫」を発刊した。この文庫は、ふつうの文庫本に比べて少し縦長で新書判のサイズであったが、契沖著、武田祐吉校註『萬葉代匠記』一、川田順校註『全註金槐和歌集』、大類伸著『列強現勢史・ドイツ』、ウンゲル著、宮島幹之助・石川錬次共著『大科学者の歩める道（ローベルト・コッホの生涯）』、坪内逍遙著、河竹繁俊解説『役の行者（附神變大菩薩傳）』などが発刊当初の書目である。

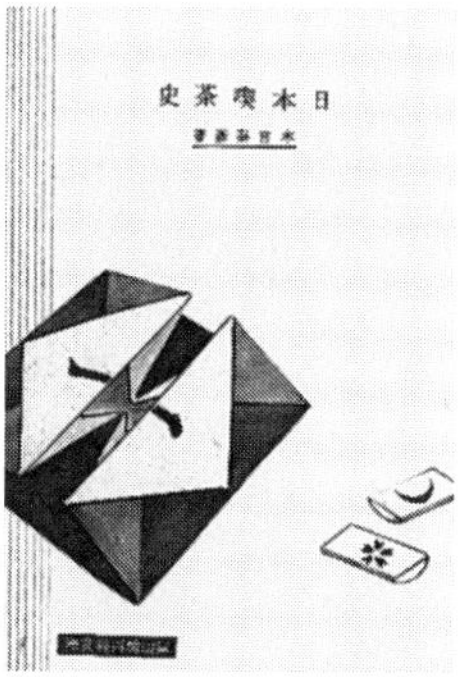

「冨山房百科文庫」の表紙

この文庫は、昭和十六年八月の広告によると、その時点で百二十冊が刊行されているが、戦争が激しくなるにつれて、刊行が一時中断され、昭和五十二年四月に「冨山房百科文庫（新書判）」として、新たに発刊されることになった。そのとき、作られたパンフレットには「発刊の辞」や六人の文化人が寄せた文章が収められている。

その中の「発刊の辞」は、次のように発刊の趣旨を述べている。

「冨山房は、イギリスのカッセル、ドイツのレクラム、フランスのラルースなどの小型判古典文庫の刊行と相前後して、いち早く一九〇三年（明治三十六年）『袖珍名著文庫』を発刊し、以後大正時代には『名著文庫』新版、昭和に入って『冨山房百科文庫』を出版し、いわばわが国におけるポケット判古典叢書の先駆版としての役割を果してまいりました。（略）このたび当社は、過去の輝かしい伝統をふまえ、今日の文化の現状認識の上に立って、広く洋の東西を問わず文化のあらゆる領域を通じて、その重層的な文化の基底をなした古典を覆刻するとともに、多様な文化に対する真の理解を深める名著を刊行する決意を固めました。ここに装いを改めて新しく『冨山房百科文庫』を発刊し、わが国の文化にいささかなりとも寄与したい所存であります。ひとえに江湖の理解ある御支援を期待してやみません」

発刊時に文章を寄せた六人の文化人とは、杉捷夫、高橋義孝、辻邦生、中野好夫、森銑三、吉田秀和らであるが、高橋の「『冨山房百科文庫』の復活」という文章は、発刊当時、この文庫がどういう趣旨で企画されたかについてふれているので、紹介しておく。

「当時の発刊趣旨に『採輯の書目は日本及び世界各国にわたり、文芸、史伝、哲学、宗教、学術、教育、政治、経済名著ならびに各種辞典及び参考文献、家庭、婦人、児童読物乃至趣味、娯楽』等とあるように、広範囲に亙る書目を採録しようとした異色の文庫であったが、戦争が次第に烈しくなりついにその志を遂げることができなかった。今日このような異色ある、しかも高級な文庫本が復活するとは一読書人として欣快の至りと云わなければならない」

高橋は、「冨山房百科文庫」について、「文庫本とはいえ、この百科文庫にはいわば玄人好みのする著作が収録されていた」と述べ、「立案企画には恐らく当時冨山房の編集局にあって、『国民百科辞典』の総指揮をとった故楠山正雄氏が当ったのであろう」と推測している。「書目の選択がひとひねりひねってあった」からである。「たとえば『唐詩選』の評釈者が森槐南であったことからも、この文庫本がただの文庫本ではなかったことが知られる」と指摘している。

昭和五十二年四月に新たに発刊された「冨山房百科文庫〈新書判〉」の十巻目までの書目を紹介すると、次の通りである。

高杉一郎『新版極光のかげに』、T・ゴーチエ／渡辺一夫訳『青春の回想ロマンチスムの歴史』、加藤周一・中村真一郎・福永武彦『1946・文學的考察』、スタンダール／冨永明夫訳『エゴチスムの回想』、ジョン・キーツ／田村英之助訳『詩人の手紙』、武者小路実篤／大津山国夫編『新しき村の創造』、早乙女忠・中村邦生訳『喜びのおとずれC・S・ルイス自叙伝』、三宅雪嶺・芳賀矢一／生松敬三編『日本人論』、W・ペイター／別宮貞徳訳『ルネサンス』、萩原朔太郎編『昭和詩鈔』

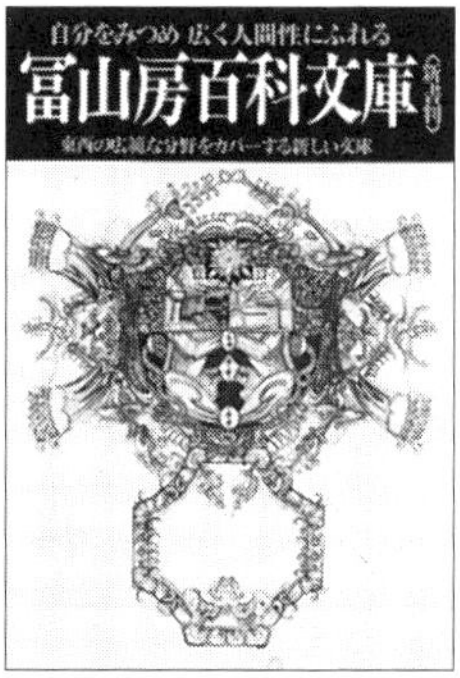

「冨山房百科文庫」（新書判）のパンフレット

これ以後の書目では、森銑三『おらんだ正月—江戸時代の科学者達—』、きだみのる『気違い部落周游紀行』、薄田泣菫／谷沢永一・浦西和彦編『完本茶話』上・中・下などがあるが、これらは隔月に二冊ずつ刊行された。

「冨山房百科文庫」の新版について、パンフレットは、その特色を次のように記している。

1、旧「冨山房百科文庫」の遺産は、できるだけ今日的視点から再検討し、再編成して継承する。2、明治以来の日本の東西両洋の文化理解への反省と批判に立脚し、文化の複雑な歴史的性格の把握の深化に資する。3、小説を除く文化の多様な諸領域をカバーして「百科」の名に恥じぬものとする。4、すでに刊行されていたものを収録する際の表記については、原則として、当時のかたちを踏襲する。

ここに書かれているように、「冨山房百科文庫」は小説は収録しておらず、新版は旧「冨山房百科文庫」の遺産を今日的視点から再検討し、再編成して継承することをめざした。

冨山房は、戦前から戦後にかけて、他にも大きな出版を行っている。昭和十年に編纂に着手した『カトリック大辞典』全五巻である。これは、カトリック教皇ピオ十一世によって上智大学に編纂事業が要請されたものである。「カトリック新聞」一六七二号によれば、この辞典は、カトリック神学・哲学・倫理・教会組織・典礼・芸術・教会史・聖人伝・文献・カトリック世界観とその文化領域への影響・カトリック世界観からみた精神および自然科学・教会統計・諸国の宗教事情などを、先進キリスト教諸国で出されている標準的大辞典によって訳出し、さらに全世界のカトリック学者から直接寄稿を求め、挿絵その他の資料をドイツのヘルデル書肆から提供するという形で編纂が行なわれた。

第一巻は昭和十五年に刊行され、第二巻は十七年に刊行された。しかし、この頃から戦争の激化で、資料を疎開しなければならなくなり、編纂が中断し、十年後の昭和二十七年に第三巻、二十九年に第四巻が刊行された。そして、三十五年八月に第五巻が刊行され、完結した。

「カトリック新聞」によれば、『カトリック大辞典』の編纂は、極東における日本の重要な地位と日本におけるカトリック教会の重要性を洞見した教皇ピオ十一世によって編纂事業が要請されたもので、ピオ十二世もこの事業に特別の関心を寄せ、援助を惜しまなかった。そして元駐日教皇使節マレラ大司教は、最も有力で熱心な支持者で、この事業の初めから完成まで、終始その経過を注視していた。

この辞典の目的は、カトリック教会についての体系的専門的知識を日本の社会に与え、日本の図書や教科書にみられるカトリック教会の精神・歴史・生活についての誤解を正し、カトリシズムの真の姿を示すことによって東西文化の正しい交流の一助とすることにあった。辞典編纂事業は、日本と一緒に中国、インドでも始められたが、日本で一足先に完成したので、東洋では最初のカトリック辞典となったが、「キリシタン」についての章は、日本の『カトリック大辞典』として特色あるものと言える。編纂の着手から完成まで二十五年かかっており、文字通りの大事業であった。坂本は社長に就任した年、その完結に立ち会うことになったのである。

『新編大言海』と『増補大日本地名辞書』

昭和三十五年に『カトリック大辞典』全五巻を完結し、五十二年には「冨山房百科文庫」を再刊した冨山房は、昭和五十七年には、創立九十五周年を迎えた。これを記念して二月に大槻文彦著『新編大言海』全一巻が刊行された。『大言海』は、戦後、当用漢字・現代仮名遣が定められるなど、国語政策が転換されても、当初の姿を保持し続けてきたため、読者から「引きにくい」など改訂の要望が高まってきた。

そこで、冨山房では、読者の声と著作者人格権の尊重と双方の接点を調整しながら検討を重ねて編集要綱をまとめ、大槻文彦の令孫清彦にはかり、『新編大言海』の刊行に着手したが、『新編大言海』の要綱は次の通りであった。
一、見出し語を現代仮名遣に改め、古典仮名遣―旧見出し語―を右側に片仮名で残す。二、見出し語及び解釈文中の変体仮名は普通仮名に改め、出典引用文中の変体仮名は偶数頁下段欄外に例示。三、見出し語排列で従来「む」の次に排列されていた「ん」は第二音節以下各音節の末尾に配置。四、用言（動詞・形容詞等）の活用（片仮名）順のほかに普通文法の活用（平仮名）順を併記。五、発音に二様ある場合は、一方を参照項目で示す。その他、若干補注を加えた外は、すべて初版のまま。

『新編大言海』はB5判二百四十頁、一万八千六百円で、大野晋、大岡信、山田忠雄、高田宏らが推薦し、大岡はこう述べている。

「『大言海』が日本語辞書の一大古典であり、一大傑作と呼んでしかるべきものであることはいうまでもない。それだけに、絶えず新しい時代に利用活用されてゆくべき性質のものである。このたび慎重な検討を重ねた末に新編『大言海』が発刊されることになったことは、現代仮名遣で育った人人にとっても朗報である」

この辞典以外にも冨山房は大きな辞典の増補版を刊行している。その増補版とは、昭和四十四年から四十六年にかけて刊行し、さらに五十七年二月に再刊した吉田東伍著『増補大日本地名辞書』全八巻である。B5判・各巻平均九百七十八頁、各二万一千円（税込）であった。この辞典は、最初に刊行されたときの巻数は全七巻であったが、最初の刊行から六十余年経った昭和四十四年から四十六年にかけて刊行されたときは、吉田東伍博士の遺稿の翻刻の許諾が得られたので、全八巻となった。この辞典については、昭和四十六年に増補版が刊行されたとき、当時の冨山房編集主任編集部長の青池竹次が「刊行にあたって」という文章を書き、『大日本地名辞書』刊行の経緯について、次のように書いている。

「大日本地名辞書は明治二十八年九月編集が開始され、同三十三年第一分冊を当社から発行、同四十年八月第十分冊を以て正篇が完了、同年十月首巻の汎論索引一冊を添えて完結した。次いで四十二年には続篇（北海道・樺太・琉球・台湾）が上梓された。その稿本は大正七年先生御逝去の後、余材七十六冊を併せて五四五冊、早稲田大学図書館に寄託せられて今日に及んでいる。『余材』は続篇を除く全土に亘る増補資料で、増補版はこの未刊の八三六三丁の稿本全部を補として収載したもので、吉田先生の大日本地名辞書は、名実ともにこれを以て完結した。

本書は旧本全部のほか、増補を関連項目に配属させて閲読の便をはかり、誤字を訂し、或いは補注を加え、索引には難読誤読をさけるべく配慮した」

『漢文大系』と『新漢和字典』

冨山房は、昭和五十三年には『漢文大系』全二十二巻も刊行している。同書は芳賀矢一博士が命名し、内容見本によると校訂者に服部宇之吉博士をはじめ重野安繹・星野恒・井上哲次郎・小柳司気太・安井小太郎・岡田正之・島田鈞一・児島献吉郎らの碩学を擁して、明治四十二年十二月まず首巻の「四書」を刊行、約八年の歳月を貴して、大正五年十月、終巻の「楚辞・近思録」をもって完結した。全二十二冊、三十八篇を収めた、わが国最初の漢学叢書であるが、斯界の権威が底本を厳選し、通行本を採り、未刊本を選び、既刊の伝本の不備を未刊の注解の挿入によって補正し、難語難句をかな交じり文で頭注し、中には全文の解釈を匡部の外に加えて、利用者の便をはかった。そして安井息軒の未刊行本の出版、竹添進一郎の「春秋左氏会箋」の採用、太田全斎の自家自製の木活版「漢非子翼毳」の翻印、あるいは「詩経」「書経」「楚辞」に

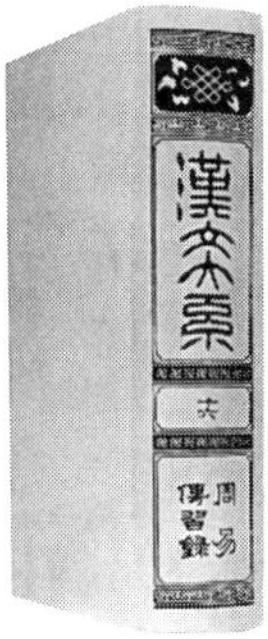
『漢文大系』

は新古両注を併載するなど、新編集を試みた。冨山房では各巻「索引」の完成を期に、名著覆製の一環として、昭和四十七年から五十三年にかけて増補版全二十二巻を刊行したが、再刊にあたっては、服部宇之吉博士の嗣・武先生の援助を得、また長澤規矩也博士が全巻各書目に亘る新しい「解題補」を執筆した。『漢文大系普及版』は、菊判クロス装で、一、十、十三、二十巻は各九九七五円、その他の各巻は九六八四円であった。

『新編大言海』や『増補大日本地名辞書』『漢文大系』などは、編集者に人を得なければ出来ない仕事であったが、それを成し遂げたのは、昭和二年に入社し『大言海』編集室の一員となった青池竹次である。彼は昭和十年『大言海』完結後も辞書課長として編集部での仕事を続け、長谷川福平編集長のあとを継ぐべき人とされていたが、太平洋戦争の激化と敗戦後の混乱のなか、冨山房を離れ、新聞界に転じていた。

その青池に昭和三十四年四月、社長の坂本守正が『新漢和字典』の改訂を依頼した。『新漢和字典』の著者は長谷川福平で、彼は本書の緒言でこう述べた。

「明治四十一年、時代に適応する漢和字書の編纂を企画し、服部宇之吉、小柳司気太両博士に起稿を依嘱し『詳解漢和大字典』を完成させたが、昭和十五年春、坂本守正社長から学生および一般社会人を対象とする新たな漢和字典を編集するよう依頼があり、再び鋭意その編纂に従事し漸くその功を遂げるにいたった。しかし、小字典とはいえ完成は容易なものではなかった。短期間で出来たのは『詳解漢和大字典』に負うところ大であるが、また辞書課長青池竹次氏をはじめ編集部諸君の努力の賜である」

『新漢和字典』は、昭和十九年に脱稿し、二十二年に刊行されたが、五年間で二十版を重ね、翌年改訂版を刊行すると、三年間で四十版を出すという売行きだった。だが、戦後の国語国字改革に諮って、表記と漢字の新字体に対応する必要を感じ、また判型も戦時中の用紙不足に応じたB四十取と小型であったので、それを改訂するよう、青池に坂本守正社長は望んだと思われる。

しかし、守正は昭和二十六年頃、失明したため、事業を縮小していて、編集部に以前のように青池の助手となる人はいなかった。そのうえ、翌昭和三十五年一月、守正は亡くなってしまった。守正亡きあとは長男の起一が社長を継いだが、まだ大学卒業までに一年を残していた。起一は何といっても若過ぎた。この時冨山房を支えたのは、起一の母いちだった。事業を継続するにも、青池に依頼した「漢和字書」編纂を継続するためにも、いちの存在は大きかった。

幸い、いちは戦前から青池と面識があり、長谷川編集長の後継者になるべき人であることを認識していた。このことが、会社を安定させ、青池の冨山房復帰を実現させた。そして、この時から『増補大日本地名辞書』『漢文大系』『新編大言海』『詳解漢和中辞典』『フォークナー全集』『冨山房百科文庫』や『かいじゅうたちのいるところ』をはじめとする児童書の版元としての冨山房の新しい時代が始まった。

『季刊アメリカ文学』と『フォークナー全集』

社長に就任した坂本起一は、大学三年の学期末試験を控えていたので、学校に通いながら出社する日々を送った。新たに漢和字典を編集中の青池は毎日出社していた。そして、助手になる編集部員を五名採用した。その中のOが真面目でよく仕事をこなす様子に社長は母いちと青池に相談の上、Oに独立して新しい企画を立ててもらうことにした。

そして、生まれたのが「冨山房ギフトブックス」と名付けた天地二十一・五センチ、左右十九センチのB5変形判の児童書で、①コスグレープ絵・菊池重三郎訳『コロンブスの航海日記』は本邦初訳、②ローランド著・菊地重三郎訳『みんなこうして生きている』は生物がどうして生きているかを子どもに教える楽しい本。③芥川龍之介著『三つの宝』はすぐれた短編から日本語の美しさ、正しい表現のしかたを教える六編を佐藤春夫先生に選んでもらった読物。④トルストイ作・原卓也訳『トルストイの宝石』は子どものために選んだ三篇の新訳。⑤佐藤春夫訳著『仙女の庭』は中国三千年の歴史物語から選んだ物語集だった。定価各四百円。新聞の書評にも好意的に大きく取り上げられたが売上げはいまいちだった。

Oは、別に大人向けに「冨山房ライブラリー」というシリーズを企画した。B6判三百頁で二百九十円から三百八十円。①磯村英一『とうきょう心得帳』人口一千万の都市東京の問題点を解説。②小島亮一『日本人であること』朝日新聞パリ支局長の著者が日本人の長所、短所とヨーロッパ人のそれについて、人生百般の現象を通じて指摘するエッセイ。③中村汀女『明日の花』句誌「風花」を主宰して十五年、主婦として、母として、俳人として、心あふれるままにつづる随筆百編など八点を刊行した。

街では映画「ウエストサイド物語」が封切られヒットしていた。「冨山房ライブラリー」は、全て書下ろし原稿だったが、売れなかった。Oは間もなく社を去った。Oの企画は実らず、金銭的に会社は損をした。しかし良い面もあったのである。Oは「冨山房ギフトブック」を進行するにあたって、社長を佐藤春夫に紹介した。Oが退職して間もなく佐藤春夫から冨山房で働きたい人がいると話があり、慶應義塾大学英文科卒のIが入社することになった。Iは大学の恩師大橋吉之輔教授に指導をお願いして、アメリカ文学関係の出版を企画した。

そして手はじめに社長の許可を得て冨山房の社屋の一部屋をアメリカ文学東京支部の事務所にし、季刊の会報誌『季刊アメリカ文学』を発行しはじめた。定価は各号百三十円、三・六・九・十二の各月発行。予約購読一年分五百二十円（送料共）だった。各号には特集があり、第一号は「アメリカ文学における風土の問題」、第二号「アメリカ文学における思想の問題」、第三号「アメリカ文学における技巧の問題」、第四号「J・アップダイク、エマソン、トマス・ウルフ」といった具合であった。『季刊アメリカ文学』編集のため各大学の先生方が集まるようになり、大橋吉之輔が中心となって、次に『季刊世界文学』という企画が立てられた。A5判二百から二百七十頁で、各号定価三百八十円だった。

『季刊世界文学』第一号は〈特集〉戦後・その状況と問題で①大橋吉之輔「アメリカ戦後文学の展開」②佐伯彰一「ノーマン・メイラー論」③菅野昭正「虚数の劇＝ヌーヴォー・ロマンと描写の問題」④高橋康也「ベケットの世界」⑤鈴木健三「アラン・シリートをめぐって」⑥中野孝次「仮面と実在＝フリッシュとノサック」⑦工藤幸雄「ソビエト文学と戦後」⑧須山静夫「ウイリアム・スタイロン＝希望と絶望と」⑨宮本陽吉「最近のアメリカ文学〈海外通信〉翻訳ジョン・アップダイク小説「鳩の羽」。⑩座談会「戦後アメリカ文学」＝ヘンリー・ミラーとその他の作家たち／出席者＝安部公房・石一郎・小島信夫・佐伯彰一・高橋正雄・大橋健三郎・大橋吉之輔らであった。

この季刊雑誌のキャッチフレーズは「二十世紀文学を世界的な視点から見直そうとする野心的な特集雑誌！」というもので、始めから八号で終りにする約束で一九六八年秋の八号を以て終わった。この季刊誌を発行している途中で大橋吉之輔から大きな企画が提案された。それはアメリカ文学の巨匠ウイリアム・フォークナーの全集だった。フォークナーは、ノーベル文学賞を受賞しており、全集を出すに相応しい作家であるし、また冨山房が版元となってもおかしくない作家だからだ、というのが大橋の提案理由だった。

冨山房は戦前は新関良三他訳の『シラー選集』五巻を出しているが、文学作品の出版は多くはないので、躊躇はあったが、引き受けることになった。このとき翻訳権取得について大変世話になったのが当時チャールズ・E・タトル商会にいた宮田昇である。宮田は翻訳権取得の実務を知らない担当者に親身になっていろいろ教えてくれた。「今でもその有難さは忘れることが出来ない」と坂本起一は語るが、フォークナーの作品の権利は、アメリカのランダムハウス社がもっており契約を結ぶことになった。大橋吉之輔と大橋健三郎ほか数名が話し合い、訳者が決まり、また各作品には訳者と訳者以外の一名にその作品の解説を書いてもらうことになった。また、月報にはその巻の「登場人物解説」を岡本文生に書いてもらうことも決まった。かくして全二十五巻の内容見本が作られ、「刊行にあたって」という文章は次のように書き出されていた。

「一九四九年度のノーベル文学賞に輝く、ウイリアム・フォークナーは、アメリカ文学の伝統を承継する最もすぐれた作家であるのみならず、広く「二十世紀文学」の領域において、世界的な位置を占める巨峰であるといえます。『人間の心を高揚させ、人間の過去において栄光であった、勇気・名誉・希望・誇り・憐憫・同情・犠牲を想起させることによって、人間が耐え忍んでいくのを助けるのは、作家の特権である』という使命感のもとに、ひたすら人間の魂の内奥に潜む永遠の問題を描き続けたフォークナーの文学は、まさに世界の共有財産といえましょう」

内容見本では「本全集の特色」に次の四つをあげた。▽入手可能な限りのフォークナーの作品を収録した。▽テキストはランダム・ハウス版を底本に、異本を校合、特に初期の作品は、初版本のフォトコピイに基づいた。▽訳文は、現代アメリカ文学研究家により学究的な考察を踏まえ、フォークナー文学の味わいを十分汲みうる文学作品たらしめた。▽各巻には、現在文壇で活躍中の作家、評論家による、平均二十五のフォークナー文学論、作品論を解説として付け、同時にアメリカ文学専攻の学生、フォークナー研究者のため、各作品のアカデミックな面からの解説を、それぞれの訳者が行っている。

だが実際に仕事をはじめると、大変なことがわかってきた。はじめのうちは原稿も予定通りに入ってきたが、やがて入稿が遅れるようになった。またフォークナーの作品には、意識の流れとか内的独白とかを表わす箇所があって、原文はイタリック体で組まれていた。翻訳した場合これをどのように表わしたらよいかという問題があり、結局活字のポイントを小さくすることにした。当時は、活版印刷だから印刷所は苦労した。また、赤字も多くなり、校了までに時間がかかり、印刷を担当した新灯印刷株式会社には随分と迷惑をかけてしまった。

昭和三十八年四月の第一回配本「尼僧への鎮魂歌」から予定の二十五巻が二巻増えて最終の第二十七回配本の「短編集」まで、三十年かかってしまい、全巻完結を待った読者にも翻訳者たちにも迷惑をかけてしまったが、坂本は大橋吉之輔先生、大橋健三郎先生には申し訳ないけれど、完結に漕ぎ着けたことで、許してもらいたいと思った。

坂本起一

話が前に戻るが、坂本起一が社長に就任してから気になっていたのが、吉田東伍博士著の『大日本地名辞書』全七巻の再刊の件だった。坂本は、昭和三十九年二月、冨山房の編集部長として社に復帰した青池竹次と『大日本地名辞書』再刊について話し合った。なにしろ大部な辞書である。昭和十六年に再版した後は品切れになっている。今度再版するには、昭和十六年版をもとに、復刻するか新組するかだが新組となると多額の資金を必要とするばかりか、校正も大変だ。しかし、この辞書には、全七巻で発行した時に収容し切れなかった原稿が「余材」として早稲田大学の図書館に寄託してあり、その分量は既刊の一冊分に相当するということが分かっていた。そこで、その余材を全て本文に加えて新組とするのが、理想であった。そうすれば、吉田東伍の『大日本地名辞書』は名実

「フォークナー全集」

ともに完成する。これが理想の案なのだ。それには、青池部長を中心に新たな編集部を設けなくてはならず、製作にも相当の資金を必要とする。一冊当たりの価格も相当な金額になるが、はたして売行きは如何か。検討に検討を重ねているうちに他社から復刻したいと申し込みがあった。こうなっては、踏みきるしかない。母いちの「青池さん早稲田へ行ってください」の一言と吉田東伍の長男吉田春太郎の了解のもとに『増補大日本地名辞書』全八巻の製作はスタートすることになった。青池部長を中心に、『詳解漢和中辞典』編集スタッフ三名と社外の一人合計五名と社内の製作担当者一名が作業にあたることになった。組版は活版ではなく、青池部長の発案で、写植で行い、台紙に貼りこんで版下を作り、オフセット印刷にすることに決めた。かくして昭和四十四年十二月二十五日第二巻（上方）を発行し翌四十五年三月二十五日第七巻（奥羽）、同年六月二十五日第六巻（坂東）、同年九月二十五日第八巻（北海道・樺太・琉球・台湾）、同年十二月二十五日第三巻（中国・四国）翌四十六年三月二十五日第五巻（北国・東国）、同年六月二十五日第四巻（西国）、そして最後に同年十一月二十五日第一巻（汎論・索引）で完結することができた。青池竹次編集部長は編集主任として予定の刊行期日をまもり、遅滞なく全巻の刊行を終えた。

坂本起一が社長就任以来心に懸けていた辞書の刊行は好評の中に刊行することができた。青池部長はこの後直ぐに『大言海』の見出し語を現代仮名遣いに改めて『新編大言海』とすることと戦時中に編集部で作った『漢文大系』全二十二巻の索引を各巻に付して、復刊するという大仕事にかかることになり、それぞれを超人的な時間で成し遂げたのだった。

第6章

暮しの手帖社

〝一戔五厘の旗〟と暮しを守って

事務所は銀座に持たんと

「いずれ、銀座に戻るつもりなのよ」

平成十七年七月某日。暮しの手帖社の社主・大橋鎮子《しずこ》はこともなげにそう言った。

社屋は、つい先年、四十年以上も過ごした東麻布から新宿に移したばかりである。副都心とはいうものの、新社屋のある北新宿は旧町名でいう柏木。青梅街道から成子天神のこんもり繁った森を通り抜けて、目下拡張中の道をひとつはさんだ閑静な住宅街にある。麻布（旧町名・麻布新綱町）から見れば新宿は、品川の山手育ちの大橋にとって東京の外れのように写っているのかもしれない。

大橋は平成十七年、八十五歳になったが、土日以外はほぼ毎日、大井の自宅から新宿に出勤している。前年、社長の座を義理の姪にゆずったものの、社主であり何をおいても『暮しの手帖』を最優先に考えているのは、『暮しの手帖』創刊号以来の編集長だった花森安治と二人三脚でやってきた頃からすこしもかわっていない。

その花森が心筋梗塞を再発し、急逝してもう二十七年になる。大橋は六十年まえ、はじめて花森と交わした会話を思い出している。

「花森が私に最初に言ったことは、〝日本全国を相手に商売するなら、事務所は銀座に持たんとだめですよ〟だったんです」。

昭和二十年十月。敗戦からまだ二カ月もたっていなかった。

大橋は父を早くなくし、女手一つで三姉妹を育てた母親をなんとか楽にしてやりたいと、長女らしい健気さが人一倍勝っていた。敗戦色が濃くなる日々、防空壕に待避しながらも、「戦争が終わったらどうしようか？」と考えていたというから、現実を冷徹に見る目は天性のものだったのかもしれない。

昭和六年に勃発した満州事変からはじまる十五年戦争のまっただなか、大橋は府立第六高女（現・都立三田高校）を卒業、日本興業銀行の調査課に入り、「調査月報」の編集を手伝った。その後、日本女子大に入学したが、病気になってほとんど行かなかった。昭和十三年に施行された国家総動員法のもと、十九年には学徒勤労令が出され、中等学校以上のほぼ全員が軍需工場に動員、配置された時代でもあった。

「私の上下五年の女学生たちは、戦時下に青春を過ごし、知るべきこと教わる筈のことを知らずに生きてきた世代なんです。その人たちに喜んでもらい、商売にもなって儲かるには何をすればいいかって、考えたんです」

日本女子大を中退して日本読書新聞に席をおいていた大橋は、敗戦後、日もおかずに編集長の田所太郎に相談を持ちかけてみた。田所の返事は、花森が適任だから聞いてみろとのことだった。大政翼賛会が解散になり、いわば職を失った形の花森は、時おり、日本読書新聞に顔を出し、イラストを描いていたので大橋も顔なじみではあった。田所と花森は、旧制松江高校時代からの仲間だった。

昭和 20 年代の大橋と花森（右）

が、「ええっ！　花森さんですか。むずかしい顔、わたし恐いです」
と、渋る大橋に田所は笑って言った。
「なあに、いまに好きになるから大丈夫だよ」
敗戦の年の十月、大橋鎭子と花森安治をつないだのは、大橋が籍を置いていた日本読書新聞編集長の田所太郎（昭和五十年六月没）であった。田所と花森は、旧制松江高校の同級生で、東大でも「帝国大学新聞」で一緒だった。

大橋は、かねて見知っていた花森だっただけに、当初は気乗り薄だったが、それが偏見だとすぐに悟る。花森は大橋の、母を楽にしてやりたいとの話に、自分も母親を早く亡くしているなど、たった五分の話し合いだったが、単刀直入の飾らぬ物言いに、大橋の印象はがらっと変わる。

深刻な物不足のなか、女性たちが手持ちの洋服、着物をどう再利用したらいいか、大橋はその方法のあれこれを考案して、新時代にふさわしい装いを提案する雑誌を出してみたいと考えていた。

東大で美学を学び、卒論に「衣粧の美学的考察」を書いた花森にとってもファッション誌創刊は願ったり適ったりだった。既に「帝国大学新聞」の編集で非凡な才を見せていたし、当時手伝っていた伊藤胡蝶園（後のパピリオ）の宣伝部では、洋画家の佐野繁次郎と並んで個性的な宣伝広告方法を磨いていた。戦時中の翼賛会宣伝部での活動とは全く異質な、編集長として一冊まるごと花森色に染め上げた雑誌を作ってくれていいと、大橋は約束した。

こうして意気投合した二人だったが、現実には事務所もなければそれを手当する資金もなかった。あったのは新事業への意気込みと企画だけ。花森は、「日本全国が相手なら、事務所は銀座に置いたほうがいい」と言いはするものの、自分で探す気配はない。そこで大橋の妹の晴子は連日、銀座のそこかしこ、これと思ったビルを一軒一軒、一丁目から訊ねて廻った。

もう新橋が目の前の八丁目まできてようやく、古めいた煉瓦づくりの三階建てビルの一角をなんとか借りる手はずができた。

「担保なんて、なんにも無かったわよ。有るのはわたしのおしゃべりだけね」

と、大橋はすまして言ってのける。

こうしてできたのが、大橋鎮子、妹の晴子と芳子、横山啓一、そして、花森安治の五人でスタートした「衣裳研究所」だった。

住所は銀座西八丁目五番地日吉ビル。研究所と名付けたものの、事務所は三階部分二部屋だけ。ファッション誌創刊の編集部と営業部が同居するには、いかにも手狭だったが、他の部屋を次々に借り、昭和二十年代の終わりには三階全室を使うまでになる。あとでくわしく述べるが、昭和二十三年には『暮しの手帖』もはじまり、東麻布に、写真スタジオと商品テスト用の建物もその頃にはできていたが、木造二階建の小じんまりとしたものだった。

研究所には、当時、日本橋白木屋に事務所を置いていた「鎌倉文庫」に出入りする鎌倉在住の著名な文士である川端康成、里見弴他の関係者が行きがけに寄ってお茶を飲んでいった。また、幸田文、平塚らいてふなども立ち寄り、研究所はちょっとしたサロンとなっていた。

「衣装研究所」が入っていたビル

三十年に及んだ名コンビ

銀座八丁目の瀟洒なレンガ造りのビルに事務所を構えた「衣裳研究所」は、無い無い尽くしの敗戦の年の暮れを意欲と気力で乗り切ると、年明けから新雑誌創刊へ大車輪で動き出した。社長・大橋鎮子、編集長・花森安治という二人三脚の始まりだった。

この名コンビは、花森が亡くなる昭和五十三年一月まで実に三十三年にも及んだ。

「衣裳研究所」は、わずか五人のスタッフでスタートしたこともあったが、編集長の花森は、デザインもスタイル画も表紙の画も、そして文章の執筆、割付、校正まで全てを自分で手がけた。他人任せにしたくないというより、新雑誌それ自体が花森の作品そのものだったからに他ならない。後に、『暮しの手帖』全盛期には数十人にも膨れ上がる編集スタッフを抱えるようになっても、花森の姿勢は変わらなかった。

昭和二十一年五月。大橋・花森コンビは作品第一号として『スタイルブック』刊行に漕ぎ着けた。

「まず新聞広告を出そう」

と提案したのは花森だった。それも、朝・毎・読の全国版をはじめ、地方の有力紙に掲載しようというのだった。広告料の算段は花森には無論ついていない。大橋がどう捻出したのか、全国紙は一段の十分の一ほどの小さなスペースだったが、第一面を確保した。

各紙にのった小さな広告には、こんな文字が躍っていた。

「たとえ一枚の新しい生地がなくても、もっとあなたは美しくなれる／スタイルブック」「創刊！　あなたを宝石のように美しくする／スタイルブック」そして、「定価十二圓送料五〇銭／少ししか作れません前金豫約で確保下さい」と、あった。

敗戦からまだ十カ月あまり。日本は至る所焼け跡だらけだった。戦時下より圧迫してきた配給食糧の不足。掘っ立て小屋はまだしも、防空壕や土管で辛うじて夜露をしのいでいる家族も珍しくなかった。

そんな食うや食わずの明け暮れに終わる毎日だったところへ、「美しく」「宝石」という久しく目にした事がなかった魅惑的な文字。そして、敵性語だった「スタイル」という軽やかな響き。小さな広告スペースから、それらが跳ね飛んでくるように読者には思えたにちがいない。

広告が出た翌朝、研究所に出勤しようと新橋から歩き始めた大橋の前に、人の列が続いて途切れがない。

行列は、今では暗渠になっている（現・新橋センター）土橋の川沿いに延び、ついに研究所のある日吉ビルまで達していた。年四回、季刊発行をうたった『スタイルブック』の予約をすべく集まった女性読者の長い長い列だったのだ。

行列ができた日の翌日、今度は郵便局から「あかのう＝赤嚢」（郵袋の一種で為替を運ぶ）が、どさっとばかりに研究所に運び込まれてきた。以後、来る日も来る日も、研究所のスタッフは郵便為替の開封作業に追われることになる。大橋は当時を思い出し「罰が当たりますけど、開封作業で全員、ハサミダコができてしまいました」と笑った。

『スタイルブック』創刊号の大成功でスタートした大橋鎭子・花森安治のコンビは、翌昭和二十二年十月に『働くひとのスタイルブック』を出した。表紙に「働くひとこそもっと美しくなる権利がある」と高らかに宣言したものの、こちらはさっぱり売れず、花森は後に、「時期が早すぎた」と悔しがった。

そうこうするうちに、類似誌が続出し、本体の『スタイルブック』の売れ行きが次第に落ちていった。類似誌は三十数種類に及んだ。

『スタイルブック』創刊号

二十三年九月、ファッション誌に見切りをつけた大橋と花森は、暮し全般を扱う総合誌『美しい暮しの手帖』を新たに創刊した。二人はかねてから、衣・食・住の生活総合雑誌を考えていたが、敗戦直後は食も住も材料が無く、衣がもっとも扱いやすかったからだという。

「美しいものは、いつの世でもお金やヒマとは関係がない。みがかれた感覚と、まいにちの暮しへの、しっかりした眼と、そして絶えず努力する手だけが、一番うつくしいものを、いつも作りあげる」

と、花森は創刊号の「自分で作れるアクセサリィ」に書いている。
そして表紙の裏側（表二）全面をつかって、花森は読者にこう呼びかけた。
「これはあなたの手帖です.
いろいろのことがここには書きつけてある
その中のどれかせめて一つ二つは
せめてどれかもう一つ二つは
すぐには役に立たないようにみえても
やがてこころの底ふかく沈んで
いつしかあなたの暮し方を変えてしまう
そんなふうな
これはあなたの暮しの手帖です」
創刊号では、花森のイラストによる「左右同じ（シンメトリイ）でないデザイン」「自分で作れるアクセサリイ」の二本のほか、冒頭グラビアに「型紙なしで作れる直線裁ちのデザイン」を発表している。グラビアには「裁つひと大橋鎮子、縫うひと中野家子、着るひと大橋鎮子」とあり、なんと、社長の大橋自身がモデル兼任であった。ちなみに、「縫うひと」の中野は大橋と府立第六高女で同級の親友で、中野も編集部員の一人として、二号以降しばしばモデルとしても誌上に登場している。
実用記事の他には、川端康成、佐多稲子、田宮虎彦、森田たま、坂西志保、土岐善麿、山本嘉次郎、といった著名な文化人がエッセイを寄せるなど、新雑誌は大橋・花森が満を持して世に送り出した自信作だった。

ファッション誌に見切りをつけた大橋と花森は、念願の生活総合誌『暮しの手帖』を創刊した。大橋鎮子は、こんなにたのしい思いで本を作ったことはなかった、幾晩も夜明かししたが、辛いなどとは思ったこともなかった、と言いながらその一方、当時の複雑な心境をあとがきに残している。

「この本は、けれども、きっとそんなに売れないだろうと思います。私たちは貧乏ですから、売れないと困りますけれど、それどころか、何十萬も何百萬も売れたら、どんなにうれしいだろうと思いますけれどいまの世の中に、何十萬も売れるためには私たちの、したくないこと、いやなことをしなければならないのです。この雑誌を、はじめるについては、どうすれば売れるかということについて、いろいろのひとに、いろいろのことを教えていただきました。私たちには出来ないこと、どうしても、したくないことばかりでした」

大橋と花森は、日々の「暮し」を大切にすることを第一としていた。ところが取次会社から、「暮し」の文字と響きが暗いと誌名の変更を迫られたが、それも、出来ないこと、したくないことの一つだった。女性読者がターゲットなら、表紙は女優にというのもあった。なかでも業界関係者を呆れさせたのは、

『暮しの手帖』創刊号

生活総合誌なのに広告を一つも掲載しないことだった。それは、創刊時から業界に限らず読者と寄稿家の知りたいことであった。

創刊二年後、大橋は昭和二十五年九月発行の第九号のあとがきで、初めてその問いに答えている。自分で言うのはすこし変なのだが、とことわった上で、

「この雑誌に、ほんの少しでもなにか清潔な感じがあるとすれば、それはこの雑誌に、一つも広告がのっていないことではないかと思い

ます。

その清潔な感じは、たとえ何百万円の広告費であっても、それと引き替えにはしたくないと全員必死な思いでいる。とはいうものの、もとより、広告をどうのこうのという気持ちはすこしもございません。ただ、せめてこのような雑誌一冊、隅から隅まで、活字一本まで、私たちの心ゆくまで作り上げたいと思うからなので、この我ままも、通せるだけは、通してまいりたいと考えております」

と覚悟のほどを示した。もっとも、創刊当時は「広告を取る人手もなかった」（大橋）という事情もあったらしいのだが、この堂々の「我まま宣言」は、それ以降『暮しの手帖』の揺るぎない柱となった。

が、本文九十六頁・定価百十円の新雑誌は売れなかった。初版一万部。取次会社が引き受けたのは五千部だった。残りを花森を除く全員がリュックに背負い、列車とバスを乗り継いで関東一円の書店に直販して廻ることになった。

転機となった「やりくりの記」

初版一万部の『暮しの手帖』創刊号は、取次経由を五千部とされたため、残りは大橋社長以下、社員総出で書店に売り込みをする以外なかった。

敗戦から三年、モータリゼーションははるか先のこと。各自リュックに雑誌を詰め、関東一円はもとより、西は三島、沼津、東は水戸、宇都宮まで一駅一駅を降りては最寄りの書店をセールスして廻った。

「今日は東海道線、明日は常磐線という具合に、それぞれ毎日手分けしてね。あの時はあちこちに行きましたねえ」

と大橋は懐かしむ。もっとも、

「本を置いてくれるのはいい方で『こんなもの、売れやしないよ』と相手にしてくれない本屋もあってね。『まあ、とりあえず預かっておきましょう』って言われて、次に集金にゆくと『そんなことありましたっけ？』ととぼけられたり、そりゃあいろんなことがありましたよ」

一人、花森だけは編集室に残った。そして壁に地図を貼り、リュック部隊のその日の行き先とめぼしい書店をチェックし、みんなが帰ってくる夕刻を見計らい、焼き芋をつくって待っていたこともある。

『暮しの手帖』第一号が出たのは昭和二十三年九月二十日。同じ月の十五日には主婦連が、十八日には全学連が結成されている。この年の初めには、十二人が毒殺される帝銀事件が発生し、各地で労働争議が頻発する中、東宝争議には米軍戦車まで出動するなど、日本は物情騒然とした雰囲気にあった。

食料事情はいくらか改善されたとはいえ、前年の主食配給の遅れは全国平均で二十日という厳しい状況にあった。闇米購入を拒否した山口判事が栄養失調死したのは同じ年の十月である。

『暮しの手帖』創刊号「直線裁ちのデザイン」で自らモデルを務める大橋鎭子

「はげしい風のふく日に〝その風のふく方へ〟一心に息をつめて歩いてゆくような〝お互いに〟生きてゆくのが命がけの明け暮れがつづいています」
と大橋は創刊号あとがきに記している。書店への飛び込みセールスは、二号三号としばらく続いた。
この時期の苦しかった書店廻りを振りかえって、
「朝は一番か二番の汽車に乗り、よる新橋まで帰ってくると、きまって九時か十時でした。（略）十二月の押しつまった寒い夜、こんな雑誌は売れないよとか、置く場所がないんだとか、その日は運が悪くて、うかがった本屋さんで素気なく断わられてしまい、背中のリュックが半分も軽くならず、恥ずかしいことですが、帰りの暗い道を、ぼろぼろ悔し涙を流しながら、へとへとになって帰って来たとき、先に帰った誰かが、おいもをふかしておいて、十時をすぎたのに、やはりみんなで待っていてくれた、そんなこともたびたびありました」

と、二年後の第十号のあとがきで、読者に打ち明ける余裕が大橋に出てくる。その余裕をもたらした転機が訪れるのは創刊一年後、第五号に掲載されたある手記だった。

『暮しの手帖』を世に送り出したものの、取次、書店の反応は芳しくなく、二号、三号と赤字が続いた。転機になったのは五号（昭和二十四年十月）だった。創刊号以来、毎号著名な文化人によるエッセイが満載されていたが、この号の本文冒頭は「やりくりの記」と題され、著者は東久邇成子とあった。

「日本は変った。私たちもこれまでの生活を切り替えようと此の焼け跡の鳥居坂に帰ってきた。やりくりの暮しがはじまったのである。ここは居間の方が全部焼けて、ただ玄関と応接間だけが残ったので、これを修理して、やっと、どうにか住めるようにしたのだ。だから押入れが一つもなく、台所と言っても、ただ流しだけで、配給ものなどを入れて置く戸棚もないので、洋服ダンスの下方にしまったりしている始末である。（略）

三度の食事も配給もので、大体まかなうのだけれど、パンや粉ばかりの時があったり、お芋が何日もつづいたり、時には玉葱黍粉や高粱だったりすると、どんな風にしたらよいか、中々頭をなやまされる。大人はまだしも、育ちざかりの子供達の為に、栄養にいろいろ工夫しなければならないのだが、そんなわけで、いつの間にか、お粉の料理は私の自慢料理の一つになってしまった」

「日本は変った」と書いたご本人が、実はいちばん変わったと言ってもよかった。筆者は昭和天皇の第一皇女、かつての照宮妃なのだ。

原稿は四百字で九枚弱と他の執筆者の倍の分量があった。衣服もお手製で、布地も「なるべく主人や私の着古しをなおしてこしらえる」し、畑もつくって食生活の助けにしたなど、かつての雲上人の現在の様子や心境が飾らない筆致で描かれていた。そして、こう結ばれていた。

「私たちだけではない、日本中みんな苦しいのだから、此の苦しさにたえてゆけば、きっと道はひらけると思うと、やりくり暮しのこの苦労のかげに、はじめて人間らしいしみじみとした、喜びを味う事が出来るのである」

反響はすさまじく、この特ダネで『暮しの手帖』は一気に部数を伸ばし、六号では四万七千部になった。

「あれでようやく経営の基盤が出来ました」

と大橋鎮子は振り返る。特ダネは編集長の花森安治の発案で大橋が手紙を書き、再三にわたって東久邇邸を訪れた末の果実だった。もっとも、

「原稿を読んだ花森は、『暮しの実情が伝わってこない。書き直してもらってくれ』というのですが、元宮様に書き直して下さいとは申せません。で、『頂戴したお原稿、元宮家の現状と皆様のご心境が率直に綴られ大変興味深く拝読いたしました。ついては、衣食住のやりくりの一つ一つを詳しくお書き頂けませんでしょうか?』とお願いし、二つの原稿を花森がうまくつなげたのです」

五号（昭和二十四年十月）の完売で赤字と廃刊の危機から脱した『暮しの手帖』は六号で一挙に四万七千部に増やし、社の経営基盤が

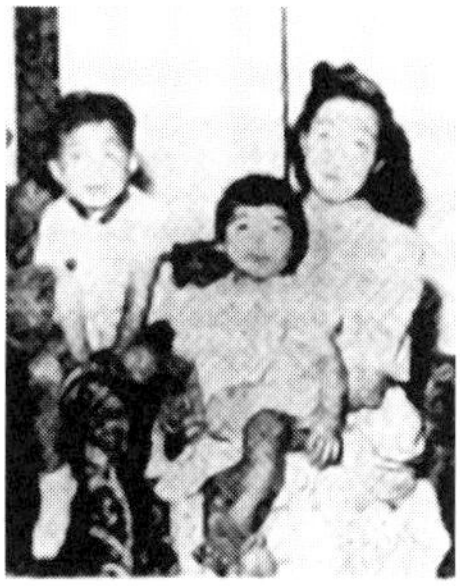
東久邇成子と信彦（5歳）、文子（4歳）
昭和24年7月

固まった。十万部を越えたのは十八号（昭和二十七年）である。

順調に部数を伸ばすなか、二十五号（昭和二十九年）から最初の大型企画「台所研究」が始まり、連載は全二十三回にも及んだ。流し台と七輪という旧来の台所から、L字型、U字型の大きくて機能的なものまで、写真を豊富に使って紹介検証する画期的な企画だった。問題は、誌上で読者に紹介に値する台所をどこで見つけてくるかだった。

「会社の行き帰りなどでこれはと思う家があるでしょう。そこをあらためてお訪ねするんです。お勝手口から声を掛けて、『大変恐縮ですが、○○様のお宅がお近くのはずなのですがお分かりでしょうか？』というわけ。家の人が奥で町内会の名簿なんか見てくれている間に、台所を観察するのよ。で、いけると思ったら『○○さんの件もありますが、結構なお台所ですね。ちょっと拝見させて下さいませんか？』って。まず断られなかったわね」

大橋鎮子社長は、「あの頃は本当によく働いたもんよねえ」と懐かしむ。

それにしても、経営者としての才覚と、ジャーナリストに欠かせない機転とを併せ持つ希有な才能の持ち主である。

「花森は、原稿依頼は絶対に電話を使わせない。手紙で何度お願いしても断られる場合がある。でも花森は『とにかく原稿をもらってこい』という。それで早朝、お宅の近くでご主人が出勤するのを待ってね、お宅を出たのを確認してから『お早うございます』って玄関に立つの。奥方は用向きをきくと、『たった今すれ違いで出勤してしまいましたのよ。せっかくおいでになったのに残念だわねえ。会社に着く頃を見計らって私が電話をしておきますから、今からあなたも会社においでなさい』と言ってくれるのね。これも成功率は高かった」

人情の機微にも通じているのだった。

二十号（昭和二十八年）で十二万部になった発行部数は、三十号（同三十一年）では二十一万部になっていた。

日本は前年の後半から神武景気と呼ばれる経済成長の時期にさしかかっていた。三十一年には「太陽の季節」で石原慎太郎が鮮烈に登場。電気釜が売り出され、住宅公団の入居が始まっていた。『暮しの手帖』は時流に沿い、成長してきたといえる。が、

「ぼくはこのままでは花森に必ずジレンマが訪れる、マンネリズムは避けられないとみている。現に、そういったくり返しが、彼の行動に、『暮しの手帖』にありありと見えてきたと感じないではいられない。彼もそれに気がついているかもしれない」

と指摘したのは、日本読書新聞時代の友人である作家の柴田錬三郎だった（『別冊知性臨時増刊　現代の英雄』一九五六年十一月）。それを打破するのは、今に至るも『暮しの手帖』以外になしえていない「商品テスト」の充実だった。

『暮しの手帖』が本格的な商品テストに乗り出したのは、昭和二十九年の二十六号からだった。「実際に使ってみてどうだったか――日用品のテスト報告」と題し、最初はソックスだった。以後、毎号一つづつ、マッチ、鉛筆、アイロン、安全カミソリ、醤油、電球、天ぷら油と、必需品ばかりである。

発行部数は十五万部を越えて経営は安定していたが、商品の良否についてのテスト結果の公表は、社の命取りになりかねず、自社製品を「不良品」と判定された企業にとってもそれは死活問題だった。「花森は、『人様が命がけでつくったものを、良いとか悪いとか批評するんだから、商品テストは命がけでやるんだ』と言ってました」（大橋鎮子）。

最初にソックスを取り上げたのは、少し前まで、穴あきソックスの補修は主婦の日課だったのが、「戦後強くなったのは女とソックス」と言われ始めていたからでもあった。

「品物＝内外編物、レナウン、福助足袋の三社の子供用のソックス二十三品。

履いた人＝小学校五年生、中学校一年生、中学校三年生の女生徒。

履き方＝毎日の通学、友人宅への訪問、買い物、日曜の外出など。

履いた期間＝五月一日から七月末まで。

洗濯＝三日目ごとに電気洗濯機で洗剤（ソープレス・ソーダ）を使用」

その結果を二十三品全部について、型くずれ、穴あき、色落ち、ゴムの伸び、洗濯のしやすさなどを詳細に報告している。そしてこう苦言を呈した。

「……この会社の靴下ならば間違いないと言って推奨できるほど製品の粒のそろった製造元のなかったのは残念であった。この製造元の靴下ならばというようにすみずみにまで良心の行き届いた製品を出す会社が、せめて一つでも早く出てきて欲しいものである。それまでは、靴下を買う場合に、ただ体裁とか、色柄だけでなく、よく製品の各部分を調べ、染料などについては、それがハゲたら引き取ってくれるかどうかを確かめた上で買った方がいいように思われる」

商品テストは命がけだ

こうして、商品テストの長い歴史が始まったのだが、実はその前史というべき試みが二十号（昭和二十八年）で行われていた。「日本品と外国品をくらべる」企画で、対象はせっけんだった。泡も立たずにざらつく粗悪な日本製は姿を消したものの、「舶来」品の前では日本品は影がうすい存在だった。

テストは、洗浄力、起泡力だけでなく、手荒れ、香り、パッケージの良し悪しにも及んだ。結果は意外にも、洗浄力、手荒れ、溶け具合などは外国品と日本品の差はほとんど無いというものだった。ただし、香りは「どうにも外国品にかなわない」し、「包装は日本品はガタ落ちする」と酷評している。

「商品テストは命がけだ」と言い続けた花森安治編集長のもと、「暮しの手帖研究室」スタッフは過酷なテストに明け暮れる日々を送っていた。

『暮しの手帖』を一躍有名にしたのは、五十七号（昭和三十五年十二月）の石油ストーブのテスト結果の記事だった。対象になったのは国産の六機種と英国製一機種。日本の冬を変えたとまで言われ、瞬く間に全国の家庭に広がった石油ストーブだったが、結果は、性能と使いやすさ、とりわけ安全性で国産品全てに落第点をつける衝撃的な報告だった。

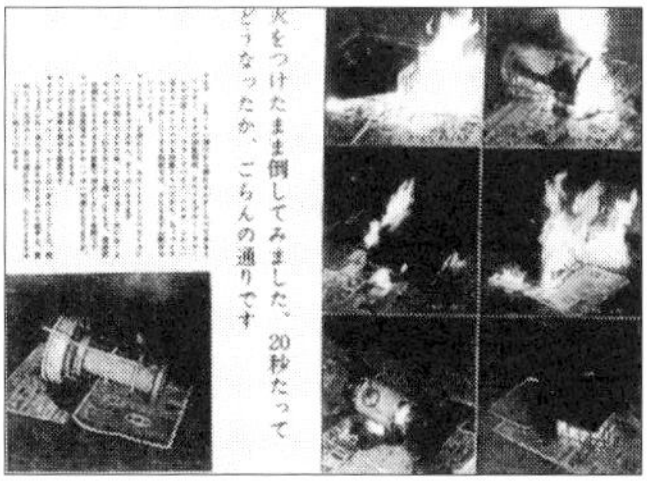

石油ストーブをテストする（『暮しの手帖』第 57 号）

火をつけたまま倒すとどうなるかの実験が写真で示され、国産品六機種はいずれも炎が上がったが、アラジンの「ブルー・フレーム」は、

「さすがに一番みごとでした。倒しても火が外へ洩れず1分そのままおいて起こすと、数秒たって気持ちのよい青い焔にかわり、なにごともなかったようにもえつづけます」

という具合だった。そして、「残念ながら、これならとおすすめできるものが、国産六種のなかにはありませんでした」と結論している。

発売が十二月だったこともあり、反響は凄まじく、「ブルー・フレーム」はあっという間に売り切れてしまった。

ところが、「ブルー・フレーム」と瓜二つの製品が「ブルー・ファイアー」の名前で出回り、都内十九店のデパート中、九店（店舗名明記）で堂々と売られていることを発見。

「はじめてこれを見たとき、びっくりしました。そして、恥しくなり、なんともいえず腹がたってきたのです。しらべてみると、この会社は、これまでもアメリカ製やスエーデン製のをまねて作っています。（略）

なぜ、こんなキンチャク切りみたいなことをしなければならないのですか。なぜ、日本人の技術で、ブルー・フレームにまけないいものを作り出そうとしないのですか。作る方も作る方なら、売る方も売る方です。知らない筈はありません。売れるものなら、なんでも売るのですか」

と、花森は怒りの声をあげた。「命がけ」で商品テストに取り組んでいる気迫が伝わってくる。花森は後に、百号（昭和四十四年四月）の特集「商品テスト入門」で、「商品テストは消費者のためではない。生産者に、いいものだけを作ってもらうための、もっとも有効な方法なのである」と明言している。

石油ストーブは、二年後の三十七年のテストでは国産品の中にもそこそこの性能のものが出始め、その銘柄は品切れになった。六年後の四十三年のテストでは、アラジンと遜色のないものが登場する。

「もし、この三回の商品テストがなかったら、はたして日本の石油ストーブがこれだけよくなっただろうか」と、花森は誇らしげに回想している。

使いやすさと耐久性にこだわった厳密な商品テストの報告で、『暮しの手帖』は着実に社会的評価を確かなものにしていく。が、編集長の花森安治の持論は「商品テストを商品にしてはいけない」だった。アメリカの雑誌『コンシューマーズレポート』は商品テストだけの掲載だが、『暮しの手帖』は料理、健康、工作記事のほかに随筆もあり、商品関連の記事は号によって違うものの、平均二割そこそこだった。

テスト結果の報告をはじめ多くの記事は、創刊から十年ほど花森がほとんど自分で書いていた。しかし、昭和四十四年に心筋梗塞の発作に見舞われてからは、編集部員の記事に手を入れるケースが次第に多くなる。

「きみの書いた文章が、八百屋の奥さんにそのまま読んでもらえるか、魚屋の奥さんにわかってもらえるか、それを考えて書け」

「文章をやさしく、わかりやすく書くコツは、ひとに話すように書くことだ。眼で見なくてはわからないようなことばは、できるだけ使うな」

「どのように書くか、というよりも、なにを書くかだ。書かなくてはならないことが、なになのか、書くほうにそれがわかっていなかったら、読むひとにはつたわらない。小手先でことばをもてあそんでも、読むひとのこころには、なにもとどかない」

花森はこう編集部員に文章修行をうながしたと、昭和四十七年から八年間、編集部に在籍した唐澤平吉は回想している（唐澤平吉『花森安治の編集室』晶文社）。

文章に定評がある『暮しの手帖』の、わけても料理記事は作り方の説明がわかりやすく正確なことで知られている。『週刊朝日』で暮しの手帖社から出た料理本の書評をする際、「これを作ってみましょう」と任意の作品を実際に作ってみることになり、指定の材料でレシピどうりに作ったところ見事に完成。

「男が初見で読んで料理を作れるという料理記事はまずないんですね。あるいはなかった。それができるんだから、あの雑誌はすごく文体能力が高いといって大江さんがほめていたことがありました」

文中の大江とは、かのノーベル賞作家の大江健三郎、エピソードを披瀝するのは文芸評論家の丸谷才一である（月刊『東京人』平成三年十月号シリーズ「東京ジャーナリズム大批判」座談会）。

文体能力もさることながら、料理記事が出来上がるまでの手間暇が尋常ではなかった。前出の唐澤によると、まずプロの料理人が作った料理を料理担当者やその場に居合わせた者が試食。皆からうまいと評されたものを料理記事に採用し、これを料理担当者が記事にしたものを別の編集者（料理はずぶの素人）が読んで試作し、再び皆で試食する。料理の出来具合、見た目や味がプロの料理人のものと同じかどうか、大きく違っていたりどこかおかしければ、担当者の原稿に不備ありということで書き直しに。

「このように、料理記事には二重のシカケがあり、原稿が何人もの編集者のからだを通って書かれています」（『花森安治の編集室』）

この料理記事の手先の写真モデルも、実は社長の大橋鎭子の受け持ちで、「普段から手が荒れないように冷たい水を避けるなど、随分気を遣いました」。

創刊以来、編集長と社長の身内と知人だけで編集作業も商品テストもこなしてきていた『暮しの手帖』だったが、部数の増大にともなって本の厚みも増し、昭和三十一年九月、初めて社員を公募することになった。大学内の求人掲示板を見た応募者を作文と書類選考で男女およそ七十人が残り、採用されたのは女一人（早大）、男二人（東大、慶大）の三人で、平成四年から十四年まで編集長をつとめた宮岸毅もその一人だった。

試験は通称「分室」と呼んでいた東麻布の暮しの手帖社研究室で行われた。敷地約四百坪に、商品テスト室や料理記事用の台所がある建物と、別館と称する瀟洒な建物があり、別館は社の展覧会や座談会などに使用していた。

「分室」はその後増築され、大小二十六の部屋を擁するまでになるが、昭和六十年代の研究室の模様を、朝日新聞編集委員の酒井寛が『花森安治の仕事』（朝日新聞社）にこう記録している。

「いちばん大きな部屋は、二階の台所と編集室で、ここが暮しの手帖の「機関部であり心臓部」だった。台所は、畳数にして二十畳の広さがある。編集部員の机が並ぶ編集室も同じ広さで、このふたつの部屋が仕切りなしでつながっている。台所には中央に食卓があるから、ここはいわば、ダイニングキチン付き編集室という造りになっている。

（略）来客のためにだけある応接室という客間は、ここにはない。花森は台所の食卓で、客のだれとでも応対した。

花森はふだんはここで、編集部員相手に時事問題から映画演劇を論じ、時には上方落語の声色に興じるなどした。商品テスト室は一階にあった」

宮岸によると、大きなテスト部屋が三つあり、電源や水道管、ガス管が配置され床がタイル敷きの電気洗濯機や湯沸かし器などをテストする部屋と、必要時には部屋の中にもう一つ部屋を組み立てて恒温を保って電気冷蔵庫や暖房器具をテストする部屋、それと、台所を備えた炊飯器や調理器具のテスト室だった。他に、大工さんの仕事場のような工作室と、理科の実験室のような分析室もあった。

宮岸たち受験生はこのスタジオで、まず花森のおしゃべりを聴かせられた。話し終わると、「今、僕がしゃべったことを八百字くらいにまとめること」と花森は要求した。午後は横浜の老舗中華料理店のコックが目の前で作る酢豚を試食。その料理記事を書けというのが課題だった。筆記は英語と数学の簡単な問題が出た。試験はそれで終了。

「それから三カ月間、全くの音沙汰無し」（宮岸）

ようやく連絡が来たものの、クリスマスパーティーへの招待状だった。招待された受験生は十人たらずだったが、出入りの業者や執筆者も招かれる暮しの手帖社恒例の大パーティーだった。

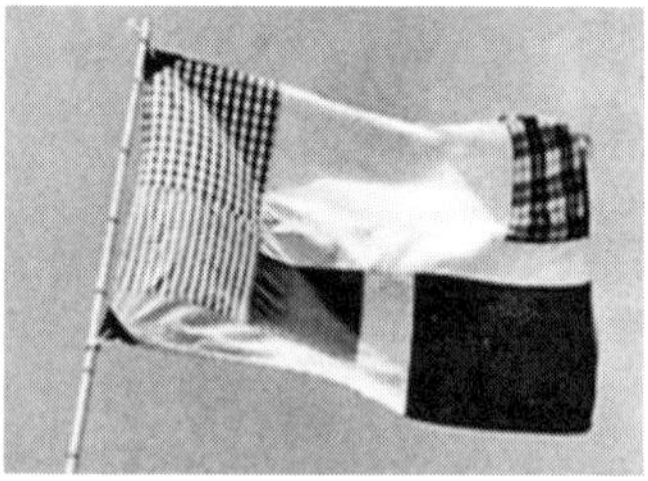
一戔五厘の旗

「社員旅行で酒乱になった人がいて大迷惑した。それで、お酒の飲みっぷりを観測したわけよ」（大橋）

『一戔五厘の旗』が出版されたのは昭和四十六年十月である。花森は還暦を迎えていたが、二年前の二月、出張先の京都で心筋梗塞の発作に襲われていた。「一戔五厘」の由来は、二等兵として召集された花森の満州での軍隊経験からきている。当時、赤紙と呼ばれた召集令状の葉書代が一戔五厘で、「貴様らの代わりは一戔五厘でいくらでも集められる。軍馬はそうはいかんぞ！」と教育掛の軍曹に怒鳴られたのだという。病気除隊で東京に戻った花森は、昭和十六年の春から大政翼賛会宣伝部に属し、翼賛会が解散する二十年七月まで仕事をした。『暮しの手帖』創刊以来、毎号おびただしい量の原稿を書いてきた花森だったが、軍隊と翼賛会時代については弁明も含めてほとんど活字にしていない。わずかに七十九号（昭和四十年）の「1ケタの保険証」で、戦地に携帯した岩波文庫にまつわる記述の中にこう述懐する程度だった。

「ぼくは、できるなら、死ぬまでに、もう一ど、あの北満の小さな町へ行ってみたいな、とときどきおもいます。（略）そこで、ぼくという人間が、ぼくの青春が、めちゃめちゃにふみにじられてしまった、そこの土の上に、もう一ど立ってみたい、とおもうのです」

心境の変化なのか、ある種の予兆なのか、倒れる年の前年の昭和四十三年、花森は「戦争中の暮しの記録」という大特集を企画し、『暮しの手帖』まるごと一冊に仕上げる冒険に出る。もっとも、社長の大橋鎮子のもくろみは別にあった。

「だって単行本にするより通常号の雑誌扱いのほうが大きな広告スペースが確保できますからね」

「記録」は全国の読者が寄せた約千七百編の手記から百四十を選んだ、庶民の戦争体験の集大成だった。大胆な企画とあって、創刊時と同じように編集部員が手分けして大手書店をセールスに廻った。が、結果は増刷に次ぐ増刷、ついに百六十万部の大記録を達成。翌年単行本になって今も版を重ね（八版十五万部）ている。

この大特集に全力投球した花森は、前後して「戦場」「武器を捨てよう」「国をまもるということ」「無名戦士の墓」「見よぼくら一戋五厘の旗」「二十八年の日々を痛恨する歌」など、吹っ切れたように戦争について語り始めた。これらの他に、『暮しの手帖』に書いてきたものを選んで全二十九編を収録し『一戋五厘の旗』と題して刊行した。

「ぼくらの旗はこじき旗だ
ぼろ布端布をつなぎ合わせた暮しの旗だ
ぼくらは家ごとにその旗を物干し台や屋根に立てる
見よ
世界ではじめてのぼくら庶民の旗だ
ぼくらこんどは後へひかない」

と花森はうたった。翌四十七年、『一戋五厘の旗』は読売文学賞を受賞。こちらも版を重ねた。

花森安治の最後の姿

花森を二度目の心筋梗塞の発作が襲ったのは昭和五十三年一月十四日の未明だった。妻のももよから電話で「花森が死にました」と知らされた大橋が南麻布の自宅に駆けつけると、花森は水色のパジャマを着てソファに横たえられていた。夜中、気分が悪いといって起きだし、ソファに座ると直ぐに発作が起き救急車を呼ぶ間もなかったという。享年六十六。三十八歳で亡くなった花森の母親も心臓病だった。

最初の発作は九年前の二月。出張先の京都のホテルだった。指一本動かしても危ないと医者に言われる重症で、そのまま二カ月、ホテル住まいを余儀なくされたが、容態が安定すると花森の部屋が臨時の編集部になった。おりしも創刊百号の編集作業が始まっていて、原稿も写真も全て編集長の花森の眼を通す必要があり、編集部員が新幹線で往復する日々が続いた。

病気を境に、花森は生活スタイルをかえていった。仕事量を減らし、商品テストの記事も編集部員にまかせ、署名記事もテープに吹き込んだり口述筆記になったりした。カメラと8ミリとテープレコーダーを持ってどこへでも出かけた取材も、医者からストップがかかった。缶ピースを抱えて歩くほど好きだったタバコも止め、好物の大福もちや金つばも我慢して体重減を心がけたものの、この数年、体力の衰えが目立ってきていた。が、大橋鎭子は今でも真顔でいう。

「わたしは花森が死ぬなんてことは一度も考えたことがなかったの。お医者さんは〝ちょっと難しいなあ〞とおっしゃるんだけど、治るって思わなくちゃ治療なんてできないじゃない?」

花森は前年の十一月に風邪をこじらせて都内の病院に入院し、十二月二十日に「クリスマス退院」して通算百五十二号の表紙を仕上げた。そして年明け、絶筆となった「人間の手について」(四百字三十五枚)を辛そうに仕上げ、校了したその日、よほど疲れたのか珍しく一人で先に帰宅するといった。

「わたしは鎭子さんによばれて、花森さんが研究室の階段をおりるのを助けにゆきました。疲れていたうえに体重がありましたから、階段のあがりおりさえも、つらそうな様子でした。朝も階段のところで、わたしは花森さんの後ろにまわり、臀部《おしり》を両手でささえるように押し上げ、上がるのを手伝っていました」

と、唐澤平吉は編集室での最後の花森の様子を回想している（『花森安治の編集室』）。

「花森さんは、わたしの肩に手をのせて、階段をおりようとしかけました。しかし、
『いや、きょうはやめた。じぶんの力でおりるよ』
と、肩から手をはなし、一段一段ゆっくりと階段をおりました。（略）
靴をはいて花森さんは、急にふりかえりました。そして、
『みなさん、どうもありがとう』
と、チョコンと頭をさげて、おじぎをしました。
『いやだわ、花森さんったら。そんなことして……』
鎮子さんが手で、そのことばと行為を払いのけるように、いいました」

その日の花森の様子は、いささか奇妙だった。社の玄関で、靴を履くと振り向きざま「みなさん、どうもありがとう」とチョコンと頭を下げ、お辞儀をしたのだ。花森は一度もそんなことをしたことがなかったから、唐澤平吉は花森の冗談だと思った。

「しかし、なにか予感させるものが鎮子さんにはあったとおもいます。花森さんはニコッとして手をふり、鎮子さんはなにもこたえず、玄関を出ました。その場に五、六人が見送るためについてきていました。花森さんの、そのことば、その行為が、どんな重大な意味をもつ

「人間の手について」

ことになるか……。

それが、わたしの見た、花森安治の最後の姿でした」（『花森安治の編集室』）

翌日、花森は出社してこなかった。心配して電話をした大橋に、「中田の寿司が食べたいんだがなあ」と花森。銀座の行きつけの寿司屋である。

「小振りに作ってもらい持っていきましたけど、ほとんど食べなかったらしいのね。でも本人は元気になるつもりで、死ぬなんて全然思ってなかった筈よ」

玄関まで出てきた花森は、大橋たちに「ありがとう」といって、珍しく手を振って別れた。大橋が見た生前の最後の姿だった。

花森は祖父の影響で小さいころから信心深かったが、葬儀は無宗教で行われ、会場の暮しの手帖研究室（スタジオ）には花森が好きだったイギリス民謡「グリーンスリーブス」が流れた。

花森編集の最後となった通算百五十二号には、絶筆になった「人間の手について」のほかにもう一本、入院中に書いた無署名の短い文章がのっている。

「まだ風は肌をさし、道からは冷気がひしひしと立ち上がる、あきらかに冬なのに、空気のどこかに、よくよく気をつけると、ほんのかすかな、甘い気配がふっとかすめるような、春は、待つこころにときめきがある。

青春は、待たずにいきなりやってきて胸をしめつけ、わびしく、苦しく、さわがしく、気がつけば、もう一気に過ぎ去っていて、遠ざかる年月の長さだけ、悔いと羨やみを残していく」

「早春と青春」と題されていた。葬儀からひと月が過ぎた頃、神戸の小学校と東大で花森と同級だった作家の田宮虎彦から大橋に手紙が届けられた。

「……花森君があれだけのことが出来たのは、もちろん花森君が立派だったからには違いありませんが、やはりあなたの協力があったからこそだと思います。こんなことを私が言うのは筋違いであり、おかしなことかも知れませんが、花森君が力いっぱい生きることが出来、あのようにすばらしい業績を残したことについての、あなたのお力に対し、あつく御礼を申し上げます。

あなたも暮しの手帖も、これからあと大変だと思いますが、あなたは充分これからあとやって行かれるお力をお持ちです。いっそう元気におすごし下さいますよう祈っております。花森君が亡くなってもう一ヶ月以上すぎてしまいました。私にとっても、とても悲しいことです」

花森亡き後の暮しの手帖社について、親友の田宮虎彦は葬儀がすんだ一カ月後の昭和五十三年二月、大橋鎭子に手紙を送り、このように励ました。

しかし世間では、『暮しの手帖』＝花森安治の強固なイメージが出来上がっていたのも事実だった。

花森の葬儀。左奥からももよ夫人、大橋鎭子、花森の長女・土井藍生（あおい）と夫

「だから皆さん、『大変ね、大変ね』っておっしゃるんですが私は全然心配しなかった。花森が死んで、さて困ったなんて思いませんでしたね。雑誌作りってとにかくプランでしょう。創刊以来、プラン、プランだ、プランを出せと全員が花森に言われ続けてきましたから、プラン作りの点では心配しなかったの」（大橋）

とはいうものの、夜、寝床に入ると〝暮しの手帖、暮しの手帖……〟で頭が一杯になることが何年か続いたと大橋は打ち明ける。

手帖本誌の発行部数は創刊以来順調に増え続け、百万部近くになっていた。

「百号を出した時（昭和四十四年）も、花森がやめるという噂が立ったんですが、今度は花森が死んだら五十万部に落ちるんじゃないかといわれました。編集部からも何人か辞めてゆきました。今までサポートしてくれてた人が手を引いたり、頑張ってと引き続き応援してくれる人。あの時はいろんな人間模様をかいま見ました」

編集部に届けられた弔文は二千通を超し、二箱半のダンボールに今も大切に保管されているそのどれもが、『暮しの手帖』への深い思いを綴っていた。

後に編集長に就任する宮岸毅の思いも熱かった。

「花森がいなくなったら部数が減ったといわれるのは何としても口惜しい。ですから、あの時はぼくたちの力の限界までやったという思いがありますね。

でも、いざ本屋さんに並ぶと売れ行きが気になりましてね。いつもは一週間後に見に行くのに、初日に顔を出して店員さんに反応をきいたり、地方の書店さんに電話をして様子をうかがったりと気が気ではなかった。幸い、第二世紀五十三号（通算百五十三号）と五十四号が部数が落ちませんでした。固定読者も多く、皆さん定期購読をおやめになりませんでした」

編集長の花森を亡くし、手帖の編集部は長い間編集長ポストを空けたままにしていた。料理、手芸、工作、商品テスト、特集と、記事のまとめ役にはそれぞれにベテランが花森時代に配置されていたのを踏襲した。会議は合議制だったが、

「いつも九割方、考え方が皆一致してましたから、右か左かを編集長が決断するというような事態に遭遇しなかったのです」。

と、宮岸は言う。手帖の奥付は、「編集及び発行大橋鎭子」という時代が長く続いた。

編集長ポストが復活するのはそれから十年後の平成四年。

「意見が分裂すると誰かが貧乏くじを引いてどちらかに決めなければなりませんからね」

と宮岸は謙遜する。

広告を掲載しないという、雑誌出版界で前代未聞の地平を切り開いて成功した『暮しの手帖』だったが、一方、単行本の世界でも異彩を放ってきた。

昭和四十一年十一月、『スポック博士の育児書』が発売されるとたちまち初版売り切れ。増刷に次ぐ増刷、育児書で初めてベストセラー入りを記録する。育児の世界はそれまで、祖父母から両親そして子へと代々伝わる「一子相伝」風の口伝が主流だった。スポック博士は育児を理論化し、子育てを体系だててみせたから、『暮しの手帖』を支える知的読者に圧倒的に支持されたのだった。その出版にあたってはこんなエピソードがあった。語るのは大橋鎮子社主である。

『スポック博士の育児書』と『おそうざい十二カ月』

「出版のきっかけは、イギリスのエリザベス女王の姪妃マーガレット王女の記事（七十号・昭和三十七年）を載せたのですが、その中にお子様の育児に当たる際に、アメリカのスポック博士の書いた育児書を参考にしたという一節があったのです。この本は各国で翻訳され、どこでも『育児の聖書』と評判になっていたのですが、不思議と日本では出版されていなかったのです。早速翻訳権を取りました。それから出版までには紆余曲折ありましたが、日本語版では日米の育児の違いについて、アメリカではこうしているが日本ではこうと、解説をつけました。これまで版を重ねて約百五十万部出ていますが、手帖本誌が広告なしでも商品テストができるのは、こうした辞書的なロングセラーがあってこそなのです」

シリーズになった『すてきなあなたに』もその一つである。手帖本誌に連載されたエッセーをまとめたものだが、単発でスタートしてⅡ、Ⅲ、Ⅳと続き、いずれⅤも発行の予定だ。

料理記事をまとめた『おそうざい十二カ月』も息の長さでは驚異的だ。発売されたのが昭和四十四年一月で定価千五百円。箱入り厚表紙とはいえ当時の物価からすると安くはない。しかも中の写真はモノクロである。平成九年にオフセットに切り替えたが定価は税込み三千円。三十六年たってようやく二倍という物価の優等生だが、それも手伝ってか現在累計で約六十四万部を数えている。

「この本も、きっかけは私の身近な人からの情報だったのね。」と大橋。

「大阪生野の小料理屋がとにかくうまいものを出すっていうんで、それならとカメラマン同行で出向くと、これが本当においしいのよ。手際もいいし盛りつけもきれい。そこで、料理記事に是非取り上げさせて欲しいと切り出したの。するといきなり板前さんが『ワイは雑誌なんか大嫌いじゃ。ハヨ、店から出て行け！』とものすごい剣幕で怒りだした。

東京へ帰って花森に報告すると、『もう一度行ってこい』。二度目も相手にされず、それでとうとう三度目に私は土間へ手をついて『そんなこと言わないで是非紹介させて下さい。』って頭を下げたの。そうしたら、板前さんの方がびっくりして私の手を取り、『引き受けましょう』といってくれた。元は『吉兆』の腕の良い板前さん。今でも時折、本の写真通りに作ってみるとこれがおいしく出来るのね」

あるロングセラーの誕生秘話である。

東京都文化賞受賞者となる

平成六（一九九四）年、東京都は第十回の文化賞受賞者の一人に大橋鎭子を選んだ。受賞者リストの肩書きには雑誌編集者とあった。この年は大橋と作家の藤沢周平、国連難民高等弁務官の緒方貞子の三人が文化賞を受賞。栄誉章は相撲の曙太郎、テニスの伊達公子、野球の野村克也、将棋の羽生善治、作曲の松村禎三の五人に贈られている。

「授賞式は二月の寒い時だったけど（二十五日）、挨拶でなにをしゃべったかなんて、もう忘れてしまいました。とにかく必死になってやってきて、それを評価して頂いたわけですから、どうも有難うございますとお礼をいったのは確かかね」（大橋）

花森安治と暮しの手帖編集部が菊池寛賞を受賞したのが昭和三十一（一九五六）年だった。それ以後も、昭和四十六年に毎日出版文化賞を、昭和四十七年には『一戔五厘の旗』が読売文学賞を受賞し、同じ年にアジアのノーベル賞ともいわれるマグサイサイ賞を受賞するなど、社業への社会的評価は着実に高まったが、いずれの賞も花森安治の業績と不可避だった。

実は大橋は昭和三十三年に「ペアレンツ賞」をアメリカで受賞しているので、大橋個人の受賞は東京都文化賞が二度目だったが、花森を喪って十一年後の文化賞の受賞は、雑誌編集者としての大橋の永年の業績に対するものだっただけに感激もひとしおと思われた。しかし案に相違して前出のような淡泊な反応なのだ」。

そういえば、この連載を始めて何回か暮しの手帖社を訪問していて気づいたのは、社主である大橋の執務室（といっても他のスタッフとの相部屋だが）には、これまで受賞した数々の輝かしい記念の表彰状やらトロフィーの類がどこにも見あたらないことだった。社内に唯一掲げられていたのは、廊下の壁に貼られた「一戔五厘の旗」だった。風雨にさらされ、汚れて端がほどけて裂けたそれは、まるで幾多の戦場を駆け抜けた連隊旗さながらに誇らしげな顔をしているのが、かえってユーモラスでさえあった。

ところで、東京都文化賞はじめ、菊池寛賞や毎日出版文化賞、読売文学賞、マグサイサイ賞の賞状やトロフィーはどこにいってしまったのか？「ええ、ええ、どこかにある筈よ。なくしたなんて事はありませんから」と大橋が言うと、「たしか、あの辺りにしまった記憶が……」と、元編集長の宮岸毅。やおら戸棚を開けたり棚を覗いて探すのだが一向に出てこない。「それなら、きっと私の家です」と大橋。

結局、東京都文化賞の賞状をここでお披露目できず、やむをえず代わりに受賞者紹介のパンフとなった次第。そんな姉を次妹の大橋芳子はこういう。「いつも他人（ひと）のことばっかり考えてた人ですから、自分の評価に関心が無いんです」。

二年前（平成十五年）の厳冬期、家電業界にちょっとした衝撃が走った。〝使いやすい〟〝安全〟〝高性能〟のうたい文句で業界各社が売り出し中の「ＩＨクッキングヒーター」を、暮しの手帖社が綿密にテストした結果、「まことに不都合な調理器具」だとする報告を手帖本誌で発表したからだった。

テスト結果は、二月発売の四世紀二号の巻頭特集としてカラー十頁を費やして掲載されていた。「ＩＨクッキングヒーターのもうひとつの姿」のタイトルバッグには、鍋が凄まじい炎を上げている写真が一葉。その添え書きにはこうあった。「機能美すら感じるシンプルな外観は、『21世紀の台所道具』を予感させる。だが、そんなＩＨクッキングヒーターに、思わぬ落とし穴があった」。

ＩＨクッキングヒーター（以下ＩＨヒーター）の最大のセールスポイントは、ガスコンロや電気ヒーターが「鍋を加熱」して煮炊きするのに対して、ＩＨヒーターは「鍋を発熱」させて煮炊きするので、裸火が衣服に燃え移る心配もなく、排気ガスも出ないということだった。

記事は、ＩＨヒーターの仕組みや特徴などを分かりやすく解説し、ＩＨヒーターの熱効率は抜群によいという報告もしている。が、実際に調理して出来映え（味の良し悪し）までみるのが手帖誌の本領だけに、ここでも野菜炒めとステーキをつくった。

結果は、野菜炒めは「味がバラバラでまとまりがなく水っぽい」。ステーキは「ガスと同じくらいの焼き目をつけると、肉に火が入りすぎてパサついてしまう」。さらに、火力を変えたり、調理や余熱の時間を変えたりフライパンを変えたものの、うまくできなかったと報告している。

問題は、フライパンの種類によって底が赤熱化し、それを気づかずに油を落とすと二、三秒で発火して炎が立ち昇ることだった。赤熱化しないまでも、底が歪んだりテフロン加工が剥がれたりと、それやこれや、「暮しの手帖は、ＩＨクッキングヒーターをおすすめしない」と結論づけたのだった。

理由は二つあるとして、一つは「台所道具の基本的な役割を果たしていないこと」。二つ目は「ガスという安価で有効なエネルギーがあるのに、あえて、電気を使い値段も高いＩＨヒーターを使うよさが見つからない」と断言した。

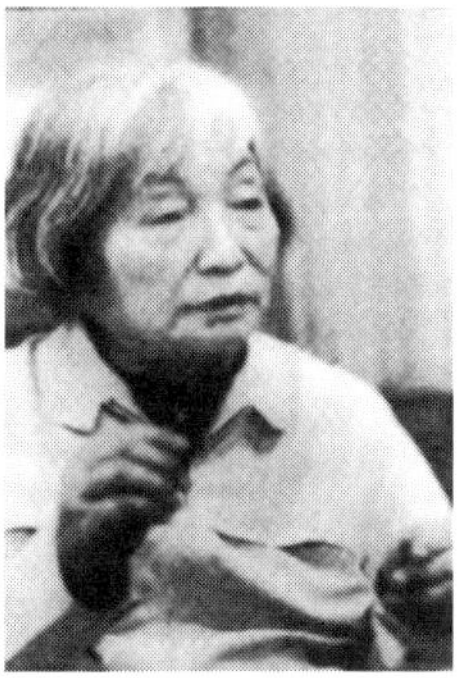
最晩年の花森安治

また、調理中に五十～一万六千ヘルツの電磁波が発生。健康への懸念が取り沙汰されているおり、あえて台所へ持ち込む必要はないとも付言している。反響は大きく、家電業界はもちろん、読者からの問い合わせもいつにも増して多く、売り切れの書店が続出して二号は増刷するまでになった。「この号では、実はある家電メーカーと訴訟寸前まで行ったんですよ」と、横山泰子社長が打ち明ける。昭和三十年生まれの横山は社主の大橋とは義理の姪という関係で、平成十六年の六月に社長に就任した。「商品テストの暮しの手帖」の伝統をどう守るか。社長就任を目前にしたテストのような趣だったに違いない。

ＩＨクッキングヒーターは、「オール電化」をうたう新築マンションのセールスの花形である。その目玉商品を、「台所道具としての基本的な役割をはたしていない」と真っ向唐竹割りに切って棄てたのだから（『暮しの手帖四世紀』二号、〇三年二月発売）、メーカーも黙っていられなかった。

暮しの手帖社が行った実験中、メーカーをとりわけ刺激したのは鍋から大きく炎が上がる写真だった。「メーカー側は、『普段は、よほどでなければ起こらない。針小棒大に過ぎる』と言うんです。結局、炎が上がるケースもあることは認めてもいましてね。訴訟という事態にはならずに済んだんですが」（横山社長）。メーカーも改良に乗り出したものの、続く三号（四月発売）でも改良型をテストし、「ＩＨクッキングヒーターはどこへ行く」と題して特集。結果は、「いとも哀しき調理器具エジソンもあきれる……」とまとめたのだった。

もっとも、既にＩＨヒーターを使用中の読者からの投稿も掲載。換気扇の清掃から解放されたこと、裸火がなく電気なので制御しやすい、不完全な道具の使い方を考えるのも楽しいものだという意見を紹介するなど、フェアーであろうとする姿勢が伝わる。

その一方、暮しの手帖社のテスト結果に小躍りしたのがガス会社だった。

二号に載せた炎が噴き上がる写真と記事を、ガス会社のＰＲに使いたいと言ってきたのだという。創刊以来、商品テストの記事は全文引用以外は認めていないため、ガス会社は二号と三号の該当記事を抜き刷りして販売店に配布したのだった。ガス会社自身でテストしてみればいいのに、暮しの手帖社のブランド力に頼ったというわけなのだろう。

暮しの手帖社は、久々に伝統復活で面目躍如だったが、平成十七年の夏、またも家電メーカーの心胆を寒からしめることになった。

今度は「健康とおいしさ」で目下大人気の「スチームレンジ」が相手だった。このレンジを使えば、日本の中高年男女の敵である脂肪も塩分もカットできるとあって、二年前の九月に発売されると、値段は電子レンジの五〜六倍もする高額にもかかわらず、発売以来約七万台が売れたという。薄型テレビ以外にヒット商品が出ない白物家電の救世主なのだ。

テストは今回も入念に繰り返された。メーカーが掲げる脱油効果、ビタミンCの保持、減塩効果はどの程度なのか？　結果は「いずれも驚くほどの効果は認められない」だった。しかも、ステーキや塩鮭は塩気と同時に水分もうま味も抜け、から揚げは衣が剥がれて香ばしさがない等々。加えて調理後は必ず冷却・排水の必要があって、何度も使うとなるととても時間がかかり、「家庭用調理器具としては、まだおすすめできません」というのが結論だった。

高額な広告費を得ている新聞社や雑誌社や民放テレビ局には、ＩＨヒーターもスチームレンジも問題点を指摘はできない。

『暮しの手帖』は、広告を載せない業界初の雑誌だ。創刊されて平成十七年で満五十七年。奇跡といってもいい。

前年六月、大橋鎮子からバトンを受けて社長に就任した横山泰子は、二つだけ大橋と新役員に約束した。一つは、この会社を守ること。もう一つは、広告無掲載のまま『暮しの手帖』を出し続けること。

「永年、大橋を身近に見てきていたんですが、この業界の方とのお付き合いはほとんどなかった。それが、この立場になって知ったのは、思ったよりはるかに社名が大きく、〝出版界の良心〟とまで言われて

(笑)、えぇー？　て感じなんです。裏では非常に辛いこともあったんですが……」
最盛期には百万部にまで達した『暮しの手帖』本誌の売り上げも、平成になって数年は二十万部前後で推移している。部数減は、ＩＨヒーター、スチームレンジの商品テスト結果が一部で話題になっただけというように、社会的影響力もその分低下している。

読者の平均年齢も五十八、九歳と年々高くなっていると言うのは、服部哲夫取締役だ。服部は平成十六年六月に就任したばかりで、「それまではフリーター」を自称する出版界とは無縁な世界の住人だった。

平成十七十月二十五日、「明日をたいせつに思う気持ち」をコンセプトにした新雑誌『あたらさん』（暮しの手帖別冊）が発売された。「読者年齢を十歳は若返らせたい。その為には営業的にも、もう一誌どうしても出したいと一年前に準備を始めました」（服部）。

タイトルは「もったいない」を意味する古語で、沖縄では今も日常用語として使われているという。出版人の意表をついたのは、奥付の編集室住所。長野県軽井沢町大字追分「信濃追分駅舎内」とあったからだ。堀辰雄、立原道造など多くの文人たちが愛した美しい高原の駅は、国鉄民営化で「しなの鉄道」に移管後は無人駅のまま。「私にとって『いちばんもったいないと思うこと』がこの駅舎の無人化でした」と言うのは編集長に就任した那須由莉である。那須は、子供の頃からこの地の別荘に通ってきたので、しなの鉄道と交渉し、空き部屋の駅長事務室に手を加えて編集室にしてしまったのだ。早速テレビや新聞が飛びついて紹介するなど、話題作りもうまい。

那須は編集経験も豊富だったが、広告のない雑誌の創刊・編集は初めての経験。『あたらさん』はＡ４判で百二十八頁とやや薄手の雑誌なのだが、「二百頁の雑誌をつくったような感じ」だったと振り返る。

タイトルも、本当は創刊二カ月前まではそのものズバリ『もったいない』だった。スタッフとの雑談の中で何気なく「そう言えば沖縄では……」の一言で『あたらさん』に変更されたのだという。

この間、横山と服部は創刊までの四カ月、土日は軽井沢通いが続いた。「編集ってこんなに大変だったのかと実感しました。その分、思い入れも強いですね」（横山）。

創刊号は十万部。二号の発売は平成十八年二月。「冒険というより、テストチャレンジの気持ちでいます」という横山社長。滑り出しは順調だったが、十八年に四号で休刊した。

庶民の暮らしと民主主義を守るべく、ぼろ布と端布をつなぎ合わせた「こじき旗」の「一戋五厘の旗」を掲げ続けてきた暮しの手帖社は、平成十九年に創立六十年を迎えたが、二年前の平成十七年の四月、『暮しの手帖四世紀』十五号に『「九条の会」と日本国憲法』という特集記事が掲載された。憲法改正が現実問題になりつつあるこの時期、「九条を守るということで手をつないでいければと思います」と、社の姿勢を内外にアピールしたのだ。

初代編集長の花森安治は、今から三十七年前「武器を捨てよう」と題した一文の中でこう述べていた。

「日本国憲法第九条。

なんという、すがすがしさだろう。

ぼくは、じぶんの国が、こんなすばらしい憲法をもっていることを、誇りにしている。

あんなものは、押しつけられたものだ、画にかいた餅だ、単なる理想だ、という人がいる。

だれが草案を作ったって、よければ、それでいいではないか。

理想なら、全力をあげて、これを形にしようではないか」

「九条の会」の呼びかけ人は井上ひさし、梅原猛、大江健三郎、奥平康弘、小田実、加藤周一、澤地久枝、鶴見俊輔、三木睦子の九人。会への賛同と連帯を宣言し、創立六十年を前に、あらためて「一戋五厘

新社屋前での大橋鎮子

の旗」を高々と掲げたのだった。

敗戦の翌年、花森と共に暮しの手帖社を銀座に創立した大橋鎮子は平成十七年、八十五歳になった。花森が急逝したのは昭和五十三年一月だった。作家の故柴田錬三郎は、大橋についてこう述べている。

「彼女は戦争中から読書新聞にいた編集員だが、仕事はもちろん、日常茶飯事にこれほど重宝な人間はまたとあるまいと、おもわれるオールマイティの女だった。物資がなくなって、なにかと不自由をしていた戦争中でも、大橋に頼めば、砂糖でござれ、汽車の切符でござれ、ありとあらゆるものを、なんでも手に入れることができた。（中略）この才能を大きく利用して生かしてやったところに花森の偉さがある」

（「異形の数学者花森安治」『別冊知性増刊　現代の英雄』一九五六年十一月）

大橋は、創立以来、休暇らしい休暇をとったのはたった一度きりだという。昭和三十三年に、アメリカ国務省の招待で『ペアレンツ賞』の授賞式に出席がてら、三カ月ちかく米国を見て回ってきたときのことだ。

花森没後、既に四半世紀以上過ぎてなお、大橋は土日と祝日以外は毎日、九時半には出社し午後五時半の退社という日々を続けたが、出版人としての情熱は少しの衰えもみせなかった。

「土日は他に予定がなければ、銀座に出かけてネタ探しをします。銀座通りと並木通りが好きね。画廊は軒並み覗くし、人だかりがしてれば寄ってみます。編集者はネタが命ですからね。それと、やっぱりもう一度銀座に戻りたいの。なんてったって天下の銀座ですから」

大橋は平成二十五年に九十三歳で亡くなるまで、そう語っていた。

第7章 農山漁村文化協会

「農村空間の時代」21世紀を拓く

都市部で読者が増える『現代農業』

一般社団法人農山漁村文化協会（以下、農文協）を代表する雑誌『現代農業』は、出版不況、雑誌不況と言われるなかで、いまも毎号約二十万部を確保して、安定した販売実績を保つ。編集責任者の豊島至（地域形成センター電子出版部長。平成二十年の取材当時。以下同）によれば「少しずつですが、毎号売れ行きが伸びています。最近の目立った傾向としては、都市部で新しい読者が増えていることが見逃せません」。

五十年以上の長きにわたって、農文協の活動に携わり、今日の姿に育て上げた最大の功労者である坂本尚《たかし》（副会長・取材当時。氏は平成二十五年死去）は感慨をこめて満足気に語った。

「最近、都市在住の各方面の知人から、『現代農業』を定期購読しているという声がよく耳に入るし、こんな農産物にはどんな専門書を読むべきかの相談を受ける機会が増えています。定年退職後、郷里に帰って農作業を始めるとか、小面積の家庭菜園でもおいしい野菜を育ててみようかとか、動機はまちまちだが、どこかで農村と都市の関係に新しい変化が生じているのかも知れません」

「自然な暮らしを村に町に」をキャッチフレーズとする『現代農業』は、文字通り農業の専門誌である。毎号の特集も「肥料代が安い人の技」（平成二十年四月号）や「葉っぱビジネス」（同七月号）のように農業の現場、農家の生活に密着したものばかりである。いま農業の初心者向けのテキストや手引書は多数出版されているのに、なぜ都会の生活者が農家向きの専門誌、専門書に目を向けるのか。農文協の出版物はすべてが、研究者が成果を発表したり科学をわかりやすくダイジェストしたものではなく、農家の実体験に根ざすものばかりだ。坂本の表現によれば「農家の技術は自然との対話と交流をもとに成立し、絶えず修正を加えている」ものなのだ。坂本は今日まで「農業のことは農家に聞け」を実践し、それが農文協の遺伝子になっている。都会人が一坪農園でも自分ならではのおいしい野菜を育てようと思い立ったとき、「農家に聞く」次元にごく自然に立っているのではないだろうか。

では、農文協とはどんなところか。そのプロフィールは「21世紀は農村空間の時代」（農文協事業案内）に次のように描かれている。

「農文協と農文協グループは、日本国内の隅々の『食』と『農』、そしてそれと結ぶ『教育情報』を収集し、農業と教育を軸とする出版情報発信を通じて、各市町村の地域を支援しています。多様化、専門化する情報ニーズに応えるため、雑誌十一誌を軸として、電子メディア、情報ネットワーク構築、映像、出版、展示会、フォーラムなど、さまざまなメディアで多角的に情報を提供していきます」

一見したところ、総合出版業であり、情報メディア産業であるが、社名が示すように、農村を対象とした文化運動であり、その発端は昭和二十四（一九四九）年、出版物を農家の庭先に届けるところから始まった。その後、時代の動きに合わせて、電子出版や映像などへと拡大したが、基本は読者個人を対象に情報を届ける（農文協では直販ではなく『普及』と呼ぶ）活動で、これは約六十年いささかも変わらない。平成二十七年現在、社員数は約百七十人、本社（東京都都港区赤坂七丁目）と七カ所に分かれた地方の事務所に配置されている。その農文協のルーツをたどると、東京の中心でしかも体制の一環として誕生した文化運動に行き当る。

『農政研究』第1巻第7号
（大正11年11月発行）

農文協という社名は今日まで変わりがないが、その活動内容は、誕生した昭和十五（一九四〇）年から日本の敗戦ですべての体制が崩壊した昭和二十年までの六年間と、同二十二年に再建してから今日までとでは活動の方針も内容もまったく異なる。

戦前の農文協は、『農政研究』という雑誌を発行し、農民運動で活躍した古瀬伝蔵が中心となって設立された。ただし古瀬は舞台回しで、表に立ったのは伯爵で貴族院議員の有馬頼寧であった。有馬は農林次官などを務めたあと、昭和十二年、第一次近衛内閣の農相として入閣、第二次近衛内閣では大政翼賛会の結成に尽力し事務総長に就任した。

坂本尚

戦後は日本中央競馬会理事長となり、有馬記念レースに名を残す。

古瀬の画策で有馬が推進したのは「農山漁村に映画を」という運動であった。戦時体制によって、人も馬も生産物も取り上げられ、盆踊りなどの娯楽も禁じられた農山漁村を巡回して映画を上映するという活動が行われた。また絵本の出版、紙芝居、幻灯（ガラススライド）の製作、移動演劇も行われ、農文協専属の「瑞穂劇団」が結成された。思想統制による解散命令を受けて、活動の途を絶たれていた新劇の劇団から俳優たちが参加した。

戦後、農文協の体制は崩れた。終戦からしばらくの間は、古瀬は農村を娯楽で慰安し、食糧増産に結びつけるという名目の「農村慰安の夕」を農林省に持ち込み、芸能人の大量動員を図ったが、昭和二十二年には公職追放を受けた。有馬頼寧もA級戦犯容疑で取り調べを受けており（後に放免）、農文協の役員はほとんど去って行った。残された道は職員組合による経営管理である。職員組合は農村文化推進委員会を発足させ、近藤康男（東大農学部教授）、古島敏雄（東大農学部助教授）、今和次郎（早大理工学部教授）ら学者グループや竹山祐太郎（衆議院議員）ら政治家、作家などを委員に選んだ。近藤教授は理事に就任し、以後農協とともに歩んだ。文化運動の地盤は整いつつあったが、組織としては苦境に立たされていた。『農文協五十年史』（近藤康男編）は当時の状況を次のように記述している。「当時、組合活動や企業経営の経験がない人たちが、政府の助成金がなくなり、経営者が不在になり、インフレが進行するなかでの協会の経営である。戦時中に始めた映画や演芸はもはや仕事にならない。残るは『農村文化』（昭和十六年に『農政研究』から改題、さらに三十五年に現在の『現代農業』に改題）だけである。家庭薬、電球、塩など闇商売のようなものまでが戦後になって加わった。ゼロ出発ではなく、家庭薬など大きなマイナスを背負って出発しなければならなかったのである」。このような試行錯誤を経ながら、農文協の活動は雑誌の直販普及に集約されていった。農民に役立つ雑誌を普及させるという意図で、普及の方法は次のようなものである。まず農文協の文化運動の趣旨を述べた挨拶状と雑誌を農家に送る。この雑誌を読んで気に入ったら購読料を支払い必要なければ返送してください、返送のないところには代金と将来の購読料を集金にうかがいますというシステムである。返送のないところが大部分だから、職員は手分けして各地を訪ねた。まだ二十一歳の坂本尚が農文協に現われ、活動に関わり始めたのはこんな時期であった。

農村とは無縁だった坂本尚

坂本尚は、二十歳まで農村とはまったく無縁であった。坂本は昭和四（一九二九）年に東京・渋谷で生まれ、そこで育った。早稲田大学文学部ロシア文学科に学んだが、学生運動に熱中して大学を除籍になる。当時の除籍者は坂本のほかは一人であったというから、過激な活動家ぶりが想像できる。おまけに分派活動を理由に日本共産党も除名されていたから、社会活動への道はいっさい閉ざされた。

そんなおり、昭和二十六（一九五一）年に農文協との出会いがあった。坂本によれば「農村で文化活動を推進している団体だという。その頃の私はいっぱしのマルキストのつもりでいて、都市の労働は知っているが、農村についてはトルストイを読んだ程度の知識しかない。この際現場に入って実地に勉強するかという程度の動機で飛び込んだのだが、与えられた仕事は農家を回っての歩合制の雑誌セールスでした」。

坂本が働き始めた当時の農文協の状況について触れておくと、職員組合の管理による戦後の再建がようやく軌道に乗り始めていた。職員組合の書記長で経営陣の中心となった岩淵直助（のちに常任理事）が苦い曲折を経て「農村文化運動の基礎は農民と常に接触することである」という基本方針を採用した。そのためには『農政研究』を改題した雑誌『農村文化』を直接の訪問販売で普及させることしかない。集金して回る普及職員には厳しい使命が課せられた。当時の資料によると、その内容は次のようである。

「近県の農家には一村一〇〇戸ぐらい雑誌を送ってあるから一日二〇～三〇戸を回って、半年分ぐらいの予約誌代をとる。月に二〇日程度の勤務」。「収入は一日のノルマ二〇〇〇円。月間の収入は四万円。本人の収入はその二五％の歩合制」（『農文協五十年史』）

坂本はこの仕事に奔走した。まず「書き割り」と呼ばれていた購読者名簿から分担部分を切り離したものを渡されて、指定された地域を回る。ちなみに「書き割り」とは芝居用語で、俳優が自分のせりふだけを書き抜きしたものである。まだ農文協内部には戦時中、瑞穂劇団を組織して農村を巡演したころの名残りがあった。岩淵直助の片腕となって職員組合の委員長を務めた浮田左武郎は新劇や映画の俳優だったが、瑞穂劇団解散以後も農文協で普及部長を続け、のちに演劇界に復帰した。

坂本は農家に行き、まず既に送ってある「農村文化」の購読料をいただきたいと交渉するが、多くの訪問先では読んでいないから代金を払う必要はないという。「それなら雑誌を見せてください」というと、封筒から一度出した形跡がある。「封筒に仕掛けがしてありますからね。ほら、どなたかが読んだじゃないですかで、話が始まり、これからの農業のためにこの雑誌を読むことがいかに大切かを力説する。私も若造でしたが、理屈だけは大人に負けない自信がありましたから、名づけてお説法普及です」。

交通費、宿泊費は本人負担で、なるべく親しくなった農家に泊めてもらうことが奨励されたが、すぐにはそんな関係はつくれない。坂本は神社の軒下や終列車が出た後の駅舎を仮の宿にした。だが、仕事が過酷だとか、自分がみじめだとかは少しも思わなかった。

「農村」という未知の空間と向かい合い、しだいに没入してゆくことに限りない興味を感じるようになったのである。のちに坂本は、当時、味わったカルチャーショックを次の三点に集約した。

第一が農家で使われる言葉には、本や都会の知識人からは得られない現実の指摘がある。第二が土に根ざした卓抜な発想力。第三が古くからどこの農家にも伝えられてきた「農業」の体系である。坂本の方向が明確になった。

『農村文化』39号（昭和25年発行）

坂本尚が、雑誌の普及という仕事を通じて昭和二十年代後半の「農村空間」に入り込むまでには多くの時間を要しなかった。だが、当時は政治の季節である。農家、農民に接触するという仕事を利用して、革命思想を宣伝して農村を変革しようという動きは坂本の周囲にはなかったのか。坂本は当時を回想してこう語る。

「たしかに農村を革命の根拠地にするなどと夢みて農文協に参加する者もいた。しかし、仕事といえば雑誌を一冊でも多く直売することで、そのためには農家の人の話にじっくり耳を傾けなければならない。青臭い理論なんか通用しないから、彼らはたちまち去って行き、日がな一日、農家の話に耳を傾けようとする者しか職場に残らなかった」

そんな活動の中で、坂本は農業技術を農家に伝達するにはどんな言葉で表現すべきかを真剣に考えた。当時、『農村文化』（昭和三十五年に『現代農業』に改題）の技術レポートの供給源は農事試験場の技師たちが主流であったが、この人たちが使う専門用語を多用した記述が農家に受け入れられ、すぐに役立つのだろうかと坂本は疑問を抱いた。

そんな疑問に答えてくれたのが浪江虔《けん》という人物であった。浪江は農民運動の指導者であり、図書館普及の推進者としても知られる。生来のクリスチャンで、旧制の武蔵高校から東大文学部に進んだが、中途退学して農民運動に参加した。東京都下での小作争議に関わるうちに、農民が本を読まないことを痛感して、農民のための図書館設立を志した。現在の狛江市で夫人が助産婦をしていたが、その住まいの二階を開放して周辺の農家の人たちが気軽に利用できる私設図書館を開館していた。戦後、浪江は『農村文化』の座談会に出席したのが縁で農文協に深く関わるようになり、はじめは非常勤の理事、やがて常任に近くなり、昭和三十七年から四十三年まで常務理事を務めた。農文協での浪江の最初の仕事は「通信農民講座」の編集と執筆であった。農業技術の専門家の協力を得ながら、浪江は日ごろ接している農民の発想や表現を取り入れた原稿を書いた。坂本はそれを読んで、目からウロコが落ちたような気持ちになった。坂本が驚いたのは、例えばこんな箇所である。

「空に肥え撒く吾助さん」という見出しがある。読んでみると、その頃どこの農家でも使っていた硫安の施肥法の指導である。硫安は地中深めに施肥しないと、風で舞い上がってしまうおそれがある。専門家は「深層施肥」という用語を用いるが、浪江は吾助さんでも権兵衛さんでもよい、親しまれやすい農民像を設定し、その失敗談をユーモラスに描きながら、技術の要諦を伝えている。

坂本は「農村にいますぐ役立つ知識、土を相手にする者の心に届く言葉とは、まさにこれだ」と痛感して、浪江の手法に近づこうとした。そして雑誌の普及活動から戻ると編集スタッフに、農村で聞いた話を聞いたままの状況を温存して伝えた。ほかの普及部員もそうであったから、農文協内部での雑談には各地の方言が飛び交った。

浪江虔の連載講座をまとめた単行本『誰にもわかる肥料の知識』の初版は昭和二十五年九月に発行されたが、版を重ね累計で十万部を超えるロングセラーになった。スライド版も作られたが、その第一作が、坂本を面白がらせた「空に肥え撒く吾助さん」である。

路線のブレが生じた危機

浪江虔

農文協は、平成十九（二〇〇七）年に『現代農業』の復刊六十周年を記念して『現代農業ベストセレクト集』を刊行した。敗戦直後の昭和二十年代前半から今日まで、この雑誌に掲載されて注目された記事を当時の体裁そのままに収録している。坂本尚が農村を回り、雑誌の普及に全力を傾けていた当時の記事は「I・戦後の復興のなかで」という章に集められているが、例えば「和牛の肥育ですすめる新しい村づくり」（昭和二十九年）、「水田酪農に成功した村」（昭和二十八年）、「試作田活動をすすめる青年団」（昭和二十九年）などのタイトルに、農村の近代化や新しい農家経営に取り組む息吹きが伝わってくる。

坂本は頁を懐かしそうにめくるが、そこには単なる回想以上の思いがこもる。「いま読んでも、教えられ、考えさせられる要素が多い。昭和の『農書』として後世に残るだけの価値が十分あります。なぜかと言えば、状況や活動の報告だけでなく、当時の作付けや栽培の報告が失敗の体験も含めて実に綿密に描かれているからです。しかも農家の日常語が正確に取り入れられ、わかりやすい文体になっているのに感心させられます」。

時代は少し後になるが「八百屋を経営するオート三輪部落」（昭和三十三年）という記事がある。今でいう産地直送、直売所経営の先駆例であるが、データが豊富で数字に語らせるドラマが多い。どんな作付にしたらムダがなかったか、価格付け、売上の管理は、市場の価格変動にどう対処しているかなど、農家の本音を引き出している。このようにして『現代農業』は農村に密着し農村空間に分け入ろうとしていた。だが、「もはや戦後ではない」という経済白書の表現に象徴される時代の変わり目、昭和三十年代の初めを迎えた頃、農文協の内部では、雑誌主体の経営を見直し、活動の軸をほかに移そうとする動きが起こった。雑誌の普及こそ活動の使命と信じて農村空間に埋没していた坂本たちにとっては、思ってもみない路線のブレが生じた危機であった。

『現代農業』は坂本たちの努力によって普及し、約三万部という発行部数は確保していた。しかし直売方式は代金未納や購読中止というケースもあるため、収支は赤字であった。これに対して、農事技術の普及を図るためのスライド製作は、肥料・農薬会社や農林省からの受託製作が相次ぎ、協会の経営に貢献していた。赤字の雑誌をやめて、スライド製作にシフトし、さらに総合的な文化産業に体質を変えるべきではないかという意見が内部で強くなった。

協会内に文化部が設置され、外部への広がりを求め始めた。農村文化懇談会というサークルが各地で結成され、教育関係者や公務員なども参加した。懇談会には農民からの参加者もあったが、実際の農業体験に基づく意見よりも、大局的な議論が主流になりがちで実践論は示されないうちに閉会していた。その頃、坂本は、雑誌の赤字解消のため、地方の支部から呼び戻されて本社で広告の仕事をしていた。

「このままでは農文協の活動は農村から離れて行く。農家の言葉から文化人や政治家の言葉が主流となったとき、われわれが目指して、現場で鍛えられ農家に学ぶという基本はどこへ行くのか」と、危機感を抱いた坂本は、思い詰めた気持ちで、のちに「坂本論文」と呼ばれる内部論文「農文協の基本的性格と農村文化運動」を発表した。

この論文は当時、農文協内部で農家に向けて雑誌を普及させるだけでなく書籍やスライドに軸足を移し、活動も政治的な拡大を図ろうという意見が強くなりつつあったことについて「このままでは農文協は農村を離れ、ほかの文化団体と変わらなくなる」との危機感を抱いた坂本が次のようにこの方針に反論したものである。

『創刊60周年記念号 現代農業ベストセレクト集』

農文協にとって必要なのは、日本の文化運動がいかにあるべきかではなく、現在の農文協が精力を集中すべきは、有用な雑誌や本を農家に普及することではないか。浪江虔の著書『誰にもわかる肥料の知識』は文化とか政治とか何も言っていないが、それが優れたものであったから、文化運動になった。われわれが力を集中すべきはこの方向ではないか。

「先輩を相手に若輩が生意気を言ったものです。しかし、私には神奈川県下で六年余り普及活動に関わり、二百部だった直販を二千部以上に伸ばした実績があったし、戦後、労働組合主導でスタートした農文協内部には自由に物を言える空気があったのです」と坂本は振り返る。彼の意見は常任理事の岩淵直助らが取り入れるところとなり、昭和三十五年から実施された第一次十カ年計画では、雑誌の位置づけが次のように定められた。

「独立自営農民を志す農民を対象とする編集であることを主眼とし、誌名を『農村文化』から『現代農業』に変更すること、内容をバランスのとれた総合雑誌にすること、三十五年に一〇〇頁六〇円のものを頁数も段階的に増加して三十九年ないし四十一年には二〇〇頁一五〇円、デラックス版にすること、発行部数三十五年二万部を四十四年には六～一〇万部を目標とすること」(『農文協五十年史』)

農文協と中国との交流活動

平成十六（二〇〇四）年七月、坂本は日本、韓国、中国からの代表が集まる「アイガモ水稲同時作農法シンポジウム」に出席するため、中国の鎮江市に滞在した。アイガモを水田に放すと、田の草や害虫を食べてくれるので水稲の成育が促進されるのだが、この同時作農法を紹介した『現代農業』の記事を読んだ鎮江市の関係者からの頼みで、農家の実践家と研究者の派遣が始まり、回を重ねるうちにシンポジウム開催に至ったものである。

坂本が現地の農村を歩いていると「何か有望なビジネスはないかね。合弁で一緒に儲けようじゃないか」などと農民たちから声をかけられた。日本人とみての決まりせりふである。中国の農村は資本主義化し拝金主義が進んでいると嘆く識者もいるだろうが、坂本は逆に中国農民のパワーを歓迎するという。

「一九六〇年代の日本の農村の姿を思い出します。誰もが何を作ったら儲かるかと、農作物の作付転換や品種改良に懸命だった。だから農家が元気だったのです。中国もやがて現在の日本のように生き方が変わってくるに違いありません」。

八月下旬には第十五回北京国際図書展示会に参加のためまた中国へ行った。北京オリンピック開催のため、会場は天津に移っていたが、坂本の日程には、観光や行楽はない。次から次へと中国の農業専門家、学者、出版関係者が詰めかけ、農文協の刊行物の翻訳出版が提案され、あるいは中国の専門書の日本での出版が検討される。彼のホテルの居室には夜遅くまで訪問者が絶えないのが常である。

坂本と中国の縁はなぜここまで深くなったのだろうか。

坂本尚と中国との深い関わりの根源を求めると、彼に内在する「贖罪」意識に突き当たる。坂本は「中国経済産業新聞」のインタビューに答えて次のように語っている。「私が中国に一所懸命つくすのは、第一に贖罪のためです。農文協は一九四〇年に設立されました。一九四〇年はどんな年か分かりますか？年配の方なら、すぐ分かるはずです。昭和十五年、つまり『皇紀二六〇〇年』です。設立趣旨として、戦争に協力することがあった。農村部における文化振興という理想があったのですが、『戦争協力』を謳わなければ、設立が認められなかったのですね。実際の活動としては、農林省の国策宣伝のため、農村で巡回映画を上映することが主でした。終戦後、農文協は公職団体に指定され、創設者の古瀬伝蔵氏をはじめとするトップはみな公職追放されました。役員が公職追放されたからといって団体の犯した罪は消えるものではありません。私は一九八四年に専務理事となり、無償で中国の農村に貢献できるような活動を始めたわけです」（「フジサンケイビジネスアイ」二〇〇八年六月三〇日掲載）

坂本自身にも、もしかすると中国侵略に関わったかも知れないという思いがあった。彼は中学二年の時に陸軍幼年学校に進んだ。エリート将校を養成する初級コースである。戦争が長引けば、中級指揮官として中国大陸で参戦する可能性があったが、日本の敗戦で一年半で生徒の身分が終わり、府立十五中（現・都立青山高校）に復学した。

「皮肉なもので、戦争の真っ最中に、一般の中学生が工場動員で勉強できなかったのに対して、われわれは語学や数学をみっちり教えられた。私のロシア語は陸軍幼年学校時代に学んだもので、早稲田の露文科に進んだのもそのためです」と坂本は語る。ちなみに農文協の普及職員養成講習会が全寮制の泊まり込み、集中教育のシステムをとったのは坂本の発案で陸軍幼年学校の制度に基づくものである。

坂本が実際に中国と関わったのは昭和六十一（一九八六）年、中国農業科学院副院長の劉志澄と会った時である。おたがいに同世代ということもあって意気投合し、二晩夕食を共にしながら、意見を交換した。坂本によれば、「飲んだ」のであり、酒をあまりたしなまない彼にとって二晩続けての酒はこの時が最初で最後であった。

翌昭和六十二（一九八七）年、劉志澄は坂本夫妻を中国に招待し、その見学行程のなかに天津県の郊外県、大邱庄があった。ここは中国農村改革の流れのなかで生まれた先進的な村の代表例である。わずか八年の間に、かつては農業だけに頼っていた貧しい村が一躍全国でもっとも豊かな村となっている。坂本はここで村の指導者の大邱庄農工商連合公司総経理（社長）の禹作敏と会い、いま中国農村発展の原動力となっている郷鎮業についての認識を根本から改める体験をした。坂本および農文協の中国との交流活動はこの時点から本格的に動き出した。

昭和六十二（一九八七）年、中国天津市の郊外村大邱庄を訪れた坂本尚は現地の農業指導者、禹作敏と対話を続けた。大邱庄には、いわゆる郷鎮企業が発展し、高度成長の原動力となっていたが、郷鎮企業とは大都市の企業の下請けだろうと思っていた坂本は、「工場でつくられた製品は主としてどこへ販売しているのか」と禹に尋ねると「大邱庄の製品は中国全土二六省（市）に販売されていて、販売に当たるセールスマンはこの土地から全土に派遣されています」との意外な答えが返ってきた。決して親工場に支配されている子会社ではなく、日本とは異なる多元的中心形成方式の経済思想があった。

なおも村内を回ってみると、巨大な沼などを開墾して、農地をどんどん増やしている。各家庭には家電製品が完備され、教育環境も充実している。

「都市が農村を蚕食するのではなく、農村を生かした街づくり、地域自然と調和した地域健在の形成、農商工の提携。日本が学んでもよい事例ではないか」と思った坂本に、出来上がったばかりの『大邱庄至冨之路』が手渡された。坂本は即座にこの本の日本語版の出版を提案し、合意が成立した。

翌一九八八年の『現代農業』一月号は「中国でほんとうの『村おこし』をみた天津市大邱庄の農・工・商連携公司の実践」を掲載した。坂本が見聞して心を動かされた事例を要領よく消化し、最後にこんな魅力的で示唆に富む指摘があった。

「大邱庄村で進んでいるのは、農村の都市化であり、田園都市化とでもいうべきか。都市の利便さは享受できるように、村の中に街ができつつある。農村を都市にしてしまうのではない。田園をそのまま残し、開墾によりさらに拡大し、その中心部に農村都市をつくる。新しいタイプの空間づくりである」

このレポートを巻末に加えて『大邱庄至冨之路』を完訳した『農業と工業の矛盾を克服する中国社会主義の新たなる挑戦』は一九八九年に農文協から出版された。

一九八六年以来、年に何度か中国を訪問している坂本が、一つの地域（県城）を隈なく視察したのは一九九八年八月の河北省鹿泉市が初めてであった。そして、鹿泉市の張国亮市長（のちに鹿泉市党委書記）

の招待で農村全域を回るうちに坂本は、鹿泉市の農業は極めて多様であることを知る。小麦、トウモロコシをはじめとして野菜も果樹もあり、果樹はブドウ、リンゴ、ザクロの他あらゆる品種が揃っていて、しかも栽培のしかたやレベルも様々だった。畜産や養魚場も盛んである。場所も北京から近い。そこで坂本はこう考えた。

「日本の農家の人たちは、観光で北京に来た時に、みな万里の長城に行きますね。その帰りに鹿泉市に連れて行って、野菜農家には野菜を、果実農家に果実をそれぞれ見せる。そうすれば日本の農家はみな世話焼きだから、作り方などについて、現地の農家の人たちと話し合いが始まる。これまで農事試験場や大学同士での交流はあったが、私はこうした農家同士の交流ができればいいと考えました」

その交流のベースとして、中国と日本の共同研究「中国近郊農村の発展戦略」が生まれた。

坂本尚が鹿泉市を訪れてから二年後の平成十二（二〇〇〇）年に農文協の創立六十周年記念事業として「中国近郊農村の発展戦略」プロジェクトがスタートした。

実施に当たっては、農業・農村問題は今村奈良臣（東大名誉教授）をリーダーとするチームが、農村計画は青木志郎（東工大名誉教授）のチームが編成された。ともにそれぞれの分野の第一人者で農文協の理事でもある。

今村チームは「鹿泉市農業・農村発展計画」の策定を、青木チームは鹿泉市大河鎮「小城鎮建設計画」を担当し、連携したチーム力を発揮した。「農業・農村発展計画」の策定に当たっては、中国中央の専門家や河北省、石家荘市の専門家で構成された専門家委員会も意見提言を行った。

この計画は外国人（日本人）の手になる、中国ではおそらく初めての農業・農村計画の提案であった。今村らスタッフは前後八回にわたり鹿泉市、石家荘および北京中央部局を訪ね、実際の解明と課題の方向付けに全力を注いだ。机上の調査ではなく、中国で言う「実事求是」をつらぬいたのである。さらには日本の農民が実践してきた歴史的経験も批判や反省を含めて取り入れようと試みられた。

調査を進めながら、今村はこう書き残している。「本計画の特質は、公的な計画とは異なり、地域農民に呼びかけ、その主体的エネルギーの発揚を意図した内容となっていることである」。

平成十六（二〇〇四）年にまとめられた「鹿泉市農業・農村発展計画」は全九章から成り、基本理念と基本戦略の前提に始まり、鹿泉市農業の実態把握におよぶ。各論編では、野菜、養豚、酪農など部門別の振興課題と戦略が展開され、地域農政の基本課題、行政機能の改革と農民組織の形成が提言された。

報告書の末尾には、中国側の陳錫文・国務院発展研究センター農村経済研究センター農村経済研究部部長（当時）の講演抄録が掲載されているが、中国の農村組織について興味深い指摘がある。「中国でも農業経営者を単位として、『いえ』を単位とすべきであり、また、『いえ』が社会保障機能を持つ仕組みにするべきだ」。

人民公社時代には想像もできない大胆な見解であるが、人口を単位とする従来のやり方だと、もし人口が増加したときには農地を増やして、いわゆる「大鍋の飯を食う」式の農村経営を迫られる。が、これではやがて行き詰まる。各農家は独立志向で、農民個人の個性を認めた独自の生産様式を目指す「いえ」でなくてはならない。

この指摘に接して、坂本は、中国との交流のベクトルが一致したのを感じた。坂本が日本の農業の特徴を説明するときのキーワードとしてきた「中農経営」が中国でも国家的なテーマとなったのである。

坂本は語る。「中国、ベトナム、日本などのアジア圏の農業はアメリカのような大農経営は適さない。家、つまり家業としてとらえ、家族構成や人生の目的などそれぞれの個性差を認めながら柔軟に自然と相対する中農経営が発展の切り札になります。日本で大量生産・大量消費への反省が生まれた時期に、中国でも足元を見つめ直す動きが起こったのです」。

「鹿泉市農業・農村計画」に続いて平成十八（二〇〇六）年には長江下流の江蘇省句容市の発展戦略計画が策定された。前回と同じく日中共同で日本側からは今村奈良臣（東大名誉教授）をはじめ小田切徳美（明大教授）、張安明（農文協嘱託）らが加わった。その結果、基本的視点としたのは、次の十項目である。「誰が、どの土地で、何を、どれだけ、いかなる品質のものを、いかなる技術体系で、いかに資源・環境を保全しつつ、いつ作り、どのような方法でいかに売るか」。そして「以上の各課題を効果的に実現するために、いかに多様なかたちで各地域、各生産部門で生産者・農民の合作化をすすめるか」である。

品質の重点課題としては、安心、安全を保障するための生産履歴証明（トレサビティ）の確立が、個別生産者だけではなく生産者の組織（集団）として、いかに組織的に実現するかが挙げられた。さらに、高品質の農産物の社会的評価を高めるための「句容ブランド」を確立し、品質面での市場競争力を高める必要性を提言している。

また、当面重点的に導入の必要がある日本の農業技術としては、生産果実の良質高収益栽培技術、生鮮野菜・米の有機栽培技術などがあり、野菜・果実の予冷・保冷の簡易鮮度保持技術やレトルト食品の加工包装技術にも及んでいる。

だが、この戦略計画の本意は、日本から中国への技術移転やノウハウの伝授ではない。坂本尚によれば「中国農村の発展計画策定のプロセスには、日本の農業・農村の過去・現在・未来がすべて投影され、これから何をすべきかの問題点が明確になった。農文協にとっては最大の収穫でした」。

もちろん雑誌の編集現場にも坂本が指摘する、ものの見方、考え方の変革は反映された。いわば中国との距離感が短縮されたのだが、それも友好や交流という決まり文句に収まらず、もっと根源的なとらえ方である。誌面に例を求めて見よう。

平成二十（二〇〇八）年初めに中国製冷凍ギョーザによる中毒事件が発生した時、一般のジャーナリズムから少し遅れて『現代農業』五月増刊号は「ギョーザ事件から何が見えたか食・労働・家族のいま」を全面特集した。その中でとりわけ異彩を放っていたのが、老舗企業を訪ね歩いた『千年、働いてきました』の著者、野村進（ノンフィクション作家）へのインタビュー「老舗と村には『生き延びるための戦略』がある」であった。

普通の執筆者登場の欄ではなく、聞き手として『現代農業・臨時増刊』の編集主幹・甲斐良治と、農業で自営をめざす伊藤洋志が加わり、十八頁も費やして語り合っている。

鹿泉市における農業・農村発展計画は、中国では『中国県級市農村発展研究』として、日本では『中国近郊農村の発展戦略』（今村奈良臣・張安明・小田切徳美著）として農文協から出版された。

農書全集と安藤章益全集

平成六（一九九四）年に農文協直営の農業書＆ＡＶサービスセンターが東京・大手町のＪＡビル地下街に開設された。「農業に関する本なら何でも扱う」をうたう全国でも唯一の専門書店だった。（平成二十六年、神田神保町に移転）

全体で三十九坪。決して大型とは言えない規模だが、地下鉄大手町駅の真上にあり、ＪＲ東京駅、神田駅から近い地の利のよさから、東京に来たら必ず立ち寄るという全国の農業関係者が多い。農文協の出版物だけでなく、他社の書籍や地方の地域限定の本まで広く濃く集めていることが、開設以来のポリシーである。

このショップの棚には『日本農書全集』（第一期・全三十五巻）と『安藤昌益全集』（全二十一巻）が常備されている。店長の斎藤進によれば「全巻まとめて買う人は少ないが、目に留めて必要な巻を求めるお客様は絶えません。農文協にとっては記念碑的な大切な本ですから、欠本にならないよう気をつけています」。

江戸時代に農民の手によって書かれた農書を広く集めた『日本農書全集』は、当時の農文協専務理事だった岩淵直助の熱い思いが刊行の発端となった。「江戸時代は人間が生きるための農業であった。彼らが書き遺した苦心の研究成果を子孫である農家の人たちに伝えたい」。

しかし、この話は農書研究の権威である古島敏雄（東大教授・農文協理事）の反対を受けた。「気持ちはわかるが、農書に興味を示す研究者は全国で三百、多く見積もって五百だろう。この人たちに現代語訳は不要、脚注で十分だ。みすみす赤字を出すのは見ておられんな」。

「学者の研究資料ではありません。いま生きて働いている農民に読んでもらうのです」岩淵は反論したが、古島は賛成しかねる表情だった。同席していた坂本尚（当時常務理事）が見兼ねて助け舟を出した。「農家の人は書店に足を運ばないから、ここは私たちが培ってきた普及（直販）方式で行きましょう。意欲ある農家を一軒ずつ訪問して買ってもらう」。全集に収められた農書は全部で百九点。北海道から沖縄まで全国津々浦々にわたる（駿河と山城を除く）。解題者・訳者は四十五人に達した。農文協は七つの支部を総動員し、坂本が陣頭指揮に立った。

「有機農業が見直されている今こそ江戸時代の農民の知恵に学んではどうでしょうか」と農家を訪ね歩

き、作物別に農書から実例を紹介し、販売に結びつける手法が効を奏した。

発刊から六年、昭和五十八（一九八三）年に完結した『日本農書全集』は赤字にはならなかった。最初は反対した古島教授を中心に「農書を読む会」が組織され、約二百人の会員が参加した。「売れそうもないから出版しない。出版しないから読めないという悪循環を断ち切る第一歩となった」と岩淵や坂本は手応えを感じ、農文協には活気がみなぎった。

これに続いて昭和五十七年から『安藤昌益全集』の配本が開始された（六十二年完結）。昌益（一七〇三〜六二）は異端の農業思想家といわれ、その反体制的な考え方から「開けて読むと眼がつぶれる謀叛の書」として永らく埋もれていた著者の完全版全集は、出版界の常識破りだった。

なぜこの仕事に取り組んだのか？　と聞かれる度に坂本は理由を二つ挙げて説明した。

第一に昌益は、農本主義ではなく常に差別される農民の立場に立った人である。第二に、百姓一揆や藩政改革などの手段に走らず、農民に向けての文化啓蒙運動を指導した。「つまり昌益がやったことは農文協がやろうとしていることなのです」。

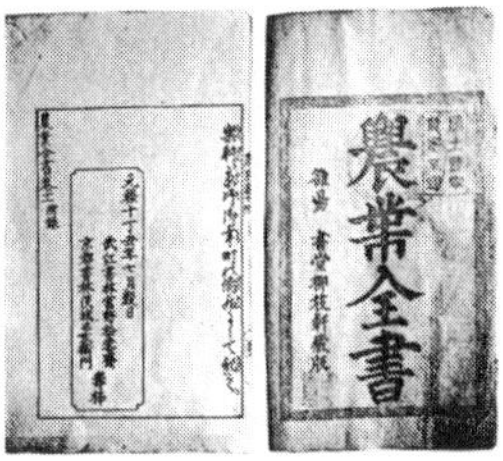

江戸時代の宮崎安貞著『農業全書』元禄初版本（農文協刊『日本農業全集』第 12 巻より）

電子図書館への取組み

農文協が推進した農村における情報革命の魁は、大百科事典『農業総覧』の刊行に始まる。この企画は農文協の第一次十カ年計画（昭和三十〜四十四年）中に進められ、当時の専務理事・岩渕直助の創意に基づいた。岩渕の意図は「刊行のことば」によく表れている。

「農業は激しく動いている。農業用の機械・機具、農薬その他の資材、品種、農業経営の諸条件なども変化のはやさを加えるばかりである。もちろんこれはたんなる流行ではない。変わるべくして変わりつつあるのである。農業に接触をもつすべての機関、すべての人は、たえず変化する農業関係諸条件をいつも確実につかんでいなければならない。この至難の業をいともたやすく仕事に転化するために、この『農業総覧』は刊行される。この総覧は定期的に加除されることによって、最新の情報の総合的提供者としての実を保ちつづける」

ここでいう機関とは、農民と直接の接触を持つ農協や役場、人とは指導や普及に当たる担当者である。そういう人たちに常に勉強してもらい、適切な指導をしてもらわなくてはならないという危機感、使命感からスタートした企画だが、最大の特徴は画期的な「加除式」にあった。

加除式とは順次追録を発行し、その加除をして常に最新情報が読者の手元に届くようにするシステムである。ではどのようにして加除項目を読者の手元に届けるのか。最初、農文協がとったのは、直接の手渡し方式であった。ここでも坂本尚が普及班長となり、編集部員を加えた特別チームが編成され、テスト期間に二年間を要して、昭和四十（一九六五）年から全国的に普及活動は始まった。

『農業総覧』は、資材編、品種編、経営編に分かれ、加除部分については逐一支部職員が巡回訪問して手渡した。読者の手元には追録の加除整理一覧表が残され、情報のインプット状況が一目で確認できた。さらに普及活動の中で坂本たちは、最初考えてもみなかった現場のニーズに直面した。「追録配布のために巡回中、九州のミカン栽培農家などで病虫害のカラー版がほしいという声を聞いた。『なるほどそうか』ということで新しい総覧を企画・刊行しました」。

昭和四十三年に完結した『農業総覧・原色病害虫診断防除編』（通称「新総覧」）は、病害虫の発生・生態や初期症状のカラー写真を駆使した編集が当たって好評を博した。四十四年からは各作目別に試験・研究機関の研究成果を加除式で提供する『農業技術大系』の編集が始まった。

やがて追録は手渡し方式から読者への直送方式に切り替わったが、書店ルートを通さない農文協独自の直接普及は変わらなかった。パソコンが身近な情報ツールになり始めたころ、農文協はいち早く『農業総覧』シリーズをコンテンツとして活用することができた。坂本はこう断言した。「私たちは、加除式の可能性を紙の上で試し、採算性までを確認していた。コンピューター・メーカーよりもソフトの面で数歩は先んじていたのです」。

平成八（一九九六）年、農文協は「ルーラル電子図書館」を開設した。インターネットなど近年の情報革命の成果を、農業分野で活用することをめざした。「ルーラル」とは「農村の」という意味で、「インターネットは農家のためにある」とする農文協のポリシーから具現化された。出発点からして従来のデータベースには例を見ないものであった。電子図書館の構築から一年目、坂本尚（当時専務理事）は、富士通の農林水産拡販決起大会の席上で、「電子計算機から情報編集機へ～農家のオフィス革命と情報革命」と題して講演したが、その中に今まで誰も口にしえなかった痛烈な問題提起があった。

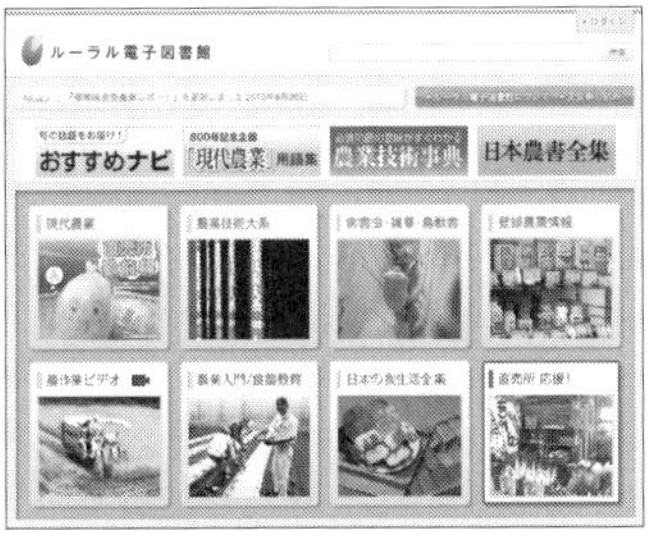

「ルーラル電子図書館」のトップページ
（平成 27 年 10 月 26 日アクセス）

「皆様方のお話の特徴は、パソコンの性能についてきわめて詳しい。これをやたら説明してくださるわけですよ。初めてパソコンを勉強するのだから、そんなにたくさん教えられても全部使えないことは分っているのですが、どういうわけか不思議なことに、あらゆる機能を全部綿密に説明してくれる。職務に忠実なあまりだろうと思うのですけれども。だけど、必要なのはパソコンの性能ではないのです。農山漁村の人々の情報ニーズにどう応えるか、そこが一番大事なわけです。その情報をどのように引き出せるかというところで、パソコンの説明がなされなければならないわけです。パソコンの使い方ではなく、農業情報の引き方を説明しなければならないのです。そこのところが抜けています」

農文協がコンピュータを導入したのは昭和五十二年で、書店・取次・出版社を結ぶVANを出版界で初めて実現したほか、農文協の支部と本社を結ぶオンラインづくりにも取り組んだ。やがて、いま農家がどんな情報を必要としているか、インターネットをそのためにどう役立てたらよいのか。方向と目標が定まった。まずデータベースとして活用できるのが、雑誌『現代農業』のバックナンバーである。農家の立場に立ってみると、例えばダニの防除対策が必要な場合、最初に「ダニ」を検索すると、ダニに関連した過去の記事が出てくる。さらに「ポイント」や「タイミング」「移動」などの言葉を含む記事を標題や見出しなどから探していくと、農家の立場からの体験例がたちまち集まってくる。『現代農業』がよく使う「決め手」とか「バッチリ」などのキーワードも検索の手がかりになる。

坂本がいう「農家のための編集機能」とはこの作業のことで、このシステムは未来の出版を示唆する。「これはお客様が自由に引いて、お客様が編集者になるのです。予め定形はないのですよ。お客様が自由に検索して自由に編集し、自分の手で本を作る。つまり情報をもらうのではなくて、お客様が自分で情報を編集していく形のデータベースをどう構築するかについて、出版人が考えていく。これがインターネット時代の出版だと思うのです」。

電子図書館のデータベースを活用した検索の成果が次々と農文協に報告された。面白いことにその情報のリレー検索や編集のしかたが、農家ごとに異っていた。坂本のいう「自由編集の本」が全国各地で大量に生まれた瞬間である。

平成二十年の意欲的な特集

毎年十月になると『現代農業』の編集スタッフはその年の農家をめぐる状況を見直して、翌年一月から始まる新年度の編集方針を固める。平成二十年はどんな年であったか。

中国製ギョーザ事件に始まり、事故米の販売、さらには中国野菜の農薬汚染などの諸問題が続いたが、「むしろ国産の食料に関心が高まる結果となった。小規模経営の農家は自信と自覚を持ったのです」と農文協編集局長の豊島至は見る。

農文協本社屋上での豊島至編集局長。屋上菜園は農文協園芸クラブ有志が管理している

一方で農家を直撃する暗い材料となったのは原油高騰に起因する肥料や家畜の飼料などの経費の負担増である。「手づくりの食料を自給する使命感を持った農家が半面では海外に依存する足元の脆弱さを感じている。この解決策を提供するのが雑誌の役割です」と豊島は言い、平成二十年の『現代農業』は意欲的に次のような特集を組んだ。

十月号が「肥料代減らしハンドブック」。「肥料代を安くする手法」として、鶏糞を使う、家畜糞尿・屎尿を使う、地元のタダのものを使う、生ゴミを使う、たまったリン酸を使うなど全国から事例を集めた。十一月号は「鶏糞稲作大流行」をテーマに水田活用の事例をレポートし、「暖房代減らし２００８」ではノウハウ総集編としたほかに「たいしたもんだ皮の力」で、ミカン、リンゴ、タマネギなどの皮活用を全国縦断的に集めまくった。
三、四十年前までは農家に伝承されていた仕事や生活の知恵がいま新しい角度から脚光を浴び読者によく読まれたのである。『現代農業』は他の一般誌とはちがい、年齢、男女の性別、生活環境などによる読者分類をまったく行っていない。農業を仕事とする、あるいは農業に関心を持つ人たちのすべてが読者なのであるが、それでも近年は毎年約八万人が世代交代していると編集局では見る。
「新規参入の読者層は兼業農家でも今までサラリーマンが主で農業には初心者が多い。これらの読者に向けて、例えば耕運機の操作や田の代掻きなどの作業をコミックなキャラクターを設定して解説したところ好評でした」（豊島）
六十五歳以上の高齢者が集落人口の半数以上を占める「限界集落」は、テレビのドキュメンタリー番組などでは、危機的状況としてとらえられがちだが、『現代農業』の編集現場では必ずしもそう受け止めていない。「現地に足を運んでみると、完全に孤立してはいない。車で一時間圏内に近親者が居住しており、繁忙期には孫たちまでが手伝いに来たり、食べ物を届けたりする光景が見られ、新しいネットワークも構築されているようです」（豊島）。
季刊誌『増刊現代農業』十一月号の「集落支援ハンドブック」では、「集落支援員」という制度を取り上げた。集落の維持・活性化をサポートする仕事で、いまNPO法人などを通じて若い人たちが積極的に参入し、作業などを支援しながら集落に定住する高齢者の知恵に学ぶことに充実感を得ている。同増刊では「支え、支えられ、人・むらそれぞれの集落支援」のすがたを大特集した。雑誌不況といわれる中で『現代農業』はこの八年間、毎年七千部程度のペースで実売部数を伸ばしている。
『現代農業』の記事などをデータベース化して、自由に検索して自分で編集可能な「ルーラル電子図書館」のシステムが完成した頃、坂本尚はこう述べた。「さらに簡易端末が普及すれば、日本全国にパソコンネットワークができる。全国の農山漁村の共同体を結合していけば、おそらく新しい時代がコンピューターによって切りひらかれる。まさしく情報革命です」。

この発言から十数年後、時代は坂本が予見した通りに進んだ。一方で、電子メディアによる情報だけがすべてではない。逆もまた真なのである。「紙に印刷された活字情報の価値も相対的に高まっている」とうかたま・生活書グループチーフの遠藤隆士編集局次長は言う。「特に単行本の活字情報には電子メディアとは違った価値がある。ざっと全体を見渡すこと（一覧性）で自分に必要な部分を発見できるし、手元に置くことで最初は予期しなかった情報と出会える可能性もあり、本を媒介に読者同士のコミュニケーションも生まれます」。

全国的に見ると、各地域には多様な普遍性を持つ個性的な情報がまだ埋もれている。これらを発掘して情報発信することが農文協の仕事ではないか？　遠藤がそう思っている頃、その発想を具体化するチャンスが訪れた。

岡山県美作市に住む安藤由貴子（当時美作大四年生）という女性の、四代前の先祖にあたる安藤茂正が明治期に地元農家のリーダーとして、桃栽培や缶詰作りに尽力した。安藤由貴子はこの功績を絵本にして伝えようと試みたのである。絵は同市立美作中教諭の花房徳夫が担当した。『美作もも語り』と題したこの本を出版したいという話を聞いた時、遠藤は「近親者や地域に配布しても、せいぜい一〇〇部。いわゆる私家版の域に止まる」と判断したが、地域の公共図書館、学校図書館で読まれ、地元書店でも販売される可能性を考えると、あと四百部は印刷できると考えた。この本は平成十七（二〇〇五）年十一月に五百部出版して完売した。

この試みの中から「地方からの個性的な情報発信を応援する」をキャッチフレーズにした「ルーラルブックス」が誕生した。「いくらぐらいで本ができるのか?」クライアントの抱く初歩的な問いに応えるため製作費の目安も設定した。既発表の原稿（版下）を利用するケースと、未発表原稿の構成の確定や編集作業に専門スタッフが協力するケースがあり、最低費用の目安が前者で約五十万円、後者で約百二十万円である。宣伝・販売については農文協が協力し、市販分については実売部数に応じた印税が著者に支払われる。

「あなたの原稿を本にします」式の自費出版と違うのは、農文協の営業と編集担当が企画と内容を検討した上で、宣伝・販売システムまでを視野に入れて出版を決めることである。その後「ルーラルブックス」は『農家再訪』（原田津著）、『大雪山のふもとから――ある山村の四季とくらし』（白滝地区林産協同組合編）、『本物の牛乳は日本人に合う』（小寺とき著）などのラインナップが続いている。今後、各地域からの情報発掘や宣伝・販売の協力については農文協のお家芸である普及活動が下支えすることは言うまでもない。

型破りの雑誌『うかたま』

平成十八（二〇〇六）年冬に創刊された季刊『うかたま』は農文協としては型破りの雑誌となった。大判の判型、視覚重視のゆったりとしたレイアウト、手触りのよい紙質。これまでの農文協の出版物には見られない試みであるし、舌を噛みそうな誌名は一度で覚えきれない。

『うかたま』は、当初は食育支援の専門誌として企画された。すでに農文協では平成十二年から食農教育支援の専門サイトを発足させ、『食農教育』などの雑誌や教科書を刊行していたが、この流れをさらに拡大しようと試みたのである。話し合いを重ねるうちに、一般女性にまで読者対象を広げたいと話が膨らみ、折しも、「環境と食を最優先し、持続可能な社会の在り方を求める」ロハスやスローフードなどの動きが、社会的な関心事となっていた。

創刊に携わったのは、入社一五年目の中田めぐみ（副編集長）、五年目の五十嵐映子、三年目の森真由美。「特に女性を集めた訳ではなく、結果としてそうなりました。プランから誌面構成まで前例がないことばかりでした」と中田は笑う。

社内の上司たちは、一度は首を傾げるものの、否定したり、修正するだけの根拠もない。「まあ思った通りにやらせてみるか」で作業は進んだ。その分、外部の積極的な協力を求めた。カメラマンやデザイナー、編集プロダクションの関係者たちの中には、食や暮らし方についての個性的な実践者が多い。「こんな雑誌がほしかった」と身を入れてくれた。

「おばあちゃんのおやつ」を特集した『うかたま』

「食べ物の神様〝うかのみたまのかみ〟の略称はどうか？」新雑誌の誌名は、外部協力者のひとりがもたらした。奇抜で斬新なアイデアに「かわいいじゃない」と、皆が賛同した結果だった。

「食べることは暮らすこと」をコンセプトにした『うかたま』は、農山村や漁村の暮らしの中で、昔から受け継がれている料理や食習慣を自家薬籠中のものとしている普通の人たちを積極的に登場させた。

「困ったのは伝統的な知恵がレシピに置き換えられないことです。

〝ほどほど〟にとか〝目分量で〟、あるいは〝初雪がうっすら積もったように塩を振って〟といった詩的な表現は定量に置き換えにくい。写真で雰囲気を出すなどの工夫をしています」（中田）

全国のどの地方にどんな食べ方、どんな料理があるか。編集スタッフは、自分の実家に電話する回数が増えた。中田は長野、五十嵐は福島、森は北海道の出身だった。食の環境が微妙に違い、母や祖母や親せき、知人によく問い合わせては記事づくりの参考にする。そんなプロセスで注目したのが、「おばあちゃん」の存在だった。『うかたま』平成十八年夏号では、「おばあちゃんのおやつ」特集で草餅、酒まんじゅうなど懐かしの味を伝授したし、平成二十年春号の「おばあちゃんに習う」では、暮らしの知恵や技を聞き書きした。バックナンバーは注文が来るほどの人気である。

二〇〇六年の東京国際ブックフェアの農文協ブースに三人の農家の主婦が登場した。季刊『うかたま』の特集「おばあちゃんのおやつ」で紹介した食品を会場で調理し、試食してもらおうという試みだ。いざ蓋を開けてみると、異様な盛り上がりに関係者たちは驚かされた。集まった観客の団塊世代から一見ギャル風な女性たちの誰もが試食を終えてもその場を離れず、おばあちゃんたちを囲んで、雑誌にサインさせたり、握手を求めた。まるでアイドルタレント並みの興奮だった。

降って沸いた「おばあちゃん」人気について、『うかたま』副編集長の中田めぐみは語る。

「団塊世代以降の若い人たちにとって祖父母の存在が縁遠くなったのですね。食については幼い頃からほとんど両親の影響下にあったし、その親世代は高度経済成長時代の効率主義的な価値観に左右されて、日本中が一律に同じ物を食べて育ってきた。そこへおばあちゃんという懐かしい存在がクローズアップされ、出会いが新鮮に感じられたのでしょうか？」

と言っても、映画『ＡＬＷＡＹＳ三丁目の夕日』が描いて見せた昭和レトロとも違う。あの映画には、当時の食べ物や子供たちが集まる駄菓子屋の風景は出てくるものの、誰がどうやって作るのか、生産者の存在は影も形もなかった。

ところが、おばあちゃんが手作りするシーンを目の当たりにして、昔は何を食べていたのか、どうやって作っていたのか、いちばん身近な所で生産手段が確認でき、それをきっかけに農家の暮らしや農村社会が、都会育ちの人にも共感して感じられたのだ。

農文協の理論的リーダー、岩淵直助や坂本尚らは、すでに昭和五十五（一九八〇）年頃から農家のおじいちゃん、おばあちゃんの力強さに注目し、「老人こそ未来をきり拓く」と言い続けてきた。農文協論説委員会がまとめた「人生八〇年時代の農業・農村を考える」（『現代農業』一九九一年一月号）には、次のような時代の透視図がある。

「サラリーマンは企業の論理にしたがって、本人、つまり人間の意志とは無関係に退職しなくてはならない。それに対して農家は自分の意志＝人間の自由意志で、農業を続けることもできるし、逆に農地を売って農業をやめることもできる。企業の論理を自分の意志で克服することができるのである。人間の意志を貫くことのできる立場（社会層）が存在することが、二一世紀をいまよりよい社会として迎えるための、もっとも重要な足掛かりなのである」

また、現代社会は、農業を単なる食料生産産業、食品産業の原料製造業として矮小化してとらえるようになってから、都市での人口過剰、農村での過疎という矛盾がうまれたと指摘して、こう断言した。「農業を単なる食料生産産業と考えるのではなく、同時に人間の暮らしの場所をつくる『特別な産業』と考えることによって現代の人間が当面している根本問題の大部分は解決の方向に向かう」。

これらの主張と季刊『うかたま』が巻き起こした「おばあちゃん」ブームとは実は無関係ではない。若い世代は、直感的に、活き活きした農家のおばあちゃんの姿や、伝承されてきた食文化を通して農村社会に接近し、そこから何かを得ようと目覚め始めたのではないか。

地域共同体づくりにも拡大

農文協では二十一世紀のキーワード「農・食・健康教育」の分野について、行政・団体・企業の考え方や事業課題の実現を手伝う提携事業を展開してきた。その重要な柱として地域づくりの総合コンサルタント・受託調査がある。過去の代表的事例をあげておこう。

平成五年（一九九三）から六年にかけては群馬県農政部の委託で「群馬県における構造改善事業に関する優良事例に関する調査」を行った。平成十年には長崎県小値賀町の委託で調査報告書「西海に浮かぶアルカディア小値賀」をまとめた。だが、このような農文協の事業はいま転換期を迎えている。専務理事の伊藤富士男が一つの方向を示唆する。

インターネット上に公開しているデータベースのルーラル電子図書館を、地域に合わせてカスタマイズした利用法の拡大である。例えば食の安全を保証する農薬についての知識や誤用例、さらに一歩進めて農薬に依存しない方法などを農協のデータベースに取り入れ、各会員が常時利用するシステムである。「農文協が提供する情報を農協が農家に役立つ形で活用する。いわば情報を使った新しい地域づくりで、このシステムは全国一五〇の農協に普及しています」。

農協以外にも動きが見られる。福岡県の糸島地域は九州大学の移転地で、いま大学は農村を一つの経営基盤として考え、地域との連携や地域貢献を通じての新しい学問のあり方を実現しようとしている。農文協のコンサルティングはその方向に沿って進行中である。

「いわば地域空間全体をイメージしながら農文協の活動が進められているのです。個人が情報の恩恵を享受するとともに、地域全体がいかにして新しい可能性を見出すか。これが新しいコンサルタント事業の課題です」(伊藤)

農文協が提唱し、各地に根づかせようとしている「教育ファーム」への関心も高まりつつある。これは、いま都市部で盛んになっているインターネットを使った育児相談とは少し違い、農村固有の要素がある。農村に住む母親たちが子どもを核としながら、その周辺にある農作業、育児、介護などさまざまな問題にいかにして対処するか。気軽な話し合いで情報を交換し、問題解決に向かうための仕組み。いわば昔からあった農村的共同体の再構築であるが、農文協の長年にわたる普及活動がその下地をつくった。

伊藤富士雄

「農村という背景を持った地域のつながりが、子育ての共通項となったり、お年寄りのやすらぎにつながったりすることが最近、身近に感じられるようになった。地域を育てる学力を身に付けさせる必要も言われてきて、トータルな地域力が問われる段階に入ったのです」と伊藤は言う。「教育ファーム」の協力団体も全国一三九にまで増えた。

さらに今後は農産物の生産・加工・直売あるいは市民農場や農家レストランの経営などについても、農文協のコンサルタント機能が期待される余地が大きい。しかし伊藤はじめ農文協の人たちが常に基本的なスタンスとしているのは次のような考え方である。「個々の自立した生き方を基本にし、自分の集落を尊重しなければならない。小さいものを支えるために大きな施設やシステムを構築、稼働させた結果、はじめて地域が動くのです」。

平成二十年の出版界では月刊誌が〝冬の時代〟となった。『月刊現代』『論座』『PLAYBOY日本版』などの総合誌、総合娯楽誌が相次いで休刊を発表したからだ。その際に、世の中の流れが月刊誌のペースと折り合いが悪くなったことや、読者として想定していた世代の活字離れが理由に挙がった。一方で新雑誌創刊の動きがあるものの、雑誌の作り手側は固定読者を獲得できる可能性をデータで追究し、確認しようとする姿勢がいよいよ顕著になった。

農文協の出版物においては、このような数値に頼る予測や、読者対象の設定はあまり行われていない。創刊から四十八年目の『現代農業』(前身の『農政研究』『農村文化』を含めると六十八年目)は、一貫して二十歳代から八、九十歳代の高齢者までが読者。しかもこの雑誌は自らを農業専門誌として位置づけていない。昭和四十四(一九六九)年に生活・農政ページを増やして以来、総合雑誌をうたい、その他の出版物もテーマは多様であるが、特に読者層を限定してはいない。なぜ農文協では、自社の出版物に関する市場調査を行っていないのか。専務理事の伊藤富士男が明快に答える。

「普及(読者への直販)活動が綿密な市場調査に当たります。まず常に農家と接している普及職員が、ぜひとも農家に読んでもらおうと思うような記事や企画を実現しようとする。編集と合議して作られた出版物は、直接、農家の反応を確かめ、その結果が編集部にフィードバックされる。つまりマーケティング活動が日常的に行われているのです」

作り手が組み立てたコンセプトが先行するのでなく、受け手(読者)の要望が反映されて出版物の内容が変えられる。この仕組みこそ、他の出版社が取り入れたいところだが、伊藤は自信をこめて断言する。「昭和二十四(一九四九)年に再建農文協が発足した時、農家に届けるものとしては雑誌しかなかった。

それを〝文化財〟と名づけて直販方式をとり続けた。この六〇年近くにわたるネットワークの構築やノウハウは、他社がいかに投資しても追随できません」。

苦境が続く活字メディアの中で、比較的元気がよいのが女性向け雑誌。だが、これもまた農文協では読者対象を男性、女性に色分けしていない。唯一の例外が季刊『うかたま』だが、号を重ねるにしたがい男性読者が増加しつつある。それにしても、なぜ農村女性からは、活気が感じられるのか。伊藤の分析によれば、「生活まるごとを全方位的にとらえ、専門性に束縛されない強さ」。それが秘訣だというのだ。

農村女性は、その生活のすべてをまず理屈抜きで受け止める。そこには農作業も、子育ても、食も、住まいの空間づくりも、親の介護などのさまざまな問題も含むが、それらをできるだけ楽しく、柔軟に対応し、価値あるものにしたいと努める智慧がある。一方、男性はともすれば専門性にこだわり、「こうすべきだ」と最初から極め付けたがる傾向がある。だから女性はどこかに共感する部分を発見さえすれば、未知の人とも領域とも、直截的コミュニケーションを求めたがる。

結果、媒介役となる出版物の誌面にも活気が反映され、そんな熱意が都会に住む女性にも伝わり、「これなら私にもできる」と食や野菜栽培をテーマに、農文協の本を手に取る機会が増えている。

坂本尚は平成十九（二〇〇七）年、二十三年にわたって務めた農文協専務理事を退任し、副会長に就任した。実務からは離れたが相変わらず毎日出社して、経営の全体を見た。そのため、外部での会合や講演などで忙しさは変わらなかった。

農文協の本社がある赤坂は、永田町にもＴＢＳ放送センターにも近い都会の中心、情報のメッカである。一方、全国七カ所の地方事務所は農村地帯に配置されている。この配慮を視野に入れて複眼的、双方向的に事業が展開されているのだが、何よりも農文協の体質を形成したのは、昭和三十七（一九六二）年から始まった普及職員養成制度である。新入社員は希望する職種に拘わらず全員が地方事務所に配属され、一年間普及活動に携わる。農家と直接出会うことで、あらかじめ抱いていた概念が一掃され、一年後の面接を経て、職員に採用された暁には「農家に聞き、農家に学ぶ」姿勢がしっかり身についている。

「体験や実践とは尊いもので、どんな理論的な学習よりも有効です。どうしても自分が変えられなかった者は自発的に去って行くから、職員のベクトルは常に一致しています」

坂本は、自身が初めて農村空間を体験した六十年近く前を回想しながら語った。

「これぞプロフェッショナルという人間がいないのが、良くも悪くも農文協の特徴です」と専務理事の伊藤富士男は言うが、農村空間に絶えず身を置き、農家の声を聞き、農家に学ぶ姿勢をとり続けているうちに、このような職業人の形成がなされたのではないだろうか。雑誌『現代農業』を直接農家に届けるところから始まった農文協の活動は、いまや教育、食べもの、健康、地域共同体づくりなどに大きく拡がった。

「私たちは時代を先取りしようとしたのではない。農村に学んでいるうちに、すべての環境が変化し、進化してきたのです。いま次の世代が『第六次十カ年計画』のまとめに入っていますが、われわれの進む方向に大きな修正はないでしょう」

坂本尚は満足そうに語り終えたが、その坂本も今は亡い。

あとがき

「活字シアター」というタイトルで出版社や書店の活動を読み物風に紹介する連載を『週刊読書人』で始めたのは、二〇〇二年のことで、同年の十一月一日号から「ポプラ社の会長、社長の巻」が始まった。二段横長の新聞小説風のスタイルの記事であったが、執筆者名は「矢来神三」とした。「矢来」とは、小紙の編集室がある矢来町から取っており、「神三」の神は神楽坂の「神」を意味し、「三」は執筆者が三人くらいになるのでこの数字を執筆者名に用いた。結局、執筆に関わったのは延べ五人となったが、最も多く執筆したのは、この連載を企画した植田であった。そのため、本書の著者名は植田とした。

私は、この連載では出版社や書店の活動を物語風に紹介することを意図し、連載のタイトルを「活字シアター」とした。そして連載の最初の巻を「ポプラ社の会長、社長の巻」としたのはポプラ社の会長だった田中治男氏が毎日、午前五時四十五分に出勤し、それは土曜、日曜も変わらないということを聞いたからである。ポプラ社では田中会長の影響で坂井宏先《ひろゆき》社長を始め社員も早朝に出勤するということだったが、この話を連載の最初に紹介したのは、「活字シアター」という読み物に読者が関心を持ってもらえると思ったからである。

こうして始まった「活字シアター」は、最初の頃は新潮社が「新潮新書」を創刊したという、トピック的話題もとりあげたが、次第に出版社や書店の歴史を描くことに力を注ぐようになったため、一つの巻の回数が長くなっていった。しかし、歴史を描くことで、取り上げた出版社や書店の活動をより深く伝えることが出来たと思う。

連載は十一年以上に及び、二〇一四年十二月十二日号の冨山房の巻（五六一回）で終わった。本にまとめるに当たっては出版社に絞り、ポプラ社、二玄社、小学館、大修館書店、冨山房、暮しの手帖社、農山漁村文化協会の七社を取り上げた。

これ以外の出版社では法蔵館なども、歴史を詳しく紹介し、書店では今井書店グループ、宮脇書店、煥乎堂なども歴史を詳述している。また講談社や日販などの読書推進活動なども取り上げたが、今回は収録しなかった。

その結果、出版社数は前記の七社となったが、ポプラ社に次いで紹介した二玄社の会長である渡邊隆男氏は、故宮に魅せられていることに焦点をあてた。そして小学館は、学年別学習雑誌を幹にして花開いた歴史をたどり、今は総合出版社として大きくなっていることに焦点をあてた。また大修館書店と冨山房は『大漢和辞典』や『大言海』などの大きな辞典の刊行に力を注いだ歴史を描き、暮しの手帖社は花森安治、大橋鎭子氏による『暮しの手帖』発行の歩みをたどった。最終章となった農山漁村文化協会は、農村を対象にしながら、新たな出版の方向を切り拓いている様子を伝えた。

本書は、このように個性的な活動を行ってきた出版社の形成史を読み物風にたどったが、本書の出版が実現できたのは、水曜社の仙道弘生社長と佐藤政実氏のお陰で、初期には松尾（旧姓福島）由美子さんにもお世話になった。ご登場くださった出版社の方々と併せてお礼を申しあげたい。なお、本文記載の肩書は原則として取材時のもので、本文中と写真説明での敬称は略させていただいた。

二〇一六年二月

植田　康夫

植田康夫《うえだ やすお》

1939年広島県生まれ。1962年上智大学文学部新聞学科卒業と同時に週刊読書人編集部に勤務、1982年より「週刊読書人」編集長を務める。1989年同社退社後、上智大学文学部新聞学科助教授、1992年から2008年3月まで同教授。2009年4月に同名誉教授。2008年4月より読書人取締役「週刊読書人」編集主幹。2000年から08年4月まで日本出版学会会長。2013年6月より読書人代表取締役社長。著書に『ベストセラー考現学』（メディアパル）『本は世につれ。』『雑誌は見ていた。』（いずれも水曜社）、『ヒーローのいた時代』（北辰堂）他。

出版の冒険者たち。

二〇一六年三月一日　初版第一刷発行

著　者　植田 康夫
発行者　仙道 弘生
発行所　株式会社 水曜社
〒160-0022 東京都新宿区新宿一-一四-一二
電　話　〇三-三三五一-八七六八
ファックス　〇三-五三六二-七二七九
www.bookdom.net/suiyosha/
印刷所　日本ハイコム 株式会社
制　作　株式会社 青丹社

ISBN978-4-88065-380-8 C0095